本书由国家自然科学基金项目（42361046），教育部人文社会科学研究基金项目（22YJA630010），内蒙古自治区自然科学基金面上项目（2022MS07023），内蒙古自治区高等学校青年科技英才支持项目（NJYT23123），内蒙古自治区直属高校基本科研业务费项目（20700-54220384）资助出版。

城市土地配置行为的经济影响效应研究

Research on the Economic Impact of Urban Land Allocation Behavior

崔新蕾◎著

中国经济出版社
CHINA ECONOMIC PUBLISHING HOUSE
·北京·

图书在版编目（CIP）数据

城市土地配置行为的经济影响效应研究 / 崔新蕾著 . 北京：中国经济出版社，2024. 10 -- ISBN 978 - 7 - 5136 - 7924 - 4

Ⅰ. F299. 232

中国国家版本馆 CIP 数据核字第 2024DG2371 号

责任编辑 杨元丽
责任印制 马小宾
封面设计 任燕飞

出版发行 中国经济出版社
印 刷 者 北京艾普海德印刷有限公司
经 销 者 各地新华书店
开　　本 710mm × 1000mm 1/16
印　　张 17. 5
字　　数 250 千字
版　　次 2024 年 10 月第 1 版
印　　次 2024 年 10 月第 1 次
定　　价 79. 00 元
广告经营许可证 京西工商广字第 8179 号

中国经济出版社 **网址** http://epc. sinopec. com/epc/ **社址** 北京市东城区安定门外大街 58 号 **邮编** 100011
本版图书如存在印装质量问题，请与本社销售中心联系调换（联系电话：010 - 57512564）

目录
Contents

第1章 引 言

第2章 经济增长目标对城市土地配置行为的影响

第3章 地方政府竞争对城市土地配置行为的影响
——基于土地错配的空间效应视角

第 4 章 城市土地配置行为对城市蔓延的影响效应

第5章　地方政府债务、官员任期与城市土地配置

第6章　城市土地配置行为对区域经济高质量发展的影响

第1章　引　言

1.1　研究背景

土地要素市场化配置在我国要素市场化配置中居首要地位，是深化土地管理制度改革和完善建设用地市场体系的迫切需求。中国过去40多年的改革开放成果举世瞩目，土地要素配置作为一项有力的政策工具，地方政府对城市土地的配置调控深刻影响着当地经济增长。在推进工业化和城镇化的过程中，我国面临严峻的财政约束和基础设施建设巨额资金需求，地方政府因GDP考核而开展激烈竞争，一方面大量提供廉价的工业用地招商引资（以地引资），另一方面高价出让住宅与商服用地为城市建设筹集巨额资金（以地生财），这种城市土地配置行为推动并支撑了我国工业化与城镇化的快速发展，在上一轮经济高速增长中扮演了举足轻重的角色，走出了一条“以地谋发展”的中国特色经济增长之路（刘守英等，2020）。伴随着中国经济由高速增长转向高质量发展以及中国社会向实现共同富裕的新阶段迈进，土地要素市场发育不平衡、不充分的问题逐渐凸显，市场化配置的体制机制还难以满足供给侧结构性改革的要求。

《中共中央 国务院关于构建更加完善的要素市场化配置体制机制的意见》将“推进土地要素市场化配置”置于要素市场化配置的首要地位，凸显了土地要素市场化配置的重要性和紧迫性；指出要深化产业用地市场化配置改革，提高土地要素配置效率，进一步激发全社会创造力和市场活力。中共中央办公厅、国务院办公厅印发的《建设高标准市场体系行动方案》提出“深化土地管理制度改革”，“完善建设用地市场体系”，这充分表明了当前深化土地要素市场化改革是推进建成统一开放、竞争有序、制度完备、治理完善的高标准市场体系，推动经济高质量发展、加快构建新发展格局、推进国家治理体系和治理能力现代化的重要基础。土地作为供给侧四大要素之一，所有经济活动都要依靠土地承载，目前土地供需矛盾与土地资源配置问题尤为突出，完善城市土地要素市场化配置机制，成为提升我国资源配置效率和促进区域经济协调发展的长效手段，也可以为下一轮经济增长提供新的动力，土地要素优化配置是我国经济高质量发展的重要保障。

在推进要素市场化改革和中国式现代化发展过程中，识别地方政府土地资源配置行为决策与经济高质量增长的关联效应成为亟待突破的难题。在我国现有土地制度下，地方政府通过垄断城市土地一级市场供给，对城市土地资源配置的面积、类型及方式起着决定性作用，配置土地资源成为政府实现特定政策目标的手段，但该手段会导致土地供给失衡（Zu et al.，2020）。受政治晋升和财政最大化驱动，地方政府存在扩大工业用地出让规模和限量出让商住（商服和住宅）用地面积的供地行为策略（见图1-1），使得工业用地出让价格远低于商服用地和住宅用地（见图1-2），这种严重的“土地价格歧视”和偏向性的土地配置结构带来城市建设用地市场的价格扭曲倾向和土地资源错配特征（阳立高等，2022），导致在城市建设用地面积中工业用地占比畸高，远超西方发达国家和新兴经济体的水平。

要素配置的扭曲和失衡具有很强的传导性和扩散性，会由此产生一系列经济结构性矛盾和问题。《中华人民共和国国民经济和社会发展第十四个五年规划和2035年远景目标纲要》提出要“矫正资源要素失衡错配”“探索建立全国性的建设用地跨区域交易机制”，要充分发挥市场在资源配置中的决定性作用，还要更好地发挥政府作用，推动有效市场与有为政府更好地结合。加快完善要素市场化配置机制是深化供给侧结构性改革、解决制约全局发展深层次矛盾的重要突破口，土地要素优化配置是解决我国

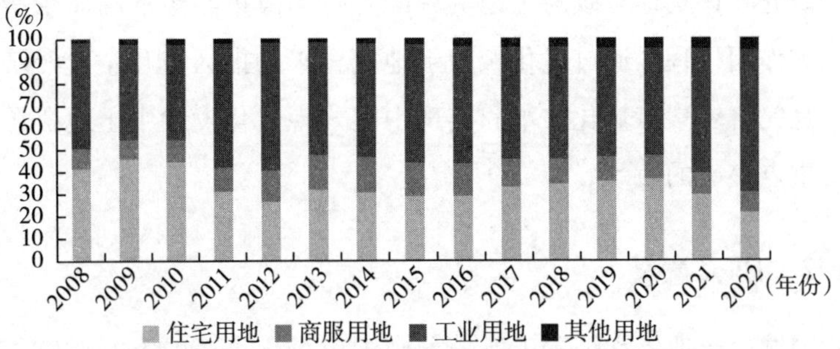

图1－1 2008—2022年中国城市不同用途土地成交面积占比

资料来源：Wind数据库。

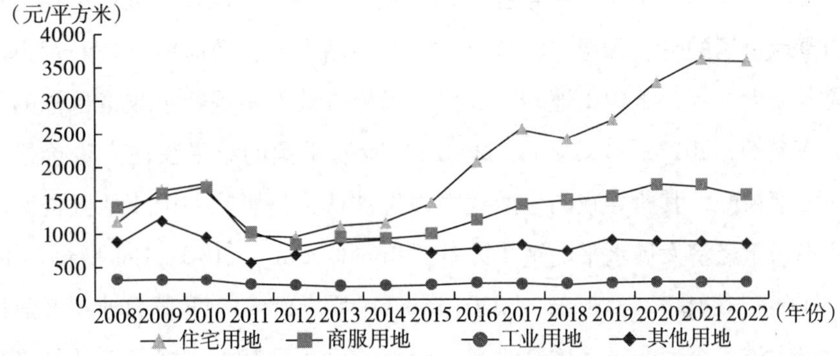

图1－2 2008—2022年中国城市不同用途土地成交楼面价格

资料来源：Wind数据库。

经济结构性矛盾、推动高质量发展的根本途径。

党的二十大指出“高质量发展是全面建设社会主义现代化国家的首要任务”，“加快建设现代化经济体系，着力提高全要素生产率”，即提升要素投入转化为产出的总体效率；要深化土地、劳动力、资本、数据等要素市场化配置综合改革，构建更加完善的要素市场化配置体制机制，提高要素配置效率。城市建设用地大量被配置于工业领域且价格被严重低估，土地配置行为在很大程度上受到地方政府自身利益的非市场力量左右，这不仅会直接影响土地自身的配置效率，更会影响与其密切联系的实体经济活动以及劳动、资本等要素的配置状况，并最终对区域和企业的高质量发展产生影响。全面认识和分析我国地方政府土地配置行为的演变特征及驱动机制，研究和识别地方政府土地资源配置行为决策与经济高质量增长的关联效应和作用机理，通过优化城市土地配置来助推区域和企业经济高质量增长，是完善要素市场化改革和实现中国式现代化发展中土地资源管理迫切需要重点突破的瓶颈。

1.2 研究意义

我国城市土地要素配置市场随着中国市场化改革的不断调整，实现了从计划方式统一配置向以供求、竞争和价格等机制为核心的土地出让制度转变。随着经营性用地“招拍挂”出让制度的确立，以及多数城市住房市场和土地市场的持续升温，城市土地价值不断上升，政府能够从经营土地中取得巨大红利，干预土地配置成为各级地方政府实现特定政策目标的手段（张莉等，2017；彭山贵等，2021），政府干预的结果往往产生价格扭曲和要素错配，其所导致的生产效率损失被认为是影响一国或地区资源配置效率乃至经济发展水平的重要因素（Brandt et al.，2013；Hsieh and Kleow，2009；赵新宇、郑国强，2020；Xie et al.，2022）。我国自改革开放以来逐步实施了全面的经济体制改革，到目前为止已基本实现了产品价格的市场化，但土地要素市场的改革进程却相对缓慢，地方政府对城市土地要素市场的干预现象仍然十分普遍。在我国经济发展方式转型升级和推动经济高质量发展的过程中，深入研究地方政府土地配置行为决策与经济高质量增长的关联效应，对于深化土地市场化改革、缓解土地资源配置的负外部性，进而促进我国经济高质量增长以推动中国式现代化具有重要现实意义。

系统分析地方政府土地配置行为对经济效应的作用机制和中国经验实证，可以扩展有为政府干预经济发展的理论。借鉴经济增长理论、资源配置理论、政府治理理论等，多维度衡量地方政府土地配置行为，分析不同经济发展阶段地方政府土地配置行为决策的异质性特征及土地配置行为的空间互动效应等特征事实，建立土地配置行为与经济效应的内在关联机制，探讨地方政府土地配置行为决策促进经济效应的理论框架，从有为政府角度扩展政府干预经济发展的理论研究，为经济高质量增长从优化土地要素配置模式提供一个新视角进行解释，为新格局和新发展阶段中国经济高质量增长及优化土地要素配置提供决策支撑。

改革开放以来，各地区在资源禀赋、经济条件以及国家政策执行等方面的差异导致区域经济发展不平衡，不同城市的经济发展阶段和用地需求存在较大差异，欠发达地区城市盲目降低地价未必能够取得好的效果，而发达地区城市已逐渐摆脱廉价让地的招商策略，这些事实和变化要求各地方政府必须结合实际，灵活快速地出台适应性土地配置策略。推进中国式现代化必须坚持以推动高质量发展为主题，推动经济实现质的有效提升和量的合理增长已成为中国经济发展的主旋律，改善和提升全要素生产率是实现经济高质量发展的重要源泉。通过研究地方政府以土地配置驱动经济效应的理论机制和实证效应，评估土地要素配置优化调整的路径方向，可进一步完善土地要素配置优化理论，为中国式现代化发展下中央和地方政府优化土地配置提供决策依据。

1.3　全国土地供应成交趋势

1.3.1　全国土地成交数量变动趋势

2022年土地市场供应量周期性回落，全国土地市场整体成交规模为74325宗，同比增长9.18%。全国土地供给总量继2011年一举跨过6万宗大关后于2013年冲上10万宗，而后振荡变化。与2008年的成交规模相比，2022年全国土地成交数量增加67397宗，增长972.82%，年均增长率为64.85%。具体如表1-1所示。

表1-1　2008—2022年全国土地成交宗数　　（单位：宗）

年份	总供给	住宅用地	商服用地	工业用地	其他用地
2008	6928	2072	1043	3680	133
2009	12051	4136	1745	5841	329
2010	17263	5798	2601	8461	403
2011	68216	22772	12253	31851	1340
2012	80150	24739	15292	38538	1581

续表

年份	总供给	住宅用地	商服用地	工业用地	其他用地
2013	104996	35463	22675	44956	1902
2014	85073	27950	18705	36669	1749
2015	70665	21541	15232	31703	2189
2016	63494	19027	14596	27355	2516
2017	65724	21475	13310	28201	2738
2018	72778	24475	13609	31564	3130
2019	76542	25605	14269	33194	3474
2020	63380	20787	11553	27541	3499
2021	68076	20268	12570	31228	4010
2022	74325	18341	13450	37608	4926

资料来源：Wind 数据库。

从土地供给类型来看，2022 年除住宅用地外，其余各类用地供给规模均较 2021 年有所增长，其中工业用地增幅居首，约为 20.43%；住宅用地于 2022 年出现负增长，为 -9.51%。从整体土地成交数量来看，其中，工业用地成交数量居于首位。首先，工业用地成交宗数占比在 2013 年出现拐点，之后逐年稳步增加，并且于 2020 年开始快速递增。其次，住宅用地成交宗数占比自 2008 年起一直稳定在 30% 左右。最后，商服用地成交宗数占比呈现出先递增后递减的发展趋势。具体来看，商服用地土地成交宗数占比自 2016 年开始下降，降低至 20% 后开始逐年稳定在 20% 以下。具体如图 1-3 所示。

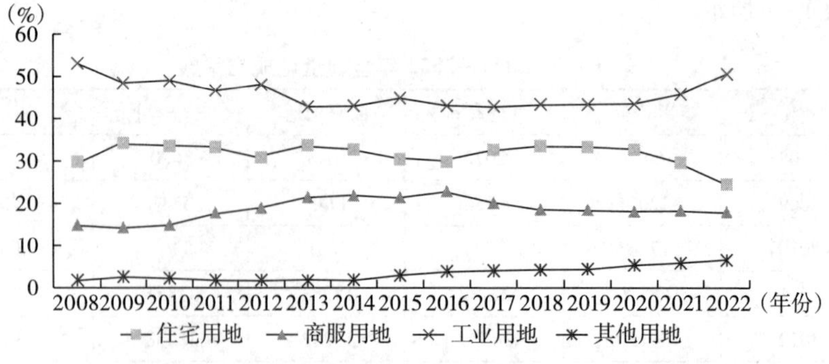

图 1-3　2008—2022 年不同用途土地成交宗数占比

（1）住宅用地成交宗数的区域差异

从四大区域板块来看，东部地区的住宅用地成交宗数占比从2015年的32.08%迅速递增至2017年的40.50%，2018年稍微回落，之后保持相对平稳的态势；中部地区经历了一段增长，2015年达到最高点30.97%，之后呈下降趋势，到2021年降至28.35%；西部地区总体表现出阶段增长的趋势，从2011年的24.47%增至2021年的29.08%；而东北地区则持续下降，从2011年的20.24%降至2021年的8.04%。总体来看，除东北地区外，其余三个地区住宅用地成交宗数占比都呈现出上升态势。具体如图1－4所示。

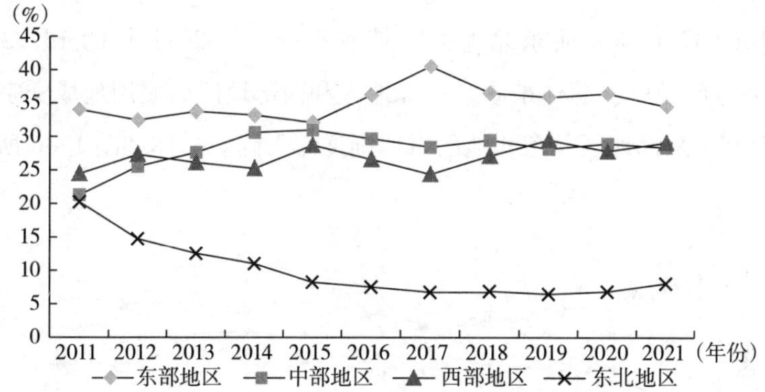

图1－4 2011—2021年四大区域板块住宅用地成交宗数占比

从南北方地区来看，2011—2021年，南方地区住宅用地成交宗数占比呈现出先增后降的态势，从2011年的48.63%增至2015年的62.66%，随后小幅下降至2021年的56.92%；北方地区在同一时期内波动趋势相反，从2011年的51.37%逐年下降至2015年的37.34%，最终增长至2021年的43.08%。总体来看，相较于北方地区，南方地区住宅用地成交宗数占比更大。具体如图1－5所示。

（2）商服用地成交宗数的区域差异

从四大区域板块来看，2011—2021年，东部地区商服用地成交宗数占比经历初期下降后趋于平稳，近年来有小幅波动上涨的态势，至2021年，占比达30.69%；中部地区在同一时期内波动趋势与东部地区相反，从

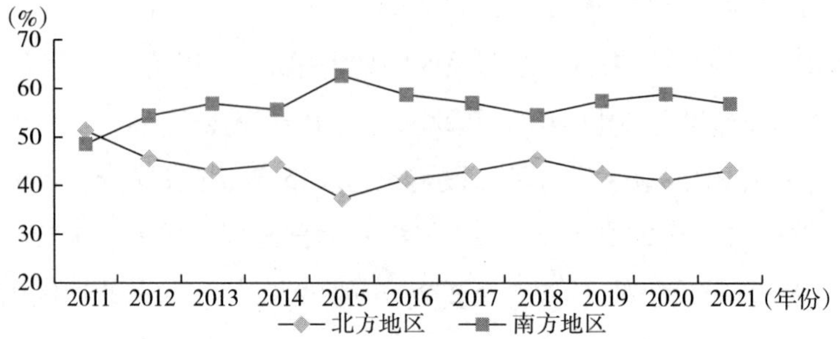

图 1-5　2011—2021 年南北方地区住宅用地成交宗数占比

2011 年的 17.24% 逐步增至 2019 年的 27.72%，之后小幅回落，2021 年的占比为 25.63%；西部地区的占比持续增加，从 2011 年的 29.52% 增至 2021 年的 37.15%；而东北地区则持续下降，从 2011 年的 13.92% 降至 2021 年的 6.53%。总体来看，中部地区和西部地区商服用地成交宗数占比逐年上升，东部地区及东北地区占比则逐年下降。具体如图 1-6 所示。

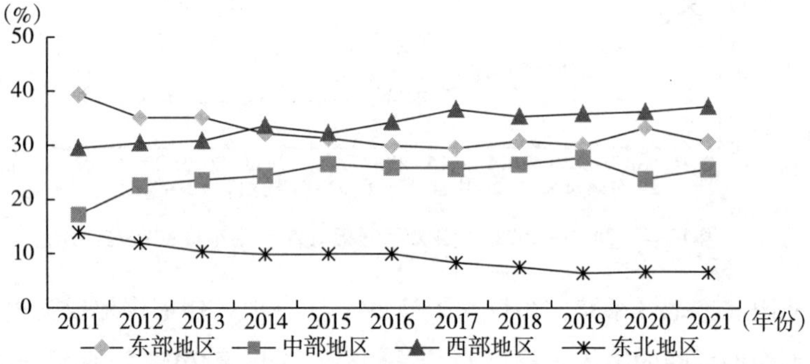

图 1-6　2011—2021 年四大区域板块商服用地成交宗数占比

从南北方地区来看，南方地区商服用地成交宗数占比自 2011 年以来逐年上升，2019 年达到最高点，为 58.20%，之后出现缓慢下降趋势；相反，北方地区从 2011 年的 53.03% 降至最低点 41.80% 后，2019 年起开始逐步回升；从数值上来看，南方地区商服用地成交宗数占比更大。具体如图 1-7 所示。

（3）工业用地成交宗数的区域差异

从四大区域板块来看，东部地区的工业用地成交宗数占比从 2011 年的

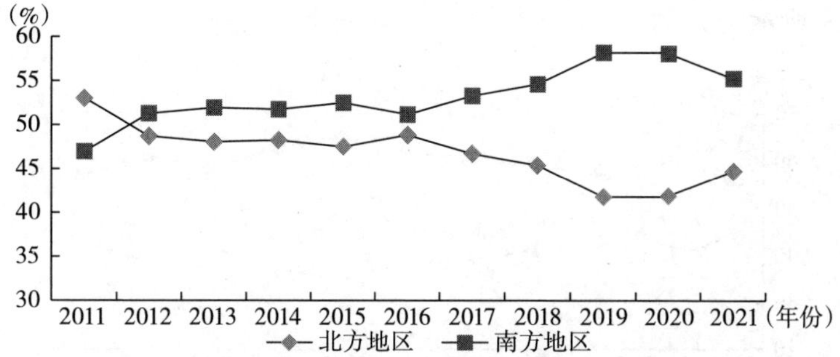

图 1-7 2011—2021 年南北方地区商服用地成交宗数占比

48.73%逐年下降至 2021 年的 42.27%，尽管有所下降但仍保持较高水平；中部地区的占比在 2011 年的 20.84%基础上波动上升，至 2021 年达到 26.02%，表现出增长趋势；西部地区的占比从 2011 年的 14.23%稳步增长至 2021 年的 23.69%，显示出持续的上升势头；东北地区则从 2011 年的 15.60%开始，呈现出持续下降的态势，到 2021 年降至 8.02%。综合四大区域板块的变化，东部地区尽管占比下降，但仍占有最大比重，中部地区和西部地区上升明显，而东北地区占比下降。具体如图 1-8 所示。

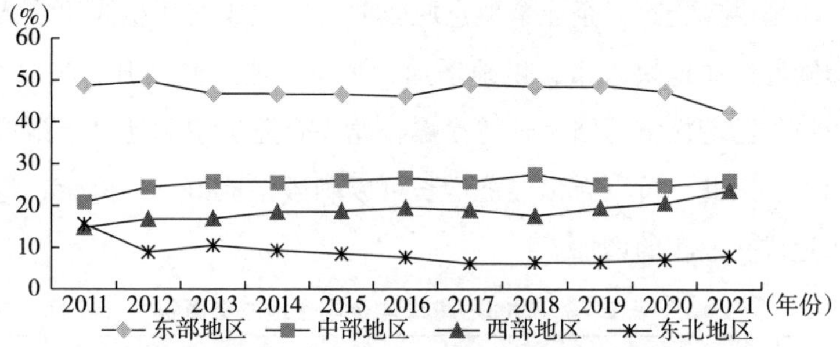

图 1-8 2011—2021 年四大区域板块工业用地成交宗数占比

从南北方地区来看，2011—2021 年，南方地区工业用地成交宗数占比呈现出先递增后递减的发展趋势，而北方地区则呈现出先递减后递增的发展趋势。南方地区在 2017 年出现拐点，之后逐年下降，到 2021 年降至 56.92%；北方地区正好相反，2017 年出现拐点后稳步上升，至 2021 年占比达到 43.08%。尽管近两年南北方地区工业用地成交宗数占比在数值上的差距逐渐缩小，但相较于北方地区，南方地区占比仍较大。具体如

图1－9所示。

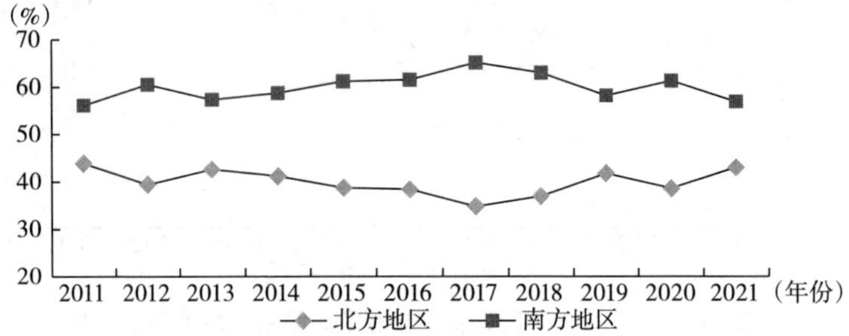

图1－9 2011—2021年南北方地区工业用地成交宗数占比

1.3.2 全国土地成交面积变动趋势

2022年全国土地成交面积为259004.72万平方米，同比增长14.32%。与2008年相比，2022年全国土地成交面积增加了225632.81万平方米，增长了676.12%。2008—2022年全国土地成交面积整体上呈现出先递增后递减的发展趋势，在2013年达到最高峰，此后有所下降，并在2022年再次跃升至250000万平方米以上。具体如表1－2所示。究其原因，2012年以后，市场供应趋冷，企业拿地意愿较弱，土地成交面积同比步入下跌区间，但随着优质地块入市，供地增加，企业拿地意愿回升。2013年以后，土地市场伴随着楼市的回暖日益火爆，龙头企业集中拿地，土地成交面积反弹向上。因此，可以看出经济增长可以刺激土地市场的繁荣，进而促进全国土地成交面积的增加。

表1－2 2008—2022年全国土地成交面积 （单位：万平方米）

年份	总供给	住宅用地	商服用地	工业用地	其他用地
2008	33371.91	13809.78	3062.85	15936.23	563.05
2009	56532.83	25779.53	5107.00	24218.27	1428.03
2010	82690.49	36770.48	8345.91	35365.85	2208.24
2011	244442.02	75897.06	26508.47	136677.27	5359.42
2012	279058.01	73899.24	38709.10	161009.27	5440.41
2013	328626.64	104479.38	51068.48	167136.65	5942.13
2014	245845.60	74817.25	39252.04	126201.84	5574.47

续表

年份	总供给	住宅用地	商服用地	工业用地	其他用地
2015	198070. 80	56934. 48	29452. 86	105687. 80	5995. 67
2016	186603. 59	53823. 13	27086. 76	98755. 01	6938. 69
2017	205971. 06	67578. 79	25789. 33	104094. 82	8508. 12
2018	238622. 80	81672. 02	26968. 41	120461. 29	9521. 08
2019	243270. 30	86254. 84	26671. 90	119893. 82	10449. 74
2020	211495. 57	76893. 26	22242. 54	102248. 35	10111. 41
2021	226555. 53	66352. 38	21970. 54	126718. 96	11513. 64
2022	259004. 72	55083. 29	23445. 31	166325. 31	14150. 81

资料来源：Wind 数据库。

从土地类型来看，2022 年全国住宅用地成交面积为 55083. 29 万平方米，工业用地成交面积为 166325. 31 万平方米，商服用地成交面积为 23445. 31 万平方米。其中，工业用地增幅居首，为 31. 26%。整体来看，工业用地、住宅用地和商服用地成交面积占比依次递减，其他用地成交面积占比呈现出逐年递增的变化趋势，并在 2022 年达到最高，为 14150. 81 万平方米。具体如图 1－10 所示。

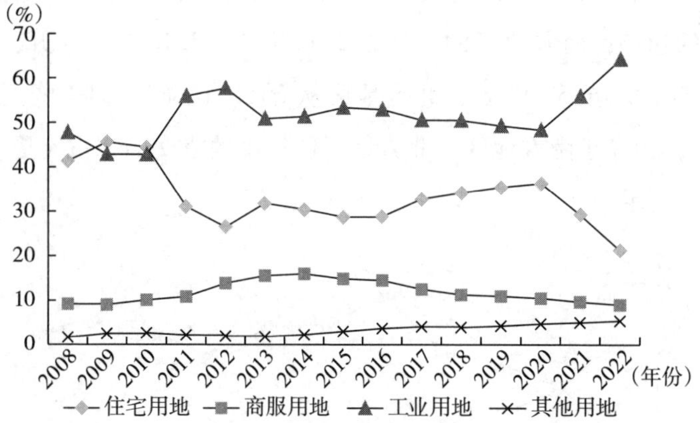

图 1－10　2008—2022 年不同用途土地成交面积占比

（1）住宅用地成交面积的区域差异

从四大区域板块来看，东部地区的住宅用地成交面积占比自 2011 年至 2021 年先升后降，从 2011 年的 36. 46% 增至 2017 年的 43. 73%，随后逐渐降至2021年的40.48%；中部地区的占比从2011年的15.88%逐渐增至最高点2016年的28.78%，之后开始逐年稳定在30%以下；西部地区的占比有所波动，总体呈上升趋势，从19.01%增至21.90%；东北地区占比则经历了较大幅度的下降，从26.43%降至9.78%。这表明在过去的10年中，东部地区虽有所波动，但仍保持较大占比，中部地区和西部地区的增长趋势明显，而东北地区则呈现出明显的下降趋势。具体如图1－11所示。

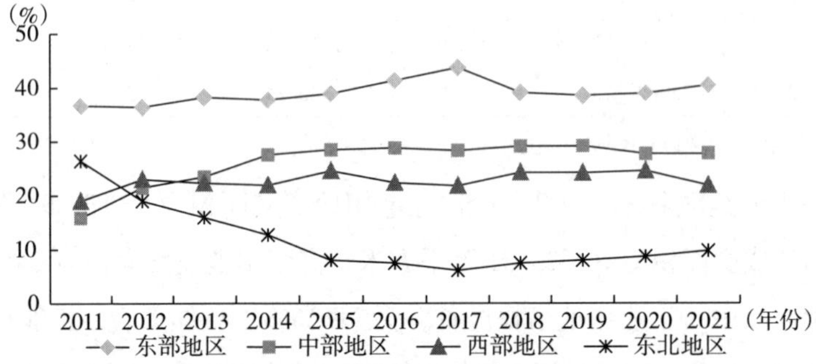

图1－11　2011—2021年四大区域板块住宅用地成交面积占比

从南北方地区来看，2011—2021年，南方地区住宅用地成交面积占比整体呈现出阶段式上升的发展趋势，而北方地区恰好相反，整体呈现出波动下降的趋势；南方地区的占比在2011年为43.16%，经历逐年上升后，到2021年已增至57.98%；北方地区从2011年的56.84%降至2021年的42.01%，相较于南方地区，北方地区住宅用地成交面积占比更小。具体如图1－12所示。

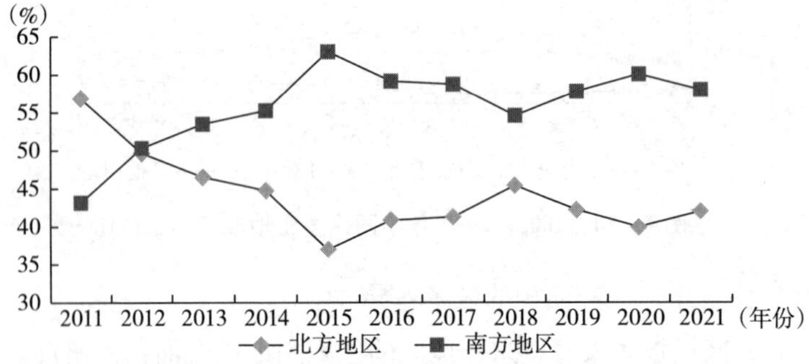

图1－12　2011—2021年南北方地区住宅用地成交面积占比

（2）商服用地成交面积的区域差异

从四大区域板块来看，东部地区的商服用地成交面积占比经历了初期下降，由2011年的40.37%降至2015年的33.44%，之后缓慢上升并在2018年稳定在36%左右；中部地区在同一时期内与东部地区有相反的变动趋势，从2011年的17.24%增至2015年的28.86%，之后保持相对平稳；西部地区呈现出波动上升趋势，从2011年的25.33%增至2021年的31.91%；而东北地区则从2011年的17.06%急剧下降至2021年的6.09%。总体来看，东部地区商服用地成交面积占比居首位，中部地区和西部地区次之，东北地区占比最小。具体如图1-13所示。

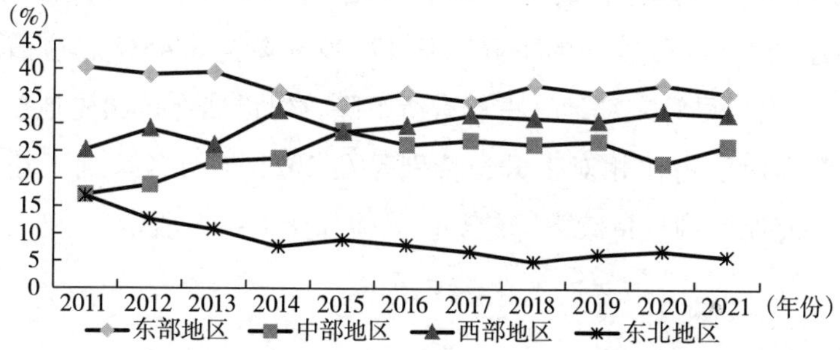

图1-13 2011—2021年四大区域板块商服用地成交面积占比

从南北方地区来看，2011—2021年，南北两大板块的商服用地成交面积占比在同一时期内呈现出相反的变动趋势，即南方地区的占比逐年递增，而北方地区的占比逐年下降；南方地区2011年的占比为50.62%，北方地区2011年的占比为49.38%，两地区在该年占比相差不大，但随着时间的推移，占比差距逐渐拉大，直至2021年，南方地区商服用地成交面积占比已增至62.62%，北方地区的占比则降至37.73%，从数值上看，南方地区的商服用地成交面积已将近北方地区的2倍。具体如图1-14所示。

（3）工业用地成交面积的区域差异

从四大区域板块来看，2011—2021年，东部地区工业用地成交面积占比基本保持在较高水平，从42.29%轻微波动后下降到38.52%；中部地区

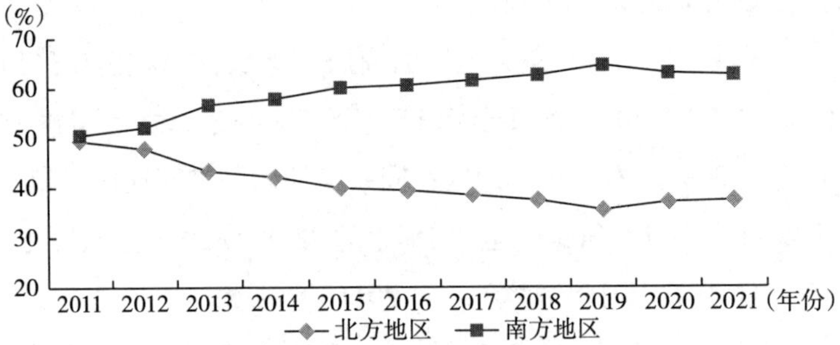

图 1－14　2011—2021 年南北方地区商服用地成交面积占比

的占比经历初期上升后基本保持平稳态势，稳定在 27% 左右；西部地区的占比呈现波动上升趋势，最终从 18.29% 增至 26.73%；东北地区从一个相对较高的占比，经历显著的下降，从 17.09% 降至 8.45%。这揭示了在过去 10 年中，尽管东部地区占比有所下降，但仍然保持领先地位，中部地区和西部地区占比相对上升，特别是在 2021 年两者达到了相同的占比，而东北地区则呈持续下降趋势。具体如图 1－15 所示。

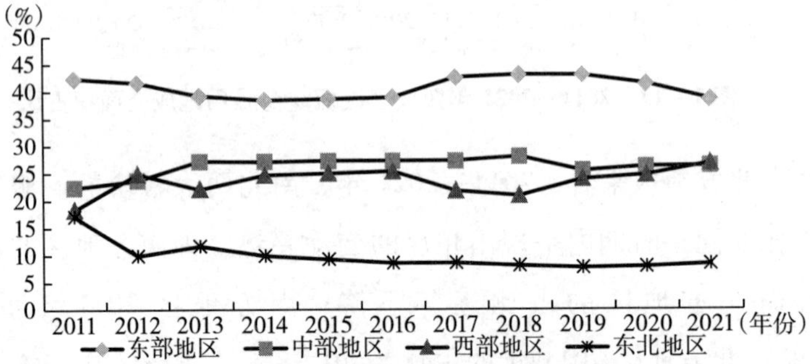

图 1－15　2011—2021 年四大区域板块工业用地成交面积占比

从南北方地区来看，南方地区工业用地成交面积占比自 2011 年起经历初期上升后，到 2015 年增至 56.79%，之后保持相对稳定的态势；北方地区在同一时期内变动趋势相反，由 2011 年的 49.16% 降至 2015 年的 43.21% 后，围绕在 40% 的水平线上下波动。总体来看，南方地区工业用地成交面积占比略大，但两地区差距并不大，具体如图 1－16 所示。

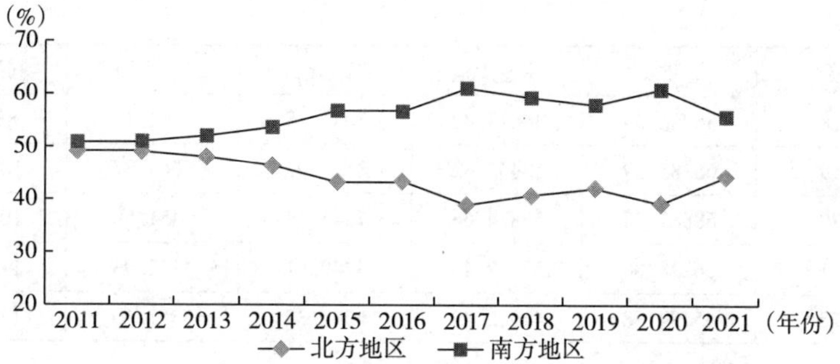

图1-16 2011—2021年南北方地区工业用地成交面积占比

1.3.3 全国土地成交总价变动趋势

2022年全国土地成交总价为55194.88亿元，同比下降16.67%。与2008年的成交总价相比，全国土地成交总价增加了50091.11亿元，增长了981.45%。2022年住宅用地、商服用地、工业用地和其他用地占比分别为75.94%、12.10%、9.70%和2.26%。2008—2020年全国土地成交总价整体上呈现出逐年递增的发展趋势，在2020年达到最高，为68882.38亿元。自2021年起，全国土地成交总价呈下降趋势，由于受国家对土地市场调控政策及新冠疫情的影响，土地市场成交总价减少。2008—2022年全国土地成交总价如表1-3所示。

表1-3 2008—2022年全国土地成交总价 （单位：亿元）

年份	总供给	住宅用地	商服用地	工业用地	其他用地
2008	5103.77	3499.33	945.32	585.01	74.11
2009	12063.24	9292.28	1617.13	845.86	307.97
2010	19207.89	14517.58	3129.88	1221.73	338.70
2011	26623.83	17318.49	5698.37	3214.80	392.17
2012	27594.13	17052.90	6365.40	3712.03	463.80
2013	43162.98	28546.36	10173.04	3816.83	626.75
2014	32549.20	21298.74	7580.32	3040.46	629.68
2015	29609.84	20410.16	6041.59	2652.32	505.77
2016	36713.61	26772.34	6487.73	2863.32	590.22
2017	51219.32	40118.27	7392.18	2886.65	822.22

续表

年份	总供给	住宅用地	商服用地	工业用地	其他用地
2018	56982.65	44615.89	8034.75	3501.16	830.84
2019	66285.39	53453.82	8107.07	3664.77	1059.73
2020	68882.38	56824.66	7545.14	3451.58	1061.00
2021	66228.80	53717.43	7249.51	4122.93	1138.93
2022	55194.88	41915.49	6681.32	5351.60	1246.48

资料来源：Wind 数据库。

从不同用途土地成交总价占比来看，2008—2022 年，由于房地产市场的持续繁荣，住宅用地成交总价占比一直居于首位，最高值达到 80% 以上。并且住宅用地成交总价占比呈现先递减后递增的发展趋势，即 2013 年以后，住宅用地成交总价占比呈现快速上升的趋势，在 2020 年达到峰值，占比为 82.50%。与住宅用地成交总价占比情况不同的是，商服用地成交总价占比在整体上呈现先递增后递减的发展趋势，拐点出现在 2014 年，受经济增速放缓等因素影响，土地市场呈现需求不足状态，进而使得商服用地成交总价呈现下降态势。最后是工业用地，其成交总价占比一直在 10% 左右保持稳定的发展趋势。具体如图 1－17 所示。

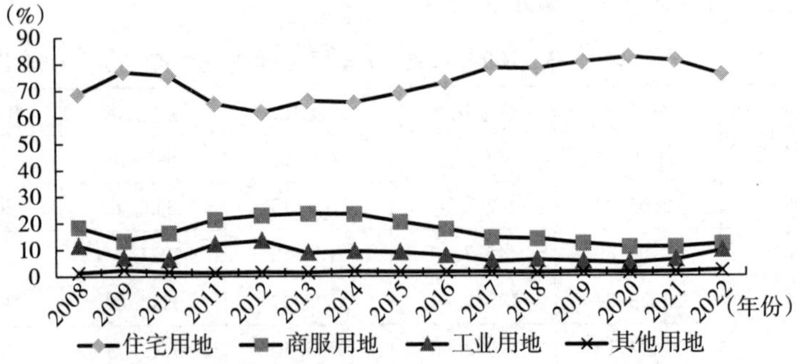

图 1－17　2008—2022 年不同用途土地成交总价占比

（1）住宅用地成交总价的区域差异

从四大区域板块来看，2011—2021 年，东部地区住宅用地成交总价占比呈现出波动式递增趋势，2011 年经历下降后呈现上升趋势，到 2021 年达到最高点 64.25%；中部地区的占比表现出先增后降的态势，从 13.33% 上升到

22.38%，最终回落至17.31%；西部地区占比稍有波动，整体从15.83%下降至13.11%；东北地区占比则经历了显著的下降，从21.82%降至5.34%。总体来看，东部地区住宅用地成交总价占比的增长最为显著，中部地区和西部地区变化趋势相对平稳，而东北地区下降趋势明显。具体如图1-18所示。

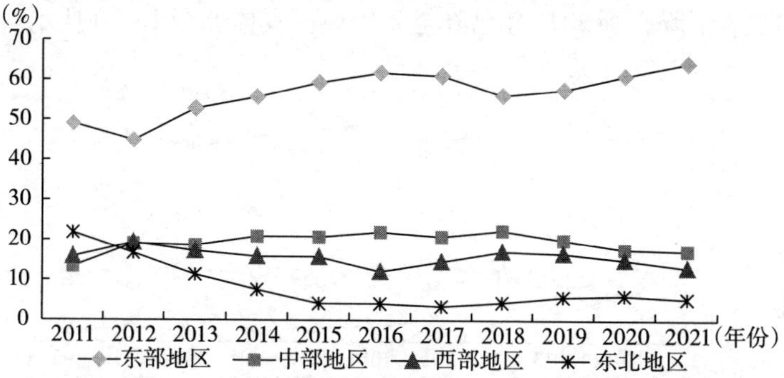

图1-18 2011—2021年四大区域板块住宅用地成交总价占比

从南北方地区来看，南方地区的住宅用地成交总价占比从2011年的56.04%开始稳步上升，并在2021年达到了72.21%；北方地区的占比则从2011年的43.96%逐渐下降，2021年降至27.79%。从二者间的数值差距上来看，随着时间的推移，南北方住宅用地成交总价占比逐渐拉大，直至2021年，南方住宅用地成交总价占比已将近北方地区的2.60倍。具体如图1-19所示。

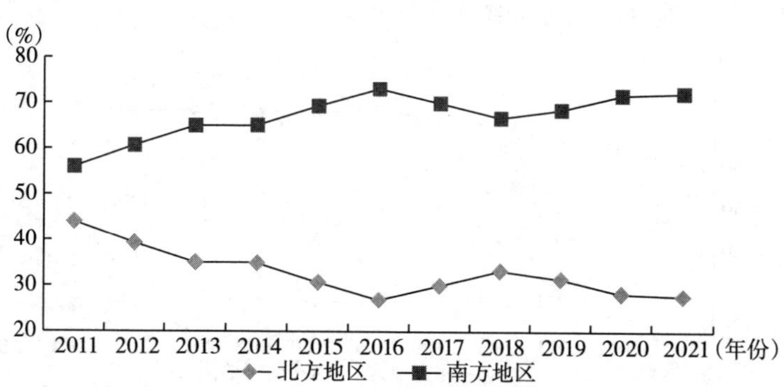

图1-19 2011—2021年南北方地区住宅用地成交总价占比

（2）商服用地成交总价的区域差异

从四大区域板块来看，2011—2021年，东部地区商服用地成交总价占比始终保持在较高水平，并围绕在58%的水平线上下小幅波动；中部地区自2011年开始上升，到2015年上升至最高点21.48%后保持平稳，但2020年又出现快速下降的态势；西部地区变化趋势相对稳定，占比从16.19%增至18.72%；东北地区成交总价占比最低，呈现逐年递减的发展趋势，自2012年开始显著下降，到2021年已降至2.93%。具体如图1－20所示。

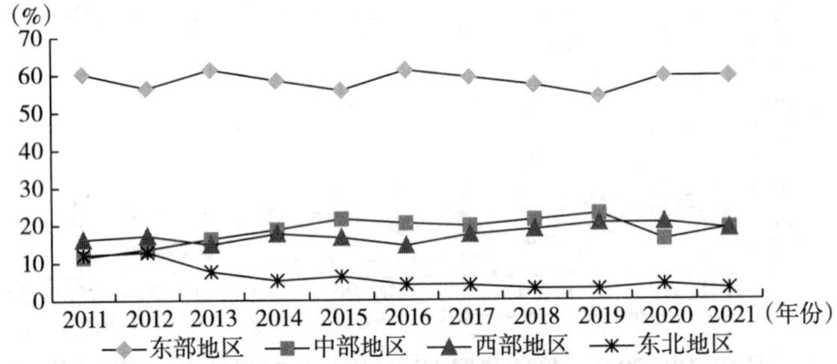

图1－20　2011—2021年四大区域板块商服用地成交总价占比

从南北方地区来看，2011—2021年，南方地区商服用地成交总价占比经历初期小幅递增后呈现相对稳定的发展趋势，总体保持在70%以上；而北方地区自2011年开始下降，于2013年降至30%并开始逐年稳定在30%以下。2021年，南方地区的占比为74.21%，而北方地区的占比仅为25.79%，从数值上可以明显看出，南方地区在商服用地市场的成交总价占比远高于北方地区。具体如图1－21所示。

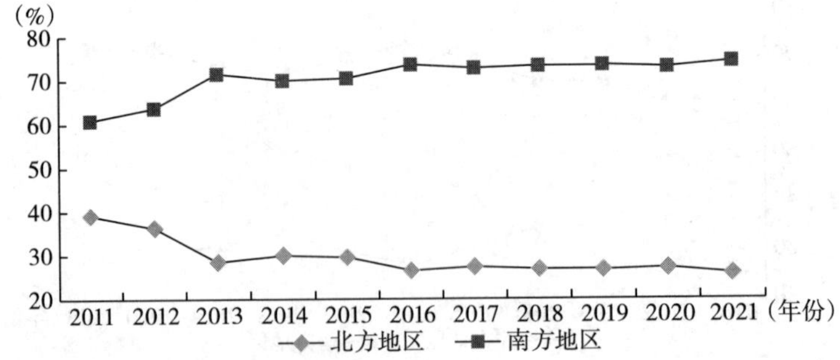

图1－21　2011—2021年南北方地区商服用地成交总价占比

（3）工业用地成交总价的区域差异

从四大区域板块来看，东部地区工业用地成交总价占比初期保持相对平稳，2017年快速上升至53.70%后，围绕在55%水平线上下小幅变动；中部地区2011—2021年变动幅度不大，基本稳定在20%左右；西部地区的占比除2012年和2016年这两年出现激增外，其他年份也保持相对平稳的态势；东北地区占比从19.21%开始，经历波动后下降至2021年的6.70%，在四大区域板块中降幅最大。总体来说，东部地区工业用地成交总价占比最高，在四大区域板块中表现尤为突出，中部地区和西部地区占比相差不大，而东北地区的占比最小，且仍保持降低趋势。具体如图1－22所示。

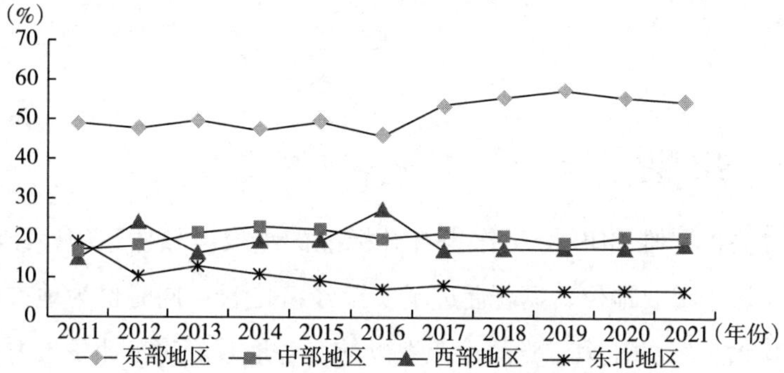

图1－22　2011—2021年四大区域板块工业用地成交总价占比

从南北方地区来看，南方地区的工业用地成交总价占比经历初期小幅波动后开始稳步上升，但近年来有下降趋势，直至2021年占比达到61.27%；北方地区在同一时期则呈现完全相反的变化趋势，相较于2020年，2021年工业用地成交总价上涨394.00亿元，总体涨幅33.79%。这些数据表明，在过去的10年间，南方地区的占比整体变化较为温和，而北方地区经历了较明显的下降后，近年有所回升。具体如图1－23所示。

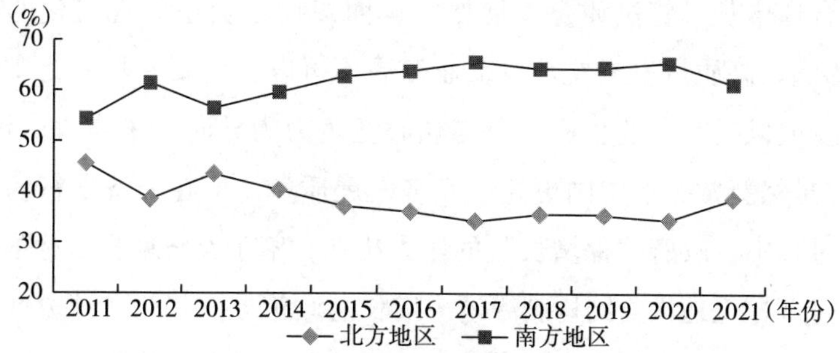

图1－23　2011—2021年南北方地区工业用地成交总价占比

第2章　经济增长目标对城市土地配置行为的影响

2.1　引　言

在过去将“唯GDP论”作为晋升标准的绩效考核体系中，经济增长目标长期居于重要地位，显著促进了实际经济增长，同时也为地方政府带来了“保增长”的压力。党的十八大以前，各地政府将工业发展看作经济增长的重心，作为土地经营的垄断者，低价甚至零地价出让工业用地建立工业园区与开发区以刺激经济增长在地方政府之间已达成共识，这也是自分税制改革后经济增长仍保持较高增速的重要动因。随着中国经济进入新常态，经济发展思路逐渐由高速增长向高质量发展转型，《中华人民共和国国民经济和社会发展第十四个五年规划和2035年远景目标纲要》明确指出“不能简单地以GDP增速论英雄，而应把工作重心放在提高发展质量和效益上”。党的二十大报告进一步强调“应推动经济实现质的有效提升和量的合理增长，将高质量发展作为全面建设社会主义现代化的首要任务”。为满足高质量发展要求，工业发展不再以土地要素投入为主，而是逐渐转变成以提升工业企业质量与核心竞争力为导向（王颂吉、魏后凯，2019）。虽然新常态下中国更注重经济发展质量，但在经济下行压力不断加大的过程中，政府“保增长”的压力犹在，鉴于经济增长目标的硬性约束，通过调控土地供给结构刺激经济增长的政策导向仍为各地方政府所青睐。从经济增长目标视角探究土地供给结构，是推动经济高质量发展、提高土地供给格局的客观需要。

经济增长目标是影响政府资金配置方向与要素投入效率的重要指标，其衍生于中国独特的垂直政府管理体系下“向上负责”的目标责任制与“向下激励”的官员晋升机制（刘若鸿等，2021）。为促进地方经济发展，中央根据地方政府经济表现进行奖罚，政府官员晋升可能性随着经济绩效的提高而增强（Li and Zhou，2005），故地方政府对经济增长计划的设定方式及其完成程度都极为重视。由于晋升机会有限，政府官员为获得“晋升锦标赛”仅有的“入场券”，对经济增长目标设定存在自上而下“纵向加深”以及邻近政府“横向施压”现象，通过制定较高的经济增长目标向上级彰显自己的“个人能力”。在影响效应中，经济增长目标充分发挥了对经济治理和资源配置的前瞻性与导向性，并提高地方政府为刺激经济发展的积极性与激励创新发展的主动性，但不可否认的是过高的经济增长目标阻碍了以供给侧结构性改革为主的高质量发展，且目标设定越高，地方政府相应的“保增长”压力就会越大，会对全要素生产率提升产生抑制效果（余泳泽等，2019）、加剧环境污染（安梦天、何爱平，2022）、引起企业间资源要素错配（余泳泽等，2019）。

作为传统要素型政策工具，在“以地引资”目标下，地方政府更倾向于低价甚至零地价出让工业用地吸引企业竞相投资以推进城市化及工业化发展。在高质量发展目标下，为满足后工业化转型要求，以传统“两手”供地模式促进经济发展的潜力趋弱，土地供给结构逐渐转向以“放松商住、限定工业”出让为主的新两手供地模式（闫昊生等，2020）。根据中共中央、国务院印发的《关于构建更加完善的要素市场化配置体制机制的意见》，要充分发挥市场配置资源的决定性作用。在新发展阶段下如何优化工业用地与商住用地、更好发挥市场作用、防范政府过度干预土地要素配置现象值得深思。当前围绕政府土地供给行为的研究多集中在以招、拍、挂、协议出让为主的土地出让策略（胡深、吕冰洋，2019；钟文等，2022），以放松工业、限制商住出让为主的“两手”供地模式（谢冬水，2020），探讨了其与经济高质量发展（钟文等，2022）、城乡收入差距（谢冬水，2018）、环境污染（陈恭军，2022）、产业结构升级（白雪洁、耿仁强，2022）、全要素生产率（彭山桂等，2022）、城市创新能力（谢呈阳、胡汉辉，2020）等之间的关联，以及带来的一系列复杂经济与社会问题。也有学者从土地供给质量（吴清扬，2021）、土地供给空间错配（Peng et al.，2022）、过度“去工业化”现象（王颂吉、魏后凯，2019）等方面进行研究，注意到在财政压力下政府对增加商住用地的青睐（黄晓虹、席鹏辉，2022）。虽然关于土地出让行为的研究颇丰，但深入探究引起土地出让结构变化及其背后逻辑和内在机制的研究甚少，为后续学者提供了可探讨的空间。

已有研究尚未涉及地方政府经济增长目标与土地出让结构之间的关系，从经济增长目标顶层设计视角分析地方政府土地出让行为，是对当今供给侧结构性改革下如何发挥“有为政府”作用的有益补充。本章边际贡献有：从经济增长目标着手探究其对土地出让结构的影响，并运用中介效应模型探讨经济增长目标对土地出让结构的传导途径，在一定程度上补充了“更好推动高质量发展、改进土地供给模式”方面的研究。从时期、区域、城市规模、人口流动类型等异质性特征角度切入，丰富了地方政府为实行“保增长”目标对土地出让结构的异质性影响效应的研究。细化分析了经济增长目标与各类土地面积结构占比之间的联系，并创新性地探讨了经济增长目标对土地出让楼面价格的影响，深入揭露经济增长目标对土地出让结构影响的伴随效应与部分动因，为深化供给侧结构性改革、增进民生福祉提供了重要的政策启示。

2.2 理论假设

作为政府治理经济的重要手段，经济增长目标在经济社会发展全局中具有“指挥棒”的作用。地方政府可以通过经济增长目标影响要素配置效率与资金投入方向，这对刺激经济增长、缓解经济波动、增加居民就业等具有积极作用。但在“GDP 锦标赛”背景下，为完成“GDP 考核”计划并打开晋升通道，地方政府往往会凭借其配置土地要素的灵活性优势，偏离自身实际发展水平而设立较高的经济增长目标，通过调控土地要素最大限度刺激经济增长以此向上级彰显“个人能力”(余泳泽、杨晓章，2017)。随着经济进入新常态，中国工业化发展有所减速，亟须向深度（收缩型）工业化发展转型，以放松工业、限制商住出让为主的“两手”供地模式促进经济发展的潜力趋弱，在保证经济总量增长与供给侧结构性改革双向目标压力下，势必面临着土地资源要素的重新分配（余泳泽等，2019）。而相较于工业用地，商住用地通常拥有短期内获得巨额土地出让金的优势(席强敏、梅林，2019)，加之土地出让金的形成能为地方政府扩大基础设施投入提供资金来源，是构成地方经济增长的重要动因（杜雪君等，2009)，因此政府更青睐将土地出让结构向提高商住用地面积方向调整(闫昊生等，2020)。主要体现在：一方面，“保增长”压力下地方政府激发短期经济行为，会通过增加商住用地出让，迅速筹集巨额土地出让金，促进基础设施建设，进而刺激经济增长，构建“土地财政—基础投资—经济增长—获得晋升”的发展机制（Guo et al.，2015；梅冬州等，2018)，但出让商住用地也可能导致基础设施过度投资、产业结构虚高（闫昊生等，2020）等负面影响；另一方面，目标压力下商住用地面积相对增加可间接促使第三产业发展，能通过改善国内的需求结构与投资环境来刺激经济增长（刘凯，2018)，且其所对应的营业税与所得税主要归地方政府享有，同样构成政府在经济增长目标压力下筹集财政资金的另一重要渠道（郭志勇、顾乃华，2013)。这种有倾向性的土地出让策略，刺激了土地出让结构向增加商住用地面积方向调整。基于此，本章提出以下假说。

假说 1：经济增长目标会对土地出让结构产生影响，商住用地出让面积相对于工业用地出让面积增加。

面对中央的政治激励，地方政府倾向于引导扩张性投资以完成“保增长”的目标。合理且具有可达性的经济增长目标能促进地方政府保持理性投资、完善公共服务体系等，符合经济高质量发展要求，但在垂直管理体系中，地方政府为获得有限的晋升机会往往设定较高的经济增长目标，且一旦获得晋升，上一任政府所欠下的“债务旧账”便会落到下一任政府身上，使得竞相展开投资竞赛成为各地政府缓解目标压力最有利的选择（余泳泽等，2019）。因此，作为完成绩效考核的重要手段，政府试图通过投资驱动所带来的“增量效应”刺激经济增长。投资也易产生连锁反应，更高的政府投资能催化上下游产业竞相投资，间接刺激经济增长（Guo et al.，2015）。为支撑扩张性投资所产生的巨额财政支出，地方政府须增加预算外收入，土地要素便成为其手中最有力的撬动扩张性投资的工具（王展祥等，2021），而如何实现土地出让收益最大化，便成为地方政府的重要目标之一。根据商住用地拥有短期内迅速筹集土地出让金的优势，经济增长目标压力显著促进扩张性投资，进而导致土地出让结构向增加商住用地面积方向调整。

地方政府会通过给予信贷、税收补贴等优惠政策吸引居民消费与企业投资来刺激经济增长，进而做大市场规模。地方政府除了市场环境发生转变外，同样还面临着“保增长”压力。为了在经济增长中取得更好的成就，地方政府有动力通过增强居民和企业的投资意愿来扩大市场规模，这带来了激烈的市场竞争（崔新蕾、孟祥文，2021），且市场规模的扩大有利于吸引更多企业入驻投资，形成刺激经济增长的良性循环。党的十八届三中全会通过的《中共中央关于全面深化改革若干重大问题的决定》指出“财政应作为维护市场秩序与扩大市场规模有力的财力保障”。随着市场规模不断扩大，仅仅依赖中央政府转移支付难以支撑，地方政府须追求更多的财政收入以维持市场秩序，而土地作为地方政府重要的资源，其产生的土地出让金是地方政府预算外收入的重要来源（闫昊生等，2020），政府对财政资金的依赖便成为土地出让金兴起的重要诱因。随着经济增长目标压力增加，地方政府为了获得巨额土地出让金将促使土地出让结构向提高商住用地面积方向调整，以满足市场规模扩大进而刺激经济增长的需要。

为在考核竞争中胜出，地方政府往往将“投资驱动”看作短期内刺激经济增长的重要手段。由于中国资本市场体制仍不够完善，资本配置更多受政府引导，在年初经济增长目标公布后，地方政府有动机将资本投入到诸如房地产行业等短期内易形成绩效的产业和项目中（崔新蕾、何爽，

2022)。大量资本流入高利润的房地产等行业，必然挤占对实体经济部门的投资，使得产业间资本投入偏离均衡（杨贤宏等，2021），过高的经济增长目标导致资本错配。房地产开发的基础是土地，其所对应的商住用地多以“招拍挂”等市场化方式出让，部分居民以及中小型工业企业为了在短期内获得高额的投资回报纷纷将资本投入房地产行业进行投机（余泳泽、张少辉，2017），从而推高商住用地出让单价，且不同于房地产企业，传统的工业企业通常需要相当长的时间才能实现自我发展，如若工业园区招商不力，整个园区也将处于长期亏损状态（郭志勇、顾乃华，2013），因此地方政府更倾向出让商住用地。一方面，商住用地快速增加满足了大量热钱流入房地产市场所引起的对商住土地的需求，并促进了房地产市场繁荣，在金融加速器作用下放大了对整体经济的影响（梅冬州等，2018），同时房地产市场繁荣给地方政府带来了土地增值税、营业税、房产税等方面收入，增强了政府在辖区内的竞争优势；另一方面，房地产市场中扩大的投机性需求造成房价整体上涨，其往往与地方政府基础设施投资需求呈正相关关系，增加了对土地出让金的依赖，促使政府提高商住用地出让规模，而基础设施投资的增加在拉升资产价格的同时也进一步刺激了经济增长。随着经济增长目标设定的提高，政府会将资本错配到高投资回报的领域中，并在自身利益驱使下引导土地出让结构向增加商住用地面积方向调整。基于此，本章提出以下假说。

假说 2a：经济增长目标会通过扩张性投资影响土地出让结构。

假说 2b：经济增长目标会通过市场规模影响土地出让结构。

假说 2c：经济增长目标会通过资本错配影响土地出让结构。

2.3　研究设计

2.3.1　基准回归模型

为探究经济增长目标设定对地方政府土地出让结构的影响，考虑到模型设定偏误和变量之间的内生性问题，本章引入被解释变量的滞后一阶来构建动态面板模型，公式如下：

$$Area_{i,t} = \beta_0 + \beta_1 Area_{i,t-1} + \beta_2 goal_{i,t} + \gamma X_{i,t} + \lambda_t + \mu_i + \varepsilon_{i,t} \quad (2-1)$$

式（2－1）中，i 表示城市，t 表示年份；$Area_{i,t}$表示土地出让结构；β_0为常数项；β_1为被解释变量一阶滞后项的回归系数；$goal_{i,t}$代表经济增长目标，其系数β_2刻画了经济增长目标对土地出让结构的影响，是最关键的系数；$X_{i,t}$代表控制变量集；γ 为控制变量的系数；λ_t和μ_i分别为年份和城市固定效应；$\varepsilon_{i,t}$为随机误差项。

2.3.2 中介机制检验模型

经济增长目标可能通过扩张性投资、市场规模和资本错配三个渠道对土地出让结构产生影响，为检验其是否能充当中介渠道角色，通过观测核心解释变量对中介变量的影响来做机制检验，模型构建如下：

$$Mediator_{i,t} = \alpha_0 + \alpha_1 Mediator_{i,t-1} + \alpha_2 goal_{i,t} + \eta X_{i,t} + \lambda_t + \mu_i + \varepsilon_{i,t} \quad (2-2)$$

式（2－2）中，$Mediator_{i,t}$表示中介变量，即扩张性投资、市场规模和资本错配，其他变量含义与式（2－1）相同。

2.3.3 变量设定

（1）被解释变量

土地出让结构（*Area*）：借鉴黄晓虹和席鹏辉（2022）、谢贞发等（2019）的研究，采用商住用地出让面积与工业用地出让面积的比值来表示。商住用地与工业用地的土地属性与收益时限截然不同，地方政府具有差异化土地出让动机，相对扩大工业用地出让面积能满足招商引资需要，而相对增加商住用地出让面积亦能使政府获得高额土地出让金。由于土地出让主体为地方政府，因此其比值对衡量地方政府土地出让行为的变化最为直接和敏感，能准确地反映出地方政府土地配置行为偏好与管制土地要素的动机导向。

（2）核心解释变量

经济增长目标（*goal*）：用每年各地级市政府网站的政府工作报告中所公布的地级市经济增长目标值来表示。对于政府工作报告中未明确经济增长目标的地级市，采用所选取样本观测年份五年规划的增长目标代替其经济增长目标值。政府工作报告中明确经济增长目标数值的直接使用，而对带有“约”“左右”“高于”“不低于”等词语修饰的模糊目标值，则以具体数字为准。对于存在经济增长目标区间设定的地级市，以区间目标均值来代替。

（3）控制变量

为解决遗漏变量带来的内生性问题，控制变量包括：

①交通便利度（*pyarea*）：用年末城市道路面积与总人口的比值来衡量。

②土地丰裕度（*pcarea*）：用建成区面积与总人口的比值来衡量。

③购买力程度（*retail*）：用社会消费品零售总额衡量。

④经济发展水平（*pegdp*）：用人均 GDP 来衡量。

⑤劳动力成本（*pwage*）：用城市在岗职工平均工资衡量。

⑥城市规模（*people*）：用城市总人口数来衡量。

⑦基础设施建设水平（*infi*）：用城市固定资产总额与城市总人口数的比值来衡量。

所有控制变量均取对数处理。

（4）中介变量

①扩张性投资（*Invest*）：用城市固定资产投资与行政区域面积的比值来衡量。

②市场规模（*Size*）：用城市人均 GDP 与全国人均 GDP 的比值来衡量。

③资本错配（*Zbcp*）：基于生产函数估计各城市的资本产出弹性，得出资本有效配置时各地区使用资本的比例，并通过比值计算出资本扭曲系数，进而得到资本错配指数。

变量的描述性统计如表 2－1 所示。

表 2－1　变量的描述性统计

变量	单位	样本值	平均值	最小值	最大值	标准差
Area	%	2840	123.663	10.618	903.507	128.777
goal	%	2840	9.563	1.000	25.000	2.958
pyarea	平方米/人	2840	2.413	0.783	3.993	0.564
pcarea	平方米/人	2840	4.464	3.256	5.733	0.450
retail	万元	2840	14.876	12.392	18.105	1.196
pegdp	万元/人	2840	10.730	9.431	12.018	0.568
pwage	元/人	2840	10.910	10.196	11.636	0.323
people	万人	2840	4.709	3.045	7.208	0.789
infi	元/人	2840	11.583	9.572	13.271	0.716
Invest	亿元/平方千米	2840	0.220	0.004	1.813	0.307
Size	%	2840	103.046	27.575	329.259	60.577
Zbcp		2840	0.303	0.004	1.762	0.278

2.3.4　数据来源

选取全国284个地级市2011—2020年的数据作为研究样本（不包括三沙、儋州、西藏自治区等缺失值较为严重的地区，也不包括莱芜、巢湖等研究期间被合并的地级市）。各类土地出让面积及出让价格来自Wind数据库和中国土地市场网。经济增长目标来自各地级市政府工作报告。其余数据主要来源于《中国城市统计年鉴》、《中国统计年鉴》、EPS数据库等，对少部分缺失值进行ARIMA填补。由于土地出让结构等变量在不同城市存在明显的异质差异（三亚、张家界等旅游胜地商住用地占比普遍较高，乌海、唐山等工业城市商住占比偏低），为剔除极端值对实证结果的影响，使结果稳健且具有说服力，对除虚拟变量和经济增长目标以外的所有连续型变量进行前后1%的缩尾（winsor）处理。

2.4　实证结果分析

2.4.1　基准回归结果

实证检验经济增长目标对土地出让结构的影响效应，主要采用系统

GMM 模型（SYS - GMM）进行估计，并辅之以混合最小二乘法（OLS）、面板双向固定模型（FE）、差分 GMM 模型（DIFF - GMM）进行对比佐证，基准回归结果如表 2 - 2 所示。第（1）列和第（3）列为不加入控制变量的基准回归结果，第（2）列和第（4）～（6）列为加入了控制变量，同时控制了地区与年份虚拟变量的回归结果。由表 2 - 2 可知，无论是系统 GMM 还是差分 GMM，估计所得到的 *AR*（1）均小于 0.1、*AR*（2）均大于 0.1，表明模型残差无二阶自相关性，*Sargan test* 结果值均大于 0.1，表明工具变量不存在过度识别问题，模型设定和估计方法合理。为了解决自变量与因变量之间的联立内生性问题，相较于差分 GMM 模型，系统 GMM 解决了一些遗漏误差问题，因此仅对系统 GMM 的结果进行分析。

表 2 - 2　基准回归结果

变量	(1)	(2)	(3)	(4)	(5)	(6)
	OLS	OLS	FE	FE	DIFF - GMM	SYS - GMM
L. Area					0.070***	0.114***
					(0.002)	(0.001)
goal	0.250	3.960***	2.692	2.464	1.695***	1.757***
	(0.902)	(1.208)	(2.072)	(2.130)	(0.206)	(0.175)
pyarea		-26.500***		13.580**	-14.249***	6.228***
		(5.776)		(6.829)	(1.457)	(1.561)
pcarea		14.401		5.090	-40.303***	-22.710***
		(8.847)		(15.780)	(2.334)	(1.977)
retail		5.038		-1.479	7.037***	13.110***
		(6.411)		(9.527)	(1.181)	(1.649)
pegdp		-29.003***		-0.878	-2.157	6.525***
		(7.446)		(18.870)	(1.759)	(1.280)
pwage		85.800***		-19.640	64.839***	43.700***
		(12.940)		(34.800)	(2.364)	(2.234)
infi		-7.500*		7.022	23.246***	10.530***
		(4.345)		(9.324)	(1.259)	(0.746)
people		-10.970		13.950	-60.266***	-48.990***
		(9.245)		(24.020)	(3.851)	(2.518)

续表

变量	(1)	(2)	(3)	(4)	(5)	(6)
	OLS	OLS	FE	FE	DIFF - GMM	SYS - GMM
常数项	121.268***	-475.902***	115.194***	164.500	-466.145***	-460.502***
	(8.758)	(128.000)	(16.701)	(450.800)	(31.193)	(27.490)
地区/年份固定效应	NO	YES	NO	YES	YES	YES
AR（1）					0.000	0.000
AR（2）					0.262	0.187
Sargan test					0.983	1.000
观测值	2840	2840	2840	2840	2556	2556

注：*L. Area* 表示土地出让面积的滞后一期。*、** 和 *** 分别表示在 10%、5% 和 1% 的水平上显著。括号内为稳健标准误。本章下同。

表 2－2 第（6）列中经济增长目标对土地出让结构的影响在 1% 的水平上显著为正，表明经济增长目标设定值每增加 1%，商住用地出让面积相对于工业用地出让面积增加 1.757%，证实假说 1 的成立。这是由于中国经济进入高质量发展的新阶段，工业主体更注重“质”的提升而非“量”的扩张，正向深度工业化发展转型，同时经济增长压力加剧了地方政府之间的横向竞争，政府有强烈的动机使自己财政收入最大化，以支持地方经济发展。在城市建设用地面积总量相对不变的情况下，地方政府经营土地策略的选择更倾向于商住用地出让，并相对减少工业用地出让，以尽可能在短期内获得较多的收益。

从控制变量的估计结果来看，交通便利度、购买力程度、经济发展水平、劳动力成本、基础设施建设水平对土地出让结构的影响显著为正，说明交通越发达、市场购买力越强、经济发展水平越高、劳动力成本越高、基础设施建设越完善，相较于工业用地出让面积，商住用地出让面积增加越多。原因在于，交通越便利、基础设施建设越完善，原材料的运输成本以及居民通勤成本越低，越能提高城市集聚效应，商住用地出让面积便会相对增加。市场购买力以及劳动力成本越高，越能表明居民生活改善、消费娱乐需求增加，使得商住用地出让面积相对增加。经济发展水平越高，则产品市场及要素市场越完善、营商环境越优越，从而增加对商住土地的需求（张莉等，2022）。而城市规模和土地丰裕度的估计系数均为负，可能原因是城市规模越大，其规模经济越明显，产品受众也越广泛，有利于提高工业厂商间的商业交易效率，工业土地需求增加。而土地丰裕度越高，则可供给的土地也越多，相较于工业用地，商住用地更具有高集约低供给的特点，因此工业用地出让比重相对增加。

2.4.2　稳健性检验结果

（1）更换经济增长目标的衡量变量

为确保估计结果的稳健性，下面替换核心解释变量以衡量经济增长目标。参考已有文献，本章分别从以下三个角度共四种方式进行衡量：①“自我约束”角度下地方政府为达本市目标甚至超额完成经济增长目标压力 *Goal*1、地方政府为达本省经济增长值甚至超额完成经济增长值压力 *Goal*2。②“纵向加深”角度下经济增长目标自上而下“层层加码”所导致的目标压力 *Goal*3。③“横向施压”角度下临近地区政府之间“同级施压”所引起的目标压力 *Goal*4。

由表 2－3 可知，第（1）列中地方政府超额完成本市目标压力 *Goal*1 系数为正，与基准回归结果一致但并不显著。第（2）～（4）列中地方政府超额完成本省经济增长值压力 *Goal*2、层层加码所导致的“纵向加深”目标压力 *Goal*3、“同级施压”所引起的横向竞争目标压力 *Goal*4 均对土地出让结构有显著正向影响，表明地市目标完成值高于本省目标完成值的欲望越强烈、自上而下逐级加码程度越明显、同级政府之间目标施压越严重，地方政府为“保增长”的压力就越大，对土地出让金的依赖性也越强，因此相较于工业用地，政府更青睐出让商住用地。回归结果表明更换了核心解释变量的衡量方式后，实证结果依然稳健。

表 2－3　更换解释变量检验结果

变量	（1）	（2）	（3）	（4）
*Goal*1	0.188 （0.126）			

续表

变量	(1)	(2)	(3)	(4)
Goal2		0.486 *** (0.102)		
Goal3			0.330 *** (0.020)	
Goal4				22.775 *** (1.261)
L. Area	0.116 *** (0.001)	0.113 *** (0.001)	0.116 *** (0.001)	0.108 *** (0.002)
控制变量	YES	YES	YES	YES
地区/年份固定效应	YES	YES	YES	YES
AR (1)	0.000	0.000	0.000	0.000
AR (2)	0.172	0.164	0.178	0.180
Sargan test	1.000	1.000	1.000	0.999
观测值	2556	2556	2556	2556

（2）工具变量方法

鉴于经济增长目标与土地出让结构之间可能存在内生性问题，一方面，土地出让结构类型会对经济增长目标设定的评估产生影响，通常而言，越倾向于出让商住用地的地方政府，财政收入越多且相应经济增速也越快，从而设定更高的经济增长目标，导致双向因果关系的产生；另一方面，本章虽然控制了一系列影响土地出让结构的因素，但无法避免由于数据缺失等产生遗漏变量而导致内生性问题使实证结果被低估，因此采用工具变量法进行检验。参考已有文献（余泳泽、潘妍，2019），从“横向施压”和“纵向加深”两个角度分别构造“连续两期国家经济增长目标平均值与所在省份地级市数量的交互项”（*Iv*1）与“省级经济增长目标”（*Iv*2）两个工具变量，其均满足相关性和外生性条件。

选择 *Iv*1 作为地市经济增长目标的第一个工具变量。就相关性而言，在“晋升锦标赛”的激励下，各地政府官员为了获得有限的晋升机会，通常会“横向施压”制定更高的经济增长目标，向上一级政府发出自己有

“很强个人能力”的信号。然而，各省份可供晋升的职位数量大致相当，地级市数量的差别却十分明显，与地级市数量少的省份相比，地级市数量越多，则竞争越激烈，地方政府面临的经济增长压力越大，进而越有可能设定更高的经济增长目标。就外生性而言，各省份地级市的数量规划属于政治因素，由中央决定，并不受各市经济政治因素的影响。且在2011—2020 年的样本期间内，各省份地级市数量基本保持不变，并不会对土地出让结构产生直接影响，满足与扰动项无关的外生性要求。考虑到研究样本为面板数据，单引入各省份地级市数量作为工具变量并不能反映时间维度上的动态变化，因此将连续两期国家经济增长目标平均值与所在省份地级市数量相乘得到符合研究条件的工具变量，工具变量回归结果如表 2 -4 所示。

选择 *Iv*2 作为地市经济增长目标的第二个工具变量。就相关性而言，在中国这样一个垂直管理体系中，各省级政府制定完本省经济增长目标之后，地方政府官员为了在任期内获得向上一级晋升的机会，或在各地方政府之间“标尺效应”的激励下，更倾向于设定比上一级更高的经济增长目标，导致经济增长目标“层层加码”现象产生。就外生性而言，省级经济增长目标主要依据上级政府经济增长目标而设定，受下级政府经济社会因素的影响较小。同时，省级经济增长目标只能通过地市经济增长目标间接对土地出让结构产生影响，并没有直接影响，满足与扰动项无关的外生性要求，回归结果如表 2 -4 所示。

表 2 -4 汇报了分别加入两个工具变量后的 *2SLS* 估计结果。其中，第（1）列为工具变量法第一阶段的估计结果，*Iv*1 的系数在 1% 的水平上显著为负，表明该工具变量与核心解释变量高度相关。第（2）列为工具变量法第二阶段的估计结果，经济增长目标系数的符号方向和显著性与基准回归结果保持一致，说明加入工具变量后，经济增长目标刺激商住用地出让的正向影响关系仍具有稳健性。同理，第（3）列为工具变量法第一阶段的估计结果，*Iv*2 的系数为正且通过了 1% 水平的显著性检验。第（4）列为工具变量法第二阶段的估计结果，经济增长目标系数的符号方向及显著

性与基准回归结果均一致，说明实证结果仍具有稳健性。在分别加入两种工具变量的情况下，经济增长目标系数在1%的水平上显著，且数值均高于基准回归的系数结果，说明由于内生性问题导致估计结果被低估。

表2-4 工具变量回归结果

变量	(1)	(2)	(3)	(4)
	goal	*Area*	*goal*	*Area*
goal		76.885*** (13.060)		5.205*** (1.652)
*Iv*1	-0.626*** (0.087)			
*Iv*2			1.158*** (0.025)	
常数项	77.465*** (1.812)	-5 640.338*** (936.382)	16.735*** (1.748)	-564.016*** (145.532)
控制变量	YES	YES	YES	YES
R^2	0.456	0.060	0.741	0.031
观测值	2840	2840	2840	2840

2.4.3 中介机制检验结果

经济增长目标是影响土地出让结构的重要因素，根据式（2-2）分别从扩张性投资、市场规模和资本错配三个角度来探讨经济增长目标对土地出让结构的影响机制，结果如表2-5所示。

第（1）列显示，扩张性投资具有显著的中介效应。地方政府面对经济增长压力通常会加强短期投资建设，通过投资驱动所带来的增量效应刺激经济增长，而投资建设需要巨大的财力支持，商住用地出让可在短期内迅速为政府筹集资金，故政府更倾向于提高商住用地面积出让。

第（2）列显示，市场规模具有显著的中介效应。经济增长目标设立越大，地方实际经济增长值也越高，居民和企业的投资意愿持续高涨，将刺激市场规模扩大、市场竞争加剧。财政作为维护市场秩序的财力保障，在激烈的竞争环境中会促使政府追求财政收入最大化来稳定市场秩序，进而刺激土地出让结构向增加商住用地面积方向调整。

第（3）列显示，资本错配具有显著的中介效应。在以GDP为核心的官员绩效考核体系中，为获得向上一级晋升的“入场券”，地方政府拉动经济增长须产生“吹糠见米”的效果，故政府会凭借其独特的行政地位并采取相应的配套措施，力争将资本配置到诸如房地产等资本收益率较高的行业中，导致资本错配。商铺及住宅不仅具有经营居住属性，还具有较强的金融属性，短期内易产生较高的投资回报率而引发投机行为，在资本错配作用下大量热钱流入房地产市场，对商住用地的投机性需求推高了商住用地出让平均价格，地方政府为增强辖区内的竞争优势并获取更多可供晋升的筹码，会进一步扩大商住用地出让面积以增加预算外收入，可能加剧中国经济“脱实向虚”。这印证了本章假说2。

表2-5 中介机制检验结果

变量	（1）	（2）	（3）
	Invest	*Size*	*Zbcp*
goal	0.004 ***	2.313 ***	0.005 ***
	（0.000）	（0.034）	（0.001）
控制变量	YES	YES	YES
地区/年份固定效应	YES	YES	YES
AR（1）	0.000	0.000	0.000
AR（2）	0.743	0.106	0.995
Sargan test	1.000	1.000	1.000
观测值	2556	2556	2556

2.4.4 异质性分析

（1）历史时期异质性检验

为检验经济进入高质量发展新阶段前后经济增长预期目标对土地出让结构的异质性影响效应，以2017年党的十九大报告上首次提出“高质量发展”的新表述为时间节点，将2017年及之前的时间段看作进入高质量发展“之前”阶段，将2017年之后的时间段看作进入高质量发展“之后”阶段。

由表2-6第（1）列和第（2）列可知，经济增长目标在进入高质量发展阶段之前对土地出让结构的影响显著为负，而进入高质量发展阶段之后，则产生了显著的正向影响。2017 年之前，通过低价甚至零地价出让工业用地吸引企业竞相投资以刺激经济增长是地方政府的普遍行为。政府干预下的“以地引资”策略导致大量工业用地出让，进而对土地出让结构产生负向影响。2017 年之后，中国经济结构发生重大变化，人口城镇化率逐渐提高，城镇化新阶段带来需求结构变化和消费水平提高，产生了更多的生活性配套服务业需求。基于产业结构转型升级调整趋势，地方政府将服务业作为经济发展新引擎，随着经济增长目标压力增加，地方政府有动机来增加商住用地出让，以促进第三产业发展进而达到“保增长”目标。

（2）地理区域异质性检验

考虑到城市地理区域不同，经济增长目标对土地出让结构的影响可能存在明显差异，根据中国疆域特点，将城市从地理区域纵向划分为沿海与内陆两个地区。

由表 2 - 6 第（3）列和第（4）列可知，经济增长目标对沿海地区的土地出让结构有正向促进作用，而对内陆地区则产生显著抑制作用。其原因有两点：第一，自 2003 年以后，中国的土地供给政策逐渐向中西部内陆地区倾斜，而东部沿海地区不饱和的土地供给造成了整体地价上涨，沿海城市部分工业企业及中低端制造业由于土地成本、劳动力成本上升，纷纷渗透式甚至跨越式往内陆转移；第二，国家为实施区域协调发展战略，通过将东部沿海地区的财政收入转移支付到中西部内陆地区，以及对内陆企业给予信贷、财政补贴等优惠政策，促使产业转移到内陆城市以推动其经济增长，缩小沿海与内陆地区发展差距。在国家政策扶持下，为刺激经济增长同时响应国家号召，内陆地方政府会更倾向于低价出让工业用地以吸引企业投资办厂。而沿海发达地区尚处于工业化后期阶段，开始向以提高工业化质量与竞争力为核心的收缩型工业化发展，通过调整制造业产业结构及做强做优，以及大力发展现代服务业和生产性服务业来推动国民经济服务化转型。因此，在经济增长压力下，沿海地方政府倾向于以出让商住用地的方式推动经济增长。

（3）城市规模异质性检验

为探究不同规模城市的经济增长目标设定对土地出让结构的作用和影响，根据国务院颁布的《关于调整城市规模划分标准的通知》（国发〔2014〕51 号），以市辖区常住人口“100 万人口”作为分界线将中国城市划分为大型城市和中小型城市。

由表 2－6 第（5）列和第（6）列可知，经济增长目标对大型城市的土地出让结构有正向促进作用，而对中小型城市则产生显著的抑制作用。大型城市新经济、新动能在发展规模和发展速度上皆优于中小型城市，且大型城市凭借人口规模效应、营商环境优良、信息技术发展较快等特点，其餐饮、零售行业快速发展。通过扩大土地出让结构中商住用地出让面积刺激经济增长，便顺利成为大型城市经济发展的主要方向。相反，中小型城市创新水平、市场一体化程度偏低，生产要素无法自由流动（吴清扬，2021），在整体工业化进程中尚处于工业化发展的初中期阶段，经济发展仍以较低效率的工业驱动为主，导致地方政府只能以低价方式相对出让更多的工业用地，来吸引企业投资，刺激经济增长。

（4）人口流动类型异质性检验

人口流入和流出城市在资源结构、城镇化水平、经济发展潜力等方面存在较大差异，经济增长目标设定情况对土地出让结构的作用有所不同。本章将《中国城市统计年鉴》2020 年与 2010 年的城市年末常住人口数相减，结果大于 0 的为人口流入型城市，小于 0 的为人口流出型城市。

由表 2－6 第（7）列和第（8）列可知，人口流入型城市的经济增长目标对土地出让结构的影响效应显著为正，而人口流出型城市的影响效应显著为负。原因在于，随着工业化不断推进，人口流入型城市通常具有发展先进制造业与服务业的比较优势（程开明、于静涵，2022），且随着人口的流入，各类需求会被细化和聚集，特别是对住房的需求会增加，进而提高相应配套性服务业的需求。因此，地方政府为刺激经济增长，更倾向于增加商住用地出让面积。而对于人口流出型城市，城市吸引力较弱、经济发展水平不高、产业衰退趋势明显，受发达城市“虹吸效应”影响，人口流失所导致的“城市收缩”现象难以支撑大规模公共基础设施以及房地产开发建设，在经济增长压力下，地方政府只能通过“以地引资”政策大规模低价出让工业用地来刺激经济增长，促使土地供给结构负向调整。

表 2-6 异质性检验结果

变量	(1)	(2)	(3)	(4)	(5)	(6)	(7)	(8)
	按历史时期划分		按地理区域划分		按城市规模划分		按人口流动类型划分	
	2017 年之前	2017 年之后	沿海地区	内陆地区	大型城市	中小型城市	人口流入型	人口流出型
goal	-0.567**	0.413*	0.672***	-0.537***	2.952***	-2.770***	0.856***	-0.426***
	(0.233)	(0.231)	(0.139)	(0.121)	(0.168)	(0.199)	(0.088)	(0.084)
控制变量	YES	YES	YES	YES	YES	YES	YES	YES
地区/年份固定效应	YES	YES	YES	YES	YES	YES	YES	YES
AR (1)	0.000	0.000	0.000	0.000	0.000	0.000	0.000	0.000
AR (2)	0.176	0.178	0.189	0.186	0.180	0.180	0.187	0.181
Sargan test	1.000	1.000	1.000	1.000	1.000	1.000	1.000	1.000
观测值	2556	2556	2556	2556	2556	2556	2556	2556

2.4.5 进一步研究分析

（1）对不同类型土地出让面积的影响

表 2-7 中 *Sf*、*Zz*、*Gy*、*Qt* 分别代表商服、住宅、工业、其他用地出让面积占总出让面积的比重。第（1）~（3）列表明经济增长目标压力降低了工业用地出让面积占比，而对商服、住宅用地出让面积占比产生了显著的正向影响，相比住宅用地，经济增长目标压力对商服用地出让面积的促进作用更强。第（4）列中经济增长目标系数符号为负但不显著，表明经济增长目标对其他用地出让面积并未产生直接影响。该结果说明在经济增长目标压力下，地方政府土地经营策略倾向于出让更多的商住用地，相对减少工业用地，获得巨额土地出让金以满足地方政府财政支出需要进而实现经济增长目标，但土地出让金只能在短期内带来收益，而商服行业对应的营业税属于地方税种，是地方长期收入的主要来源（胡深、吕冰洋，

2019)，因此政府增加商住用地出让的同时有强烈动机激励出让更多的商服用地。以上结果进一步印证经济增长目标影响土地供给结构向增加商住用地出让方向调整。

表 2－7　经济增长目标对土地出让面积的实证结果

变量	(1)	(2)	(3)	(4)
	Sf	*Zz*	*Gy*	*Qt*
goal	0.398***	0.174***	－0.137***	－0.010
	(0.018)	(0.041)	(0.044)	(0.008)
L. Sf	0.161***			
	(0.004)			
L. Zz		0.216***		
		(0.004)		
L. Gy			0.196***	
			(0.004)	
L. Qt				0.084***
				(0.003)
控制变量	YES	YES	YES	YES
地区/年份固定效应	YES	YES	YES	YES
AR (1)	0.000	0.000	0.000	0.000
AR (2)	0.553	0.103	0.102	0.214
Sargan test	1.000	0.993	1.000	1.000
观测值	2556	2556	2556	2556

(2) 对不同类型土地出让价格的影响

为进一步探究经济增长目标设定对土地出让楼面价格的影响，表 2－8 第 (1) 列中 *Szhprice* 为商住用地出让平均楼面价，采用“商楼面价 × *a* ＋ 住楼面价 × *b*”(*a*、*b* 分别为其面积权重) 来衡量；第 (2) 列 *Gyhprice* 为工业用地出让楼面价；第 (3) 列 *Lqxs* 为土地出让价格扭曲系数，用商住用地出让平均楼面价与工业用地出让楼面价之比来衡量。结果显示，经济增长目标显著促进了商住用地出让平均楼面价格的提升，降低了工业用地出让楼面价格，加剧了土地出让价格扭曲。原因在于：一方面，伴随既定目标压力下基础投资的不断增加，基础设施愈加完善，居住生活环境以及营商环境优化明显，人们对住房和休闲娱乐的效用增加，在商住产品需求提高以及商住土地供给增加双重作用的推动下，大量投机性资金流入房地产市场，对土地的竞争抬高了商住用地出让平均楼面价格；另一方面，商住用地出让平均楼面价格提升是房价（包括商铺）提升的重要原因，而房价变动与 GDP 波动高度正相关，房价升高往往伴随 GDP 增速上升（梅冬州等，2018）。在以 GDP 增长值作为主要晋升标准的官员考核体系中，地方政府有强烈的动机抬高商住用地出让平均楼面价格，促进房地产市场繁荣，进而刺激经济增长，这与当今房价长期居高不下的事实相印证。相反，经济增长目标压力显著降低了工业用地出让楼面价，可能原因在于，通过出让工业用地建立工业园区和开发区能在长期内获得税收并刺激 GDP 增长，较低的工业用地出让楼面价格意味着低廉的工业土地成本，能吸引企业进入当地投资，以满足刺激经济增长的需要。

表 2-8　经济增长目标对土地出让价格的实证结果

变量	(1)	(2)	(3)
	Szhprice	*Gyhprice*	*Lqxs*
goal	0.004*** (0.001)	-0.020*** (0.001)	6.342*** (0.490)
L. Szhprice	0.392*** (0.005)		
L. Gyhprice		0.237*** (0.004)	
L. Lqxs			0.540*** (0.002)
控制变量	YES	YES	YES
地区/年份固定效应	YES	YES	YES
AR（1）	0.000	0.000	0.000
AR（2）	0.704	0.026	0.227
Sargan test	1.000	1.000	1.000
观测值	2556	2556	2556

2.5　研究结论与政策建议

探究经济增长预期目标对土地出让结构的影响效应，对优化土地资源配置进而推动经济高质量发展具有重要意义。基于 2011—2020 年全国 284 个地级及以上城市数据，研究发现：政府出于“保增长”压力会增加对土地出让金的依赖，显著促进土地出让结构向增加商住用地方向调整，经一系列稳健性检验后，结论依然成立。从历史时期异质性角度来看，经济增长目标在进入高质量发展阶段之后对土地出让结构正向刺激作用显著；从地理区域、城市规模、人口流动类型异质性角度来看，对沿海地区、大型城市、人口流入型城市的促进作用显著。影响机制检验表明，经济增长目标压力对土地出让结构的正向促进作用主要通过财政压力、扩张性投资、市场规模、资本错配四个传导路径产生影响。进一步研究发现，经济增长目标在促进商住用地增加的同时，更倾向于激励更多的商服用地出让，对土地出让结构的正向刺激作用往往也随着工业用地出让楼面价格下跌、商住用地出让平均楼面价格上涨，从而加剧整体土地价格扭曲。

根据研究结论，本章提出以下三大政策建议。

第一，灵活审慎经济增长目标的制定，调节优化经济增长目标与土地出让结构之间的关系。防止偏离自身经济发展潜力设定非可达性的目标进而引致商住用地要素错配，逐步改进官员的经济增长目标考核方法，推动官员考核体制由“GDP 锦标赛”向“高质量发展锦标赛”转变，确保地方政府制定“留有余地”的经济增长目标，发挥其在引导土地出让结构优化配置中的积极作用。

第二，有效控制土地供应，推进土地出让结构市场化调整。适当放缓土地出让调节速度，循序渐进，防止在非市场因素干扰下制定违背客观实际的土地出让策略。在审批用地时，根据地方所处经济发展阶段与资源禀赋条件，充分考虑土地利用的长期可持续性，分类指导优化土地要素配置，实现工业用地与商住用地供应规模的合理与稳定，为新发展阶段奠定良好的土地要素供给基础。

第三，划定工业用地保护线，巩固和支撑实体经济发展。保障工业用地空间对于实施制造业强国至关重要，在新型城镇化发展过程中，要防止国内过度“去工业化”，避免盲目过早过快地推动国民经济向服务业转型，强调服务业与制造业全面深度融合，以促进实体经济高质量发展。

第 3 章　地方政府竞争对城市土地配置行为的影响

——基于土地错配的空间效应视角

3.1　引　言

随着城镇化和工业化不断跟进，对于土地资源配置的效率问题引起广泛的关注。党的十九大报告明确提出“加快完善社会主义市场经济体制，必须以要素市场化配置为重点，不断加强要素价格市场化改革”。2020 年，中共中央、国务院发布的《关于构建更加完善的要素市场化配置体制机制的意见》中更是表示扩大要素市场化配置范围，健全要素市场体系，推进要素市场制度建设，实现要素价格市场决定、流动自主有序、配置高效公平，完善土地管理制度。2024 年 2 月，中央全面深化改革委员会第四次会议通过《关于改革土地管理制度增强对优势地区高质量发展保障能力的意见》，习近平总书记主持会议时强调提高土地要素配置精准性和利用效率，增强土地要素对优势地区高质量发展保障能力。土地要素作为各级政府加快经济发展、促进经济转型和优化经济布局的重要工具（闫昊生等，2019），在配置中存在价格扭曲现象，即土地出让过程中以低价甚至零地价大规模出让工业用地，限制性高价出让商住用地，使不同用途土地出让价格偏离其真实水平进而造成土地资源错配。尽管这种“以地谋发展”模式推动了地方工业化和城市化进程，但随着中国经济进入新常态，其对经济的拉动作用呈衰减态势（刘守英等，2020），土地资源错配会产生绿色全要素生产率损失（彭山桂等，2023）、抑制产业结构转型（李勇刚、罗海艳，2017）等负面效应。

政府和市场的相互作用和两者之间的关系从党的十四大开始就一直是研究重点。党的十五大提出“使市场在国家宏观调控下对资源配置起基础性作用”，党的十六大提出“在更大程度上发挥市场在资源配置中的基础性作用”，党的十七大提出“从制度上更好发挥市场在资源配置中的基础性作用”，党的十八大提出“更大程度更广范围发挥市场在资源配置中的基础性作用”。党的十八届三中全会提出更加完整的答案，即“使市场在资源配置中起决定性作用和更好发挥政府作用”。因此，建立一个有序、高效的土地市场，通过对土地资源的保护和进一步对土地市场的优化配置，实现对土地资源高效利用，是加快我国经济高质量发展的重要方式。随着中国经济体制的变革，中央与地方的利益关系和地方之间的竞争关系也在不断调整。为在经济增长的过程中拔得头筹，地方政府之间势必展开竞争，具体表现为：在财政分权体制和政府官员晋升考核机制下，地方政府官员为了实现其任职期间的绩效和晋升，而低价提供工业用地以获取工业企业的入驻和资金的流入（Wu et al.，2014），致使工业用地的价格与其本身的具体价值不能匹配，土地资源价格扭曲，进而造成产业结构固化，环境污染严重等问题（卢建新等，2017）。土地资源价格扭曲会引发土地资源错配，当地政府往往高价出让商住用地以获取财政上的收入，低价出让工业用地以获取经济上的发展（张莉等，2017）。这种行为已影响到地区的经济结构优化和产业布局的合理性，引起产业结构同质化，以及土地资源错配等问题。

土地资源错配问题研究正逐渐成为土地资源配置问题的研究重点。在各类研究中，对于资源错配的研究更多地关注土地资源错配的测度、成因和影响，但对其背后的制度因素和驱动机制研究较少，且并未考虑土地资源配置上的空间效应。本章将地方政府竞争和对土地资源错配的空间效应影响作为具体的切入点，从空间维度上分析在当前的经济背景下，地方政府之间的经济赶超竞争是否让土地资源在不同用途之间配置出现价格上的偏离，以及土地资源错配是否具有空间上的关联性，地方政府竞争是否通过设立不同的经济增长目标进而影响土地资源错配。通过本章的研究，能够对我国地方政府竞争对土地资源错配的空间效应做出一定解释，并提出具有可行性的完善意见。

3.2　研究假设

在中国特有的土地征用与出让制度下，由于政府干预与管制资源现象的普遍存在，土地资源配置中政府与市场双重失灵，引发土地资源错配（黄忠华、杜雪君，2014）。随着城市工业化和城镇化的推进，我国经济经历了高速发展，如今要向高质量发展转变，就必须意识到并妥善解决土地资源错配的问题。在中国的行政体制内，地方政府官员由中央政府任命，这种“官员晋升锦标赛”制度是地方政府出现低价土地供应行为的主要原因。1978年以来，中国一方面致力于社会主义经济建设，另一方面大力发展工业，建立以GDP增长率为主要考核指标的地方官员政绩考核体系（张鸣，2017），使得地方政府官员更为普遍地引入对经济增长有更大贡献的工业企业，导致“以地引资”这一行为所引发的恶性竞争频繁出现（陈浩、汪敏，2016），最终形成在中央政府主导下的地方政府竞争机制，以“增长竞争型政府”促进经济发展（傅强、朱浩，2013）。然而这种竞争机制使地方政府成为城市的“经营者”，为确保其在任职期间的“业绩”，地方政府官员必须找到实现短期经济指标的方法，因此倾向于提高商住用地价格而压低工业用地价格，以推动GDP的直接增长（楚建群等，2014）。在各地区为吸引企业投资而展开的激烈竞争下，企业占据谈判中的巨大优势，地方政府为留住企业只能提出一系列优惠政策来吸引企业投资，如降低工业地价等。地方政府为补贴财政而进一步推动商住用地市场化发展，以商住用地高地价弥补在工业用地低价出让上的损失（陈淑云等，2017），使得工业用地价格和商服用地价格之间存在明显的“剪刀差”（王岳龙、邹秀清，2016），进一步加重土地资源错配。适当的经济增长差距会激发地方政府平稳推动经济增长，加强地区基础设施建设，提高公共服务水平，促进土地市场化的发育，进而缓解土地资源错配，增强居民幸福感。

但当经济增长差距过大时，地方政府为实现短视化的目标会扭曲土地价格，造成土地资源错配（方福前、朱庆虎，2021）。城市房价上涨会导致房地产投资增加，房地产投资在合理范围内小幅增加时会改善资源配置，而超过合理范围的房地产投资增长会加剧资源错配（周华东等，2022）。基于此，本章提出以下假说。

假说 1：地方政府竞争对土地资源错配存在非线性影响。

在区域协调发展层面，不同地区的经济赶超竞争和土地资源错配存在明显的差异。对于地方政府竞争，在区域发展过程中不同区域经济发展的目标和方式均不相同，地方政府官员业绩也往往与经济发展挂钩。中西部地区作为经济发展水平较为落后的地区，为了获取更多的政策倾向和中央政府支持，地方政府之间的相互博弈和竞争愈加激烈，甚至导致区域间经济发展失衡（李永友，2015）。东部地区经济发展水平较高，地方政府间为经济增长而竞争的现象并不明显。因此，不同区域间的地方政府竞争程度并不相同。

对于土地资源错配，随着中国市场化改革的持续进行，资源在地区间不断流动，但目前各资源要素流动的方向更多的是“人往高处走，资源往低处流”。一方面，人口向东部沿海地区及经济发展水平相对较高的大城市流动；另一方面，资源往偏离市场规律的方向配置，偏向资源产出效率更低的行业和地区，造成了资源配置效率的损失，形成了空间错配（陆铭，2019）。政府通过对土地资源的调配，将大量建设用地指标往人口流出的中西部和中小型城市配置，而人口流入的东部地区和大型城市的用地指标相对被收紧，形成了“人多地少”的局面，进而造成土地资源错配问题的加剧。而中西部地区又因一系列建设用地指标的制定，造成地方政府之间经济赶超竞争激烈，其不惜降低各项指标，包括价格环境等以换取更多的企业投资和资金流入，以便在竞争中取胜，导致了工业用地的粗放式利用，商住用地的过度投入等问题（楚建群等，2014；王岳龙、邹秀清，2016；陈淑云等，2017）。据此，本章提出以下假说。

假说2：地方政府竞争对土地资源错配存在区域异质性。

在粗放型经济发展方式下，地方政府将追求GDP增长作为绩效考核的核心指标，形成地方政府“为增长而竞争”的格局。政府为了追求较高的经济增长目标，往往会出台一系列产业政策和其他政策措施，为引进工业项目，降低引资底线，形成“底线竞争”（贺宝成、熊永超，2022）。另外为实现短期的经济增长目标，地方政府干预市场资源配置，造成市场价格机制扭曲和资源错配（方福前、朱庆虎，2021）。基于以经济发展为主要目标的晋升机制，上级政府通过制定经济增长目标来传达其对经济增长的偏好，进而激励各级地方政府展开竞争（徐现祥、刘毓芸，2017）。且随着市场化改革逐渐深入，以及逐渐展开的市场化竞争机制，经济增长目标已成为反映地区社会、经济等各方面发展状况的综合性指标。因此，激励地方政府在现有资源范围内制定具有前瞻性的经济增长目标，是确保成功实现经济增长目标的重要手段（尹恒、朱虹，2011）。在此背景下，经济增长目标管理成为中国政府推动经济发展的重要手段，其具体目标的设定与实现会对城市土地资源的配置造成影响。过高的地方经济增长目标设定与实现目标的硬约束可能导致地方政府过多干预地区土地配置以实现经济增长目标，从而加剧土地资源错配（吴非等，2021）。故本章提出以下假说。

假说3：地方政府之间为在竞争中取胜，进而制定地方经济增长的高目标，又为实现经济增长目标而干预土地资源配置，造成土地资源错配问题进一步加剧。

3.3　模型构建与数据说明

3.3.1　计量模型构建

（1）空间自相关分析

空间自相关分析用于考察变量是否存在空间依赖性。空间自相关可以理解为位置相近的区域有相似的变量取值，如果高值和高值聚集在一起，低值与低值聚集在一起，则为“空间正自相关”。如果高值与低值相邻，则为“空间负自相关”。如果高值与低值完全随机分布，则不存在空间自相关。

采用 Moran's I 来测度变量空间相关性，具体分为全局 Moran's I 和局部 Moran's I。全局 Moran's I 用来考察整个空间的聚集情况，而局部 Moran's I 用来研究某一区域附近的空间聚集情况。使用全局 Moran's I 和局部 Moran's I 及其散点图检验土地资源错配的空间相关性以及分析其空间分布特点。

全局 Moran's I 的公式为：

$$Moran's\ I = \frac{\sum_{i=1}^{n}\sum_{j=1}^{n} W_{ij}(x_i - \bar{x})(x_j - \bar{x})}{S^2 \sum_{i=1}^{n}\sum_{j=1}^{n} W_{ij}} \tag{3-1}$$

式（3－1）中，x_i和x_j分别表示第 i 个和第 j 个城市的土地资源错配程度，W 代表空间权重矩阵，n 为城市的个数，$\bar{x}$ 为变量平均值，S^2为变量方差。

采用 Moran's I 散点图反映局部地区的空间自相关性。Moran's I 散点图将 Moran's I 视为观测值和其空间滞后项的相关系数，该散点图回归线的斜率便是 Moran's I。Moran's I 散点图的四个象限分别反映相邻地区的四种空间联系特征，四个象限依次为 H－H 区、L－H 区、L－L 区以及 H－L 区，分别表示高值与高值的聚集、低值与高值的聚集、低值与低值的聚集以及高值与低值的聚集。

（2）空间权重矩阵

空间权重矩阵可以表现不同城市在空间维度上的距离关系，反映各个对象之间的空间依赖性和空间关联性，设置方法如表 3－1 所示。通过构建不同空间权重矩阵来对土地资源错配程度的空间关联特征进行整体考察，具体包括：

①基于行政邻接的关系维度（w_1），构建一个二进制的行政邻接权重矩阵，如果城市 i 和城市 j 位于同一省区，则元素 $w_{ij}=1$，否则为 0。公式为：

$$w_1 = \begin{cases} w_{ij} = 1, i \neq j, i、j \text{位于相同省份} \\ w_{ij} = 0, \text{其他} \end{cases} \tag{3-2}$$

②基于空间地理距离邻接的关系维度（w_2），w_{ij}表示城市i和城市j之间最短公路里程数的倒数，各城市之间的公路距离通过高德地图查询得到。公式为：

$$w_2=\begin{cases}w_{ij}=\dfrac{1}{d_{ij}},i\neq j\\ w_{ij}=0,i=j\end{cases} \tag{3-3}$$

③基于经济距离邻接的关系维度（w_3），w_{ij}表示城市i人均GDP年均值和城市j人均GDP年均值绝对差值的倒数。公式为：

$$w_3=\begin{cases}w_{ij}=\left|\dfrac{1}{\overline{gdp_i}-\overline{gdp_j}}\right|,i\neq j\\ w_{ij}=0,i=j\end{cases} \tag{3-4}$$

式（3-4）中，$\overline{gdp_i}$表示研究期内城市i的GDP均值，$\overline{gdp_j}$表示研究期内城市j的GDP均值。

④基于空间地理与经济距离的双重关系维度（w_4），由于区域经济发展水平存在空间相关事实，考虑到单纯以经济距离和地理距离构造权重矩阵不能全面地反映城市间的具体空间关系，构建如下矩阵：

$$w_4=\begin{cases}w_{ij}=w_2\times diag\left(\dfrac{\overline{gdp_1}}{\overline{gdp}},\dfrac{\overline{gdp_2}}{\overline{gdp}},\cdots,\dfrac{\overline{gdp_n}}{\overline{gdp}}\right),i\neq j\\ w_{ij}=0,i=j\end{cases} \tag{3-5}$$

式（3-5）中，$\overline{gdp_i}$表示研究期内城市i的GDP均值，$\overline{gdp}$则为研究期内所有城市的GDP均值；w_4既考虑地理距离的空间影响，也反映经济因素存在区域溢出效应和辐射效应的事实，因而能够更加全面客观地体现截面区域间的空间关联程度。

表3-1　空间权重矩阵的设置

权重矩阵	设置方法
行政距离矩阵 w_1	如果城市i和城市j位于同一省区，则元素$w_{ij}=1$，否则为0
公路距离矩阵 w_2	w_{ij}表示城市i和城市j之间最短公路里程数的倒数
经济权重矩阵 w_3	w_{ij}表示城市i人均GDP年均值和城市j人均GDP年均值绝对差值的倒数

续表

权重矩阵	设置方法
经济地理矩阵 w_4	w_{ij}为城市 i 与城市 j 最短公路里程的倒数乘以城市 i 人均 GDP 年均值占所有城市人均 GDP 年均值的比重

（3）空间杜宾模型

土地资源错配具有较强的空间相关性，需要考虑其空间溢出效应，采用空间杜宾模型并加入土地资源错配的空间滞后项进行实证研究。由于空间相关性可能是被解释变量自身的原因，也可能是解释变量和其误差项所导致，故使用空间杜宾模型作为实证研究的工具。适当的地方政府竞争是有利于改善土地资源错配的，但过度的地方政府竞争会进一步加剧土地资源错配，其影响变化呈现出“U”形特征（孙超英等，2021）。为验证本章的假说 1 所提出地方政府竞争对土地资源错配存在非线性的影响关系，引入地方政府竞争行为的二次项和三次项。构建空间杜宾模型如下：

$$lm_{it} = c + \alpha_0 compete_{it} + \alpha_1 compete_{it}^2 + \alpha_2 compete_{it}^3 + \beta X_{it} + \rho \sum_{i=1}^{n} w_{ij} lm_{jt} + \theta \sum_{i=1}^{n} w_{ij} compete_{jt} + \delta \sum_{i=1}^{n} w_{ij} X_{jt} + \varepsilon_{it} \tag{3-6}$$

式（3-6）中，i 表示城市，t 表示时间；lm 表示土地资源错配；*compete* 表示地方政府竞争；$compete^2$表示地方政府竞争的二次项；$compete^3$表示地方政府竞争的三次项；X 为控制变量；c 是常数项；α_0、α_1、α_2和 β 表示相关变量的估计系数；ε 是正态分布的随机误差变量；w_{ij}是空间权重矩阵的元素；ρ 是空间自回归系数，反映本地区土地资源错配对相邻地区土地资源错配的影响；θ 是地方政府竞争的空间滞后项系数；δ 为控制变量的空间滞后项系数。当空间滞后项系数不等于零时，就需要使用 Lesage 等（2009）提出的偏微分方法，用直接效应、间接效应和总效应来解释自变量的空间溢出效应。其中，直接效应表示本地区的解释变量对本地区土地资源错配的影响，间接效应表示本地区解释变量的变化对相邻地区土地资源错配的影响，总效应为直接效应与间接效应之和。

（4）中介机制检验

根据前文假设地方政府竞争可能通过地方经济增长目标对土地资源错配产生影响，为验证地方经济增长目标是否为地方政府竞争影响土地资源错配的中介变量，运用中介效应模型进行机制检验。中介效应是指解释变量通过中间变量对被解释变量产生间接的影响，较多采用的检验中介效应的方法是Baron和Kenny（1986）提出的逐步法，即解释变量（X）通过中间变量（M）对被解释变量（Y）的间接影响，公式为：

$$Y = cX + e_1 Y = cX + e_1 \tag{3-7}$$

$$M = aX + e_2 M = aX + e_2 \tag{3-8}$$

$$Y = c'X + bM + e_3 Y = c'X + bM + e_3 \tag{3-9}$$

检验步骤：①检验式（3－7）的回归系数c，如果c显著，则可进行后续检验。②依次检验式（3－8）的回归系数a和式（3－9）的回归系数b，如果二者都显著，则表明间接效应显著。③检验式（3－9）的系数c'是否显著，如不显著，则表明不存在直接的影响作用，只有中介效应，这种情况为完全中介效应；如果显著，则是存在部分中介效应，表明解释变量对被解释变量有直接的影响作用。

将土地资源错配（lm）表示为被解释变量Y，将经济增长目标（$grow$）表示为中介变量M，将地方政府竞争水平（$compete$）表示为解释变量X，控制变量不变，中介效应模型为：

$$grow_{it} = c + \alpha_0 compete_{it} + \alpha_1 compete_{it}^2 + \alpha_2 compete_{it}^3 + \beta X_{it} + \rho \sum_{i=1}^{n} w_{ij} lm_{jt} + \theta \sum_{i=1}^{n} w_{ij} compete_{jt} + \delta \sum_{i=1}^{n} w_{ij} X_{jt} + \varepsilon_{it} \tag{3-10}$$

$$lm_{it} = c + \delta grow_{it} + \alpha_0 compete_{it} + \alpha_1 compete_{it}^2 + \alpha_2 compete_{it}^3 + \beta X_{it} + \rho \sum_{i=1}^{n} w_{ij} lm_{jt} + \theta \sum_{i=1}^{n} w_{ij} compete_{jt} + \delta \sum_{i=1}^{n} w_{ij} X_{jt} + \varepsilon_{it} \tag{3-11}$$

式（3－6）可对应中介效应检验模型中的式（3－7），而式（3－10）和式（3－11）则分别对应中介效应检验模型中的式（3－8）和式（3－9）。因此，式（3－6）、式（3－10）和式（3－11）构成了完整的中介效应机制检验过程。

3.3.2 变量选取

（1）地方政府竞争水平

出于对资源和其他流动性要素的需求，地方政府之间展开竞争，以实现在区域内的经济赶超和经济快速增长。在分权制度下各地方政府将邻近地区经济发展水平较高的城市作为赶超目标，以便缩小地区间经济发展的差距，进而开始一系列竞争行为。借鉴缪小林等（2017）的研究，衡量地方政府竞争水平的公式为：

$$compete = \frac{\text{本省除本市外其他城市最高人均 GDP}}{\text{本市人均 GDP}} \times \frac{\text{全国城市最高人均 GDP}}{\text{本市人均 GDP}} \tag{3-12}$$

式（3－12）中，*compete* 为地方政府竞争水平，地方政府竞争越激烈则 *compete* 值越大；相反 *compete* 值越小，说明地方政府竞争压力越小。

（2）土地资源错配

土地资源错配被界定为城市工业用地与商住用地的出让扭曲行为，用商住用地出让平均价格与工业用地出让平均价格之比度量，公式为：

$$lm = \frac{crland}{inland} \tag{3-13}$$

式（3－13）中，*crland* 为商住用地出让平均价格，*inland* 为工业用地出让平均价格，同时将土地出让面积的影响考虑进来，其中商住用地出让的平均价格采用商服用地出让平均价格和住宅用地出让平均价格与其出让面积占商服用地总体出让面积比值的乘积之和表示，即：

$$crland = cland \times \frac{cland.ma}{(cland.ma + rland.ma)} + rland \times \frac{rland.ma}{(cland.ma + rland.ma)} \tag{3-14}$$

式（3－14）中，*cland* 为商服用地出让平均价格，*rland* 为住宅用地出让平均价格，*cland. ma* 为商服用地出让面积，*rland. ma* 为住宅用地出让面积。土地资源错配程度越深则 *lm* 值越大；反之则 *lm* 值越小。

（3）中介变量

地方经济增长目标，用经本级人大批准后在每年年初地级市政府工作报告中公布的经济增长目标值来衡量，由于个别省份在五年规划的开局之年只报告五年规划的增长目标，没有报告当年的增长目标，本章以五年规划的增长目标代替当年的增长目标。最后对手工整理得到的经济增长目标数据进行适当处理：对于带有“左右”“大约”“不低于”或“高于”等修饰词的表述，直接以具体数字为准；对于区间目标的表述，则取区间均值作为具体目标。

（4）控制变量

①城市对外开放程度（*open*）：采用地方实际利用外资与 GDP 的比值衡量。

②基础设施水平（*pave*）：采用人均道路面积衡量。

③人口密度（*popu*）：采用城市每平方千米人口数衡量。

④平均住宅销售价格（*hs*）：采用住宅商品房的平均销售价格衡量。

⑤经济发展水平（*gdp*）：采用人均 GDP 衡量。

⑥产业结构（*inst*）：采用第二产业增加值占 GDP 的比重衡量。

⑦劳动力成本（*wage*）：采用城市在岗职工平均工资衡量。

相关内容如表 3－2 所示。

表 3－2　变量描述性统计

变量	变量名称	平均值	标准差	最小值	最大值
被解释变量	土地资源错配（*lm*）	1.959	0.749	−1.536	4.618
主要解释变量	地方政府竞争水平（*compete*）	2.305	1.196	−2.111	6.613
控制变量	城市对外开放程度（*open*）	0.019	0.022	0.000	0.204
	基础设施水平（*pave*）	2.715	0.435	0.438	4.096
	人口密度（*popu*）	8.002	0.726	5.525	9.619
	平均住宅销售价格（*hs*）	8.359	0.487	6.804	10.930
	经济发展水平（*gdp*）	10.80	0.623	8.432	13.060
	产业结构（*inst*）	1.540	0.281	−0.026	2.208
	劳动力成本（*wage*）	10.750	0.400	9.404	13.260
中介变量	地方经济增长目标（*grow*）	0.100	0.028	0.010	0.223

3.3.3 研究区域说明和数据来源

以《中国城市统计年鉴2020》中297个地级及以上城市为具体的研究对象，剔除数据缺失严重的西藏和青海全域，以及毕节、铜仁、三沙、儋州、哈密、吐鲁番6个城市，并将与地级市没有可比性的北京、天津、上海、重庆4个直辖市删除，最终的研究对象确定为280个地级及以上城市。数据来源于《中国城市统计年鉴》（2009—2020年）和《中国城市建设统计年鉴》（2009—2020年），工业用地和商住用地出让的价格和面积数据来源于中国土地市场网，平均住宅销售价格数据来源于Wind数据库，地方经济增长目标数据为经本级人大批准后在每年年初地级市政府工作报告中公布的经济增长目标值。为反映真实的经济发展水平，消除价格变动带来的影响，对以货币名义进行统计的变量以GDP平减指数折算到以2008年为基期的不变价格，并对个别年份数据缺失的情况进行了均值插补处理，在实证检验过程中，为了消除异方差，对所有变量进行取对数的处理。

3.4 地方政府竞争水平和土地资源错配的时空演变特征

3.4.1 地方政府竞争水平的时空演变

地方政府竞争水平的时空演变趋势如图3-1所示。全国地方政府竞争总体来看分为两个阶段，以2013年为节点。2008—2012年波动幅度较大，且地方政府竞争水平整体较高；2013年，中国经济增长进入换挡期，各地方政府加快了各地经济发展，从而导致各地地方政府竞争压力变大；2013年以后，中国经济步入新常态，增长速度逐渐放缓，不再追求“超高速”的增长，改善营商环境增强了企业的主观能动性，实现资源和要素市场进一步发展，使得地方政府竞争水平逐年降低，整体竞争值处在中间水平。

各地区地方政府竞争水平的时空演变趋势与全国趋势相近，均在2013年出现峰值，其余年份呈现小幅度变化，但不同地区间地方政府竞争水平

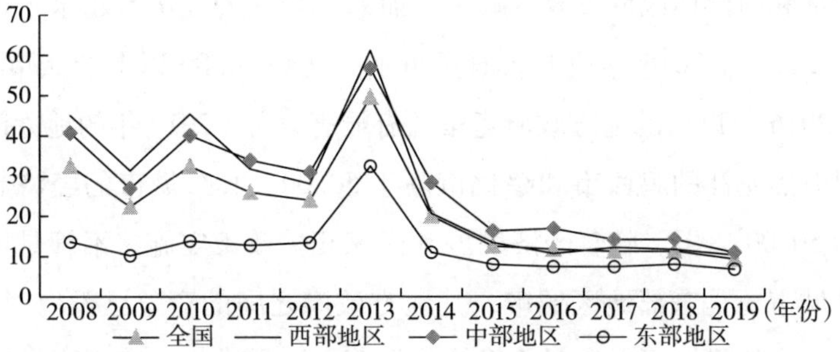

图 3-1　2008—2019 年全国及三大地区的地方政府竞争水平变动趋势

有较大差异。从不同区域角度来看，可以发现地方政府竞争水平由高到低分别为西部地区、中部地区和东部地区。西部地区地方政府之间为实现经济增长目标，不惜低价出让工业用地，进而使各地方政府承受较大的竞争压力，2013 年以前，地方政府竞争水平波动幅度较大且整体赶超值较高，2013 年以后则呈现下降的态势，甚至其赶超值开始低于中部地区，直到 2019 年达到 10.360 左右，接近全国总体的地方政府赶超值。相较于西部地区，2008—2012 年中部地区地方政府竞争水平呈现较大幅度波动，且仅次于西部地区，在 2013 年峰值时，也呈现出较高的赶超水平，2013 年以后，则开始处于较高的地方政府竞争水平，因为西部地区有国家政策支持，不再过度追求 GDP 竞争，使得地方政府竞争压力逐年变小，而中部地区政策支持较少，经济发展水平也相对不高，故而地方政府竞争压力较其他区域更大。东部地区的经济赶超水平最低，由于东部地区的经济水平较高，GDP 竞争并不明显，整体的赶超值相较于其他区域均处于较低水平，即使在 2013 年，其值也仅为 32.448，相较于西部地区的 61.142，要低近 50%，2014—2019 年更是呈现逐年下降趋势，地方政府竞争水平在 2019 年仅为 6.810。

在不同时期全国城市的经济赶超水平中，2008 年大多数城市的经济赶超水平较高，尤其是西部和中部地区，其经济赶超水平值超过 40.00，处于最高值的绥化市更是达到 727.78，而东部地区的经济赶超水平均值仅为 13.62。2012 年中部和西部地区的经济赶超水平有所下降，处于 50.00 以上的中部和西部地区城市有所减少，而东部地区的经济赶超水平值则处于10.00～20.00。2016年地方政府竞争水平达到50.00以上的城市只占5%左右，2016年以后的地方政府竞争已有显著改善。2019年的地方政府竞争水平只有黑龙江的鸡西市和绥化市高于50.00，其余城市的经济赶超水平值均为50.00以下。随着经济发展和国家相关政策实施，不管是中部和西部地区城市还是东部地区城市，其地方政府之间的竞争已没有过去激烈，但区域之间的经济不平衡现象仍较为显著，还需进一步实现区域间空间层面上的平衡。

3.4.2 土地资源错配的演变趋势

土地资源错配程度的时空演变趋势如图3－2所示。从全国水平来看，中国土地资源错配程度在总体上呈上升趋势，阶段性变化特征较为显著，分为缓慢波动上升、平稳波动和平稳上升三个阶段。2008—2011年，全国土地资源错配程度上升趋势明显但相对缓慢；2012—2014年，其呈现出上下波动趋势，这与全国土地利用管理政策的阶段性变化有关；2015—2019年，土地资源错配程度呈现平稳上升趋势，这是因为中国房地产价格持续上涨，商住用地相对供应量较少，使得城市土地资源出让价格扭曲程度逐渐上升。

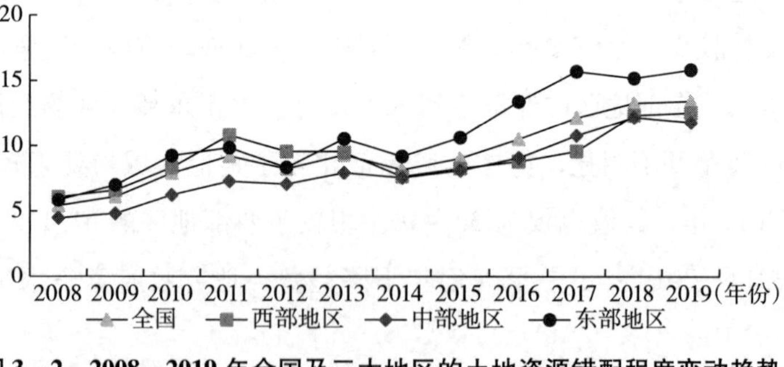

图3－2 2008—2019年全国及三大地区的土地资源错配程度变动趋势

各地区土地资源错配程度的时空演变趋势与全国趋势相近，同样分为三个阶段，但地区间土地资源错配程度的差异较大。土地资源错配程度值的排名为东部地区＞中部地区＞西部地区。2003年，中央政府开始实施向内地倾斜的土地供应政策，即把更多的建设用地指标分配到内陆地区。实施内地倾斜的政策之后，东部地区的土地供应增长变得更加受限，导致土地出让价格和楼面价格成本上升。东部地区新增土地供应减少，无法满足经济高速增长带来的土地需求，即便大城市周边仍有未开发土地，但仍无法获得超出其配额的土地供应量。土地供应指标流向了中西部地区和经济发展水平不高的城市，而东部地区人口密度高、住房需求大，致使住房价格过高，造成东部地区的土地出让价格扭曲程度严重，土地资源严重错配（陆铭，2017）。中西部地区人口长期流出大于流入，但国家为实现区域间经济均衡发展，给予中西部地区更多的土地供应指标，虽然这些政策支持让地方的经济发展得到进一步提升，但这种增长并不能持续，进而造成人少地多等资源浪费现象（陆铭，2019）。由于人少地多，商住用地出让价格相对不高，而工业用地拥有大量建设指标，进而使得土地资源错配程度值并不高，但这也是另一种意义上的土地资源错配。

从空间分布来看，土地资源错配程度在地区间存在较为显著的差异。2008 年大多数城市的土地资源错配程度值为 0 ~ 5.00，西部和东部地区中大约 20% 的城市土地资源错配程度值为 5.00 ~ 15.00。到 2012 年，土地资源错配程度值为 5.00 ~ 15.00 的城市已达到 80%，甘肃省嘉峪关市的土地资源错配程度值达到了 72.38，而东部地区的南京市等城市的土地资源错配程度值也达到 25.00 以上，全国城市整体的土地资源错配问题愈加严重。2016 年，东部地区 77% 的城市土地资源错配程度值达到 25.00 以上，广东省珠海市和厦门市最高。这些沿海城市的经济发展程度较高且人口流入多、人口密度大，但商住用地的建设用地指标较少，导致土地“有价无市”，房价水涨船高，相比工业用地出让价格更是高出好多倍。部分中西部地区该问题也同样较为严重，但中西部城市整体的土地资源错配程度在这期间有所减弱。2019 年，东部地区的土地资源错配程度明显提升，而从全国角度来看，地区整体的土地资源错配均有较大幅度增长，近几年的房价高涨和工业用地的低价出让，使得土地资源错配程度越来越大，还需进一步协调区域土地管控使各区域土地资源配置达到公平高效目标。

3.5 实证结果分析

3.5.1 空间杜宾模型结果分析

（1）空间相关性分析

使用 Moran's I 分析 2008—2019 年全国土地资源错配的空间相关特征，采用不同空间权重矩阵测算的结果如表 3－3 所示。在 w_1、w_2、w_4 权重矩阵下，土地资源错配全局 Moran's I 显著为正且在研究期内呈上升趋势，表明城市间土地资源错配的相互影响在不断增加。土地资源错配程度相近的城市在空间上分布较为集中，即呈现出 H－H 型集聚和 L－L型集聚的空间正相关特征。在 w_3权重矩阵下，Moran's I 在 2008—2015 年并不显著，在 2016—2019 年呈现正向空间相关性，说明土地资源错配的空间相关性在经济发展差异上的空间关联特征并不显著，而是在地理与经济双重空间关联特征上有所呈现。故后文的空间计量分析仅考虑 w_1、w_2、w_4三种权重矩阵下的实证结果。基于 w_1权重矩阵下的全局 Moran's I 明显高于其他权重矩阵下的土地资源错配的全局 Moran's I，表明各省份的地级市之间存在更为显著的土地资源错配聚集性，也表明同一省份的地方政府可能存在更为严重的依托于土地资源所发生的竞争行为。

表 3－3 2008—2019 年全国土地资源错配的 Moran's I

权重	年份	I 值	Z 值	P 值	年份	I 值	Z 值	P 值
w_1	2008	0.058***	2.462	0.007	2014	0.193***	7.692	0.002
	2009	0.340***	12.892	0.000	2015	0.171***	7.091	0.000
	2010	0.251***	9.529	0.000	2016	0.208***	8.228	0.000
	2011	0.181***	7.115	0.000	2017	0.446***	17.001	0.000
	2012	0.164***	6.726	0.000	2018	0.424***	16.136	0.000
	2013	0.165***	6.382	0.000	2019	0.392***	15.280	0.000

续表

权重	年份	*I* 值	*Z* 值	*P* 值	年份	*I* 值	*Z* 值	*P* 值
w_2	2008	0.024***	4.455	0.002	2014	0.042***	7.361	0.000
	2009	0.053***	8.711	0.000	2015	0.045***	8.138	0.000
	2010	0.063***	10.237	0.000	2016	0.055***	9.460	0.000
	2011	0.091***	15.059	0.000	2017	0.120***	19.179	0.000
	2012	0.049***	8.681	0.000	2018	0.107***	17.183	0.000
	2013	0.048***	7.967	0.000	2019	0.095***	15.663	0.000
w_3	2008	-0.014	-0.398	0.345	2014	-0.012	-0.311	0.378
	2009	0.037	1.521	0.064	2015	0.003	0.260	0.397
	2010	-0.033	-1.100	0.136	2016	0.040**	1.691	0.045
	2011	-0.036	-1.100	0.107	2017	0.076***	2.969	0.001
	2012	-0.014	-0.403	0.344	2018	0.038*	1.542	0.062
	2013	0.026	1.101	0.135	2019	0.051**	2.098	0.018
w_4	2008	0.019***	3.421	0.000	2014	0.041***	6.452	0.000
	2009	0.059***	8.783	0.000	2015	0.046***	7.483	0.000
	2010	0.058***	8.706	0.000	2016	0.062***	9.588	0.000
	2011	0.086***	12.962	0.000	2017	0.136***	19.792	0.000
	2012	0.044***	7.073	0.000	2018	0.106***	15.551	0.000
	2013	0.051***	7.694	0.000	2019	0.101***	15.164	0.000

注：*、**、*** 分别表示在10%、5%和1%的水平下显著。

利用局部 Moran's *I* 散点图分析，因为 w_2 和 w_4 权重矩阵下所呈现的局部 Moran's *I* 散点图结果较为相似，而 w_4 权重矩阵所能反映的土地资源错配空间关联特征更为全面客观，因此报告 w_1 和 w_4 权重矩阵下的局部 Moran's *I* 散点图。图3-3和图3-4分别为 w_1 和 w_4 权重矩阵下2008年、2012年、2016年和2019年我国土地资源错配的局部 Moran's I 散点图。从图中可以看出城市在第三象限更加密集，表明土地资源错配较严重的城市更容易聚集。其中，w_1 权重矩阵下的 Moran's *I* 比 w_4 权重矩阵下的 Moran's *I* 高，即在 w_1 权重矩阵下局部 Moran's *I* 散点图的斜率更大，说明在行政区划的范围内，土地资源错配的现象要更严重。但总体而言，其具体城市的分布相似，只是在不同权重矩阵下表现出的关联度不同。

东部地区城市在土地资源错配问题上有较强的空间相关性，聚集程度较高，且随时间变化各城市间的空间依赖性逐渐变高。中部地区同样有超过半数的城市土地资源错配呈现正空间相关性，西部地区的土地资源错配也开始随着时间的推进表现出更高的聚集性。整体而言，城市间土地资源错配的相关性越来越明显，呈现显著的 H－H 型集聚和 L－L 型集聚现象。

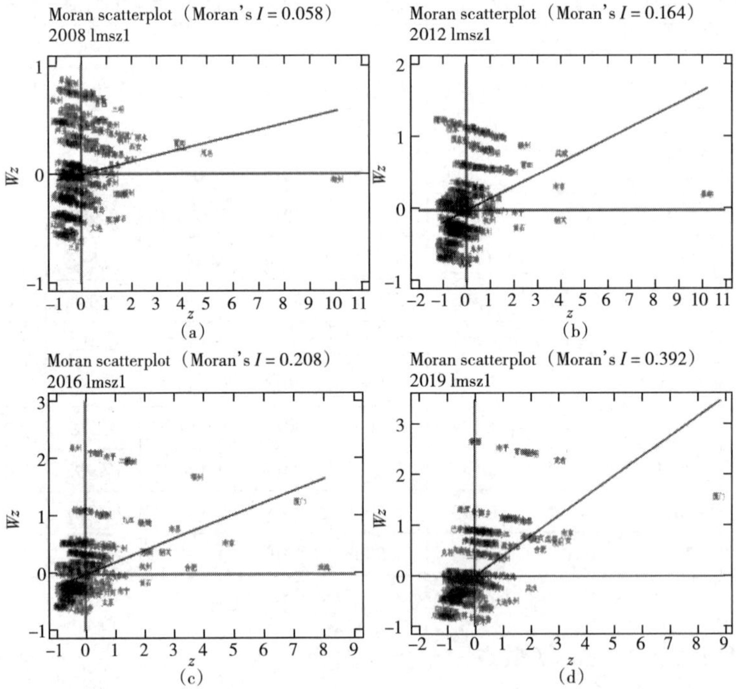

图 3－3　w_1权重矩阵下土地资源错配的局部 Moran's I 散点

（2）回归结果分析

由以上分析可知，土地资源错配存在显著的空间自相关性，需要进行下一步的空间计量检验。首先进行固定效应与随机效应的选择判断，w_1、w_2、w_4权重矩阵下的 Hausman 检验的统计值分别为 96.40、101.58、122.46，显著为正说明拒绝采用随机效应的原假设，另外使用 Likelihood Ratio（LR）检验确定固定效应类型，其结果显示模型的时间固定效应显著，而空间固定效应不显著，说明应使用时间固定效应的空间杜宾模型进

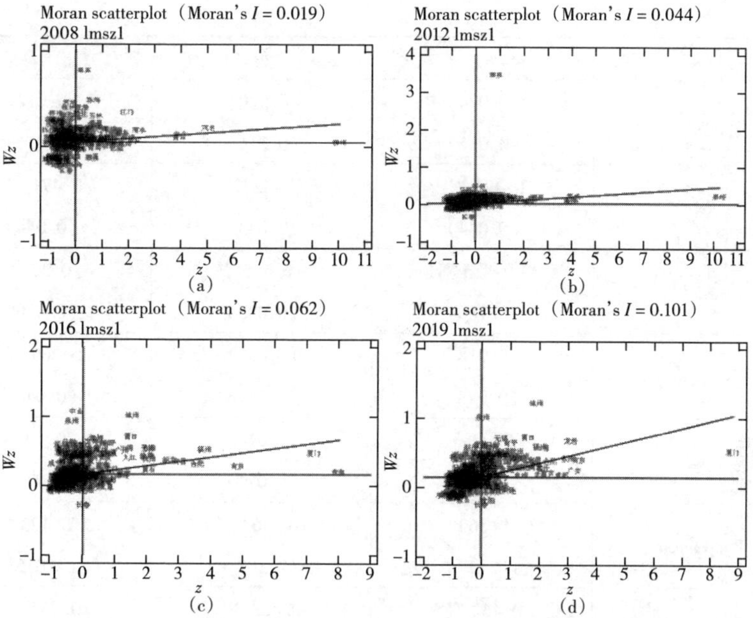

图3-4　w_4权重矩阵下土地资源错配的局部 Moran's *I* 散点

行研究。最后，结合 Wald 检验，以确认空间杜宾模型是否可以简化为空间滞后模型或空间误差模型，其值也分别显著拒绝可简化的原假设。各权重矩阵下时间固定效应空间杜宾模型的检验结果如表3-4所示。

表3-4　空间杜宾模型回归结果

变量	w_1	w_2	w_4
compete	-0.147*	-0.184*	-0.290***
	(0.100)	(0.125)	(0.090)
compete^2	0.901*	0.602**	0.423**
	(0.484)	(0.305)	(0.173)
compete^3	-0.711**	-0.399*	-0.231**
	(0.305)	(0.213)	(0.116)
open	-0.863	-0.006	-0.118
	(0.555)	(0.554)	(0.561)
pave	0.151***	0.127***	0.161***
	(0.030)	(0.030)	(0.031)

续表

变量	w_1	w_2	w_4
popu	0.024 (0.016)	0.020 (0.016)	0.012 (0.016)
hs	0.423 *** (0.044)	0.442 *** (0.043)	0.471 *** (0.044)
gdp	-0.815 *** (0.186)	-0.455 *** (0.085)	-0.274 *** (0.070)
inst	0.018 (0.048)	0.190 *** (0.047)	0.209 *** (0.048)
wage	0.0783 (0.072)	0.076 (0.071)	0.108 (0.073)
$W \times compete$	-0.362 ** (0.179)	-6.164 *** (2.208)	-3.123 *** (1.015)
空间自回归系数（ρ）	0.432 *** (0.023)	0.828 *** (0.046)	0.835 *** (0.043)

注：括号中是标准差，*、** 和 *** 分别表示在 10%、5% 和 1% 上显著。本章下同。限于篇幅，仅提供因变量及核心自变量的空间滞后项检验结果。

空间自回归系数（ρ）在 1% 的水平上显著为正，表明城市间的土地资源错配存在正向溢出效应，各城市间的土地资源错配问题存在明显的策略性竞争效应，即某城市的土地配置会跟随相邻城市的土地配置策略变化而变化。地方政府竞争的空间滞后项系数在 1% 的水平显著为负，表明邻近城市的地方政府竞争对本市的土地资源错配有缓解效应，即本市地方政府竞争水平提高，反而会缓解相邻城市的土地资源错配。

从回归结果来看：对于解释变量，在不同的权重矩阵下地方政府竞争的一次项、二次项、三次项系数分别为负、正和负，表明地方政府竞争对本市的土地资源错配存在倒“N”形影响。首先，在 w_1 权重矩阵下当地方政府竞争水平低于 0.122 的拐点值（本章中的拐点值均通过对回归方程求一阶偏导后令其为零求解而得）时，地方政府竞争水平会缓解土地资源错配，在 w_2 权重矩阵下此拐点值为 0.195，此时的地方政府竞争水平相对较低，各地处于经济发展和城镇化的起步阶段，且自 1994 年分税制改革以来，土地资源便成为地方政府控制当地经济的一种手段，因此当地方政府竞争水平较低时，会提升地方政府的税收，进而更有效地配置土地资源，以实现经济增长（储德银等，2020）。而在 w_1 权重矩阵下地方政府竞争水平超过拐点值0.122并小于0.771，以及在 w_2 权重矩阵下地方政府竞争水平超过拐点值0.195并小于0.846时，地方政府竞争会短暂加重土地资源错配，此时地方政府经济处于快速扩张期，地方政府之间的竞争也日益激烈。这一阶段倾向于中西部等经济发展水平不高地区的一系列土地政策，使得城市间的土地资源分配不均，中西部城市建设用地指标相对较多，但多是出于“以地引资”的目的而降低地价出让的工业用地，而东部地区建设用地指标较少，且人口流入多，导致地少人多，造成房价不断升高，进而导致土地资源错配问题严重（陆铭，2019）。当地方政府竞争水平超过第二个拐点值0.771和0.846之后，地方政府竞争水平会进一步减缓土地资源错配，此时，经济处于稳定发展阶段，城市之间的竞争促进了经济增长。随着建设“有为政府”和“有效市场”的各项政策的推出，地方政府积极有为地创造更便利、更优越的市场环境，及时防止市场的无序、失灵，进一步使土地资源错配问题得到解决。在 w_3 权重矩阵下地方政府竞争水平值仅有一个拐点，为0.610，当地方政府竞争水平值超过0.610时，其对土地资源错配的减缓作用开始变小。可见在经济和空间的双重关联下，地方政府竞争对于土地资源错配的总体效应来说是减缓的，只是随着时间和空间的变化其减缓的速度不同。

对于控制变量，在 w_1、w_2 和 w_4 权重矩阵下基础设施水平和平均住宅销售价格均对土地资源错配呈现显著的正向影响。基础设施建设水平的提高意味着城市可以通过交通设施的完善为城市吸引资本投入增加筹码，进而导致中西部城市侧重通过“以地引资”的方式来获取资金、收入，同时由于交通设施水平的提高，为人口的流动提供便利，使得中西部城市出现人少地多，东部城市出现人多地少的情况，进而影响工业用地和商住用地的价格和供给，使得土地资源错配问题加剧。在 w_2 和 w_4 权重矩阵下产业结构对土地资源错配的影响显著为正，说明在空间地理距离与经济距离协调作用下，产业更容易集聚，例如在中西部城市的工业产业园，通过降低各项标准引入企业并吸引资金流入，进而使得土地资源错配加重；但在 w_1 权重矩阵下产业结构对土地资源错配的影响并不显著，可能原因在于行政区划内不同省份的产业结构不同，不足以影响到土地资源配置问题。在 w_1、w_2 和 w_4 权重矩阵下经济发展水平对土地资源错配的影响均在1%的水平上显著为负，经济发展水平的提高意味着土地市场化的进一步完善和地方政府间竞争的逐渐减弱，进而减少土地资源错配问题的产生。城市对外开放程度、人口密度和劳动力成本在不同权重矩阵下均对土地资源错配无显著的影响作用，可能原因在于地方政府掌控土地资源的流转，使城市对外开放程度、人口密度和劳动力水平对土地资源错配的影响相对较小。

从空间溢出效应的结果来看（见表3－5）：对于解释变量，在 w_1 权重矩阵下，地方政府竞争水平与土地资源错配呈现显著的倒“N”形关系，表明在行政邻接的维度上，相邻城市的地方政府竞争对本市的土地资源错配先缓解，后加剧而后又进一步缓解。而在 w_2 和 w_4 权重矩阵下，地方政府竞争水平对土地资源错配的空间溢出效应只存在显著的抑制效应，说明从空间地理角度以及经济角度进行考量，相邻城市的地方政府竞争会缓解本市的土地资源错配，相邻城市的地方政府竞争较为激烈时其土地资源错配现象较严重，导致本市的要素及资本吸引力变大，有效提升土地市场化水平，进而使得土地资源错配得到改善。

对于控制变量，城市对外开放程度在 w_1 权重矩阵下对本市的土地资源错配影响并不显著，而在 w_2 和 w_4 权重矩阵下相邻城市的对外开放程度对本市的土地资源错配有显著的改善作用，其原因在于相邻城市引入外资带动周围城市经济发展，土地市场化水平有效提升，进而改善本市的土地资源错配。城市基础设施水平、平均住宅销售价格和产业结构在不同权重矩阵下均对土地资源错配呈现显著的正向空间溢出效应，相邻城市的城市建设和房价与本市有一定的空间竞争。随着城镇化发展，人口流向城市，各城市之间相互竞争，进而导致土地资源错配恶化，而工业化同样是城市经济增长的渠道，各城市为在竞争中取胜，而进一步抬高房价，降低工业用地价格，使得土地资源错配加剧。经济发展水平对土地资源错配的影响在三个权重矩阵下均在1%的水平上显著为负，表明相邻城市的经济发展水平提高能够显著改善本市的土地资源错配。人口密度仅在 w_2 权重矩阵下对土地资源错配的空间溢出效应显著为负，表明在空间地理的维度下，相邻城市人口密度较大时，本市有较多人口流出，商住用地的价格不再攀高，相对稳定，进而改善土地资源错配。劳动力成本对土地资源错配无显著的溢出效应。

表3-5　空间杜宾模型空间溢出效应回归结果

变量	w_1			w_2			w_4		
	直接效应	间接效应	总效应	直接效应	间接效应	总效应	直接效应	间接效应	总效应
compete	-0.362**	-0.612***	-0.615***	-0.336**	-39.46**	-39.79**	-0.378***	-22.21**	-22.58**
	(0.179)	(0.228)	(0.214)	(0.161)	(19.87)	(19.97)	(0.095)	(10.31)	(10.34)
compete^2	2.079***	3.590***	3.789***	0.594**	0.578	1.172	0.416**	0.586	1.002
	(0.500)	(0.823)	(0.867)	(0.298)	(23.12)	(23.18)	(0.177)	(17.82)	(17.87)
compete^3	-1.317***	-2.296***	-2.450***	-0.350	10.97	10.62	-0.201*	5.379	5.177
	(0.361)	(0.592)	(0.628)	(0.213)	(18.54)	(18.60)	(0.122)	(14.82)	(14.87)
open	0.569	0.380	-0.495	-0.387	-95.01**	-95.40**	-0.483	-88.95**	-89.43**
	(0.986)	(1.541)	(1.593)	(0.549)	(40.64)	(40.73)	(0.546)	(40.11)	(40.20)
pave	0.161***	0.379***	0.550***	0.160***	8.369***	8.530***	0.187***	6.352***	6.539***
	(0.053)	(0.078)	(0.080)	(0.029)	(2.893)	(2.899)	(0.029)	(2.422)	(2.426)
popu	-0.031	-0.035	-0.012	0.005	-4.052**	-4.047**	0.00490	-1.901	-1.896
	(0.033)	(0.054)	(0.057)	(0.016)	(1.751)	(1.756)	(0.0159)	(1.328)	(1.332)
hs	0.036	0.374***	0.812***	0.463***	5.221**	5.684**	0.499***	6.914***	7.413***
	(0.070)	(0.097)	(0.101)	(0.044)	(2.270)	(2.270)	(0.045)	(2.450)	(2.453)
gdp	-0.641***	-1.082***	-1.104***	-0.513***	-16.49***	-17.00***	-0.336***	-15.95***	-16.28***
	(0.124)	(0.151)	(0.117)	(0.079)	(6.000)	(6.009)	(0.067)	(5.661)	(5.666)
inst	0.743***	1.271***	1.354***	0.302***	27.25***	27.56***	0.324***	26.81***	27.13***
	(0.097)	(0.149)	(0.159)	(0.054)	(9.145)	(9.174)	(0.057)	(9.377)	(9.408)
wage	0.127	0.284	0.395*	0.099	5.113	5.212	0.135*	6.015	6.150
	(0.138)	(0.225)	(0.238)	(0.072)	(4.469)	(4.481)	(0.074)	(5.162)	(5.177)

3.5.2 稳健性检验

（1）替换被解释变量的衡量方式

将被解释变量指标的衡量方式替换为住宅用地出让平均价格与工业用地出让平均价格的比值，即只考虑住宅用地出让价格与工业用地出让价格造成的土地价格扭曲，进而导致的土地资源错配问题。在此基础上，其他变量不变，进行空间杜宾模型回归，回归结果见表 3－6 的第（1）～（3）列。

从第（1）～（3）列的结果来看，空间自回归系数（ρ）在 w_1、w_2、w_4权重矩阵下均显著为正，表明替换土地资源错配的衡量方式后土地资源错配在城市间仍存在正向溢出效应，地方政府竞争水平的空间滞后项系数在1%的水平显著为负。但可以看到，在 w_1权重矩阵下地方政府竞争水平的一次项、二次项、三次项系数并不显著，即在仅考虑住宅用地与工业用地之间的出让价格扭曲程度所带来的土地资源错配时，在行政邻接的关系维度下，地方政府竞争水平对土地资源错配的影响并不显著。而在 w_2和 w_4权重矩阵下其一次项、二次项和三次项系数分别为负、正和负，表明地方政府竞争水平在空间地理距离的关系维度和空间地理与经济距离的双重关系维度下对本市的土地资源错配存在倒“N”形影响。在 w_2权重矩阵下其拐点值分别为0.270 和0.880，当地方政府竞争水平值为0.270～0.880 时，地方政府竞争会使土地资源错配严重，直到超过 0.880 后对土地资源错配起减缓的作用。在 w_4权重矩阵下其拐点值分别为 0.190 和 1.020，与前文结果较为一致。

（2）变换模型方法

使用动态面板系统 GMM 的估计方法进行稳健性检验。动态面板数据的优点在于可以对研究对象的动态行为进行检验，地方政府竞争是一个长期的变化过程，对土地资源错配的影响长期存在，在上文的检验中已得出相应结论，但变量之间可能存在互动因果关系所带来的内生性问题，即滞后期的土地资源错配同样也对政府当期的土地出让和土地供给产生影响，进而影响当期的土地资源错配。因此，采用 Arellano 和 Bover（1990）的动态面板系统 GMM 估计方法，引入土地资源错配的滞后项（$lm_{i,t-1}$）作为工具变量进行回归，进行稳健性检验，以消除由于时期滞后原因带来的估计偏差，回归结果见表 3-6 的第（4）列。

从第（4）列的结果来看，在动态面板系统 GMM 的估计方法下，土地资源错配的滞后一期对当期的土地资源错配有显著的正向效应，即过去的土地资源错配遗留问题会使当期的土地资源错配变得更严重。此外，地方政府竞争的一次项、二次项和三次项系数在 5%、1% 和 1% 的水平上分别显著为负、正和负，说明其对土地资源错配的影响存在显著的倒“N”形关系，具体来说，其两个拐点值分别为 0.047 和 0.960。当地方政府竞争水平值小于 0.960 时，地方政府竞争水平对土地资源错配有改善作用，当地方政府竞争水平值为 0.047 ~ 0.960 时，地方政府竞争水平会加剧土地资源错配，直到超过 0.960 又再次发挥减缓的作用。与前文的结果相似，故认为本章的结论具有稳健性。

表 3-6　稳健性检验结果

变量	替换被解释变量衡量方式			非空间动态面板模型（SYS-GMM）
	(1)	(2)	(3)	(4)
	w_1	w_2	w_4	
L. lm				0.516***
				(0.048)
compete	-0.0141	-0.311***	-0.383***	-0.410**
	(0.149)	(0.099)	(0.099)	(0.183)
$compete^2$	0.234	0.677***	0.678***	3.281***
	(0.220)	(0.187)	(0.190)	(1.005)
$compete^3$	-0.196	-0.410***	-0.391***	-2.105***
	(0.138)	(0.125)	(0.127)	(0.637)
控制变量	YES	YES	YES	YES
$W \times compete$	-0.446**	-1.908**	-2.098*	
	(0.196)	(0.795)	(1.112)	

续表

变量	替换被解释变量衡量方式			非空间动态面板模型（SYS-GMM）
	(1)	(2)	(3)	(4)
	w_1	w_2	w_4	
空间自回归系数（ρ）	0.428*** (0.023)	0.819*** (0.048)	0.773*** (0.055)	
Constant				-2.500*** (0.921)
AR（1）				0.000
AR（2）				0.663
Hansen				1.000

注：*L. lm* 表示土地资源错配滞后项。

3.5.3 中介机制检验

（1）全国中介机制检验结果分析

在粗放型经济发展方式下，地方政府将追求 GDP 增长作为绩效考核的核心指标，形成地方政府“为增长而竞争”的格局。在这种情况下，经济增长目标管理成为中国政府驱动经济发展的重要抓手之一，地方经济增长目标的设定与实现会对城市土地资源的配置方式产生影响。过高的地方经济增长目标设定与实现目标的硬约束可能导致地方政府过多干预地区土地配置以实现经济增长目标，从而加剧土地资源错配（陆铭，2019）。将综合式（3-6）、式（3-10）和式（3-11）对地方经济增长目标是否为地方政府竞争水平影响土地资源错配的中介变量进行具体的检验，结果如表 3-7 所示。

表 3-7　中介机制检验结果

变量	*grow*	*lm*	*grow*	*lm*	*grow*	*lm*
	w_1		w_2		w_4	
	(1)	(2)	(3)	(4)	(5)	(6)
compete	-0.042*** (0.012)	-0.507* (0.336)	-0.779** (0.361)	-0.270* (0.148)	-0.894*** (0.319)	-0.281* (0.155)

续表

变量	grow	lm	grow	lm	grow	lm
	w_1		w_2		w_4	
	(1)	(2)	(3)	(4)	(5)	(6)
$compete^2$	0.035***	3.507**	0.704**	0.530**	0.673**	0.405**
	(0.010)	(1.428)	(0.315)	(0.268)	(0.324)	(0.257)
$compete^3$		-2.309**		-0.301*		-0.223**
		(0.982)		(0.172)		(0.164)
grow		3.066*		0.664**		0.568**
		(2.002)		(0.973)		(1.065)
open	0.056	-0.796	0.016	-0.514	1.091	-0.059
	(0.108)	(2.276)	(2.591)	(0.784)	(2.144)	(0.858)
pave	-0.020***	0.637***	-0.424***	0.159***	-0.464***	0.161***
	(0.006)	(0.142)	(0.159)	(0.052)	(0.159)	(0.057)
popu	-0.009**	0.020	-0.041	0.008	-0.011	0.013
	(0.005)	(0.095)	(0.089)	(0.033)	(0.072)	(0.033)
hs	-0.031***	0.878***	-0.329*	0.462***	-0.178	0.480***
	(0.007)	(0.208)	(0.198)	(0.131)	(0.134)	(0.136)
gdp	0.007	-1.101***	-0.072	-0.276**	-0.064	-0.271**
	(0.007)	(0.199)	(0.229)	(0.109)	(0.179)	(0.114)
inst	0.0188**	1.316***	1.425***	0.279***	1.383***	0.202**
	(0.010)	(0.243)	(0.379)	(0.083)	(0.412)	(0.088)
wage	0.0309*	0.322	0.995***	0.110	0.658*	0.103
	(0.017)	(0.368)	(0.378)	(0.110)	(0.337)	(0.118)
$W \times compete$	-0.006**	-0.311*	-0.055*	-2.242**	-0.076***	-2.842**
	(0.003)	(0.252)	(0.029)	(0.965)	(0.029)	(1.384)
空间自回归系数（ρ）	0.643***	0.429***	0.922***	0.842***	0.908***	0.824***
	(0.026)	(0.031)	(0.010)	(0.024)	(0.013)	(0.032)

从表3-7的第（1）列、第（3）列和第（5）列可以看到，式(3-10)中的地方政府竞争水平一次项及其二次项的系数在w_1、w_2、w_4权重矩阵下，均分别显著为负和显著为正，表明地方政府竞争水平与地方经济增长目标之间存在明显的“U”形曲线关系。在w_1权重矩阵下，当地方

政府竞争水平超过拐点值 0.597 后，地方政府竞争会促进经济增长目标的进一步升高，在 w_2 和 w_4 权重矩阵下，拐点值分别为 0.553 和 0.664，说明在地方政府竞争水平未超过拐点值时，对经济增长目标并无太大影响，直到超过拐点值，地方政府之间为经济增长而竞争的问题变得严重，也同样使地方经济增长目标变得越来越高。

对于控制变量来说，基础设施水平对于地方经济增长目标在 w_1、w_2、w_4 权重矩阵下的影响均显著为负，表明当基础设施水平较高时，经济增长的预期目标会有所降低。产业结构和劳动力成本对于地方经济增长目标的影响在各个权重下均显著为正，表明产业结构和劳动力成本均会造成地方经济目标的增长。人口密度仅在 w_1 权重矩阵下对经济增长目标的影响显著为负，即在行政区划内，人口密度的增长也会导致地方经济目标变高。平均住宅销售价格在 w_1 和 w_2 权重矩阵下对经济增长目标影响显著为负，表明在考虑行政邻接和空间地理邻接的维度下，房价的升高反而会抑制经济目标的升高。城市开放程度和经济发展水平对地方经济目标的影响并不显著。

从表 3－7 的第（2）列、第（4）列和第（6）列可以看到，式（3－11）中地方政府竞争的一次项、二次项和三次项系数在 w_1、w_2、w_4 权重矩阵下均显著且依次为负值、正值和负值，表明在考虑经济增长目标对土地资源错配的影响的情况下，地方政府竞争水平与土地资源错配之间仍存在倒“N”形曲线关系，且地方经济增长目标对土地资源错配的影响在各个权重矩阵下均显著为正。

综合式（3－6）、式（3－10）和式（3－11）可知，地方政府竞争水平的系数和地方经济增长目标的系数均显著且符合中介效应模型的具体表述，从而证明了地方经济增长目标是地方政府竞争水平影响土地资源错配的中介变量，即本章的理论假说 3 是成立的。地方政府之间通过设置相关的经济增长目标为实现经济增长而竞争，在这种情况下进一步影响到对土地要素的配置方式，进而影响土地资源错配。其他控制变量对于土地资源错配的影响与式（3－6）所得结论相似。

（2）不同地区中介机制检验结果分析

分地区来看，如表3-8所示。东部地区、中部地区和西部地区的地方政府竞争水平对地方经济增长目标在任一权重矩阵下均表现为“U”形的曲线关系，说明在超过拐点值后地方政府竞争会导致地方经济增长目标的升高，且在考虑地方经济增长目标的情况下，地方政府竞争水平和土地资源错配之间仍存在倒“N”形的曲线关系，表明经济增长目标作为中介变量的中介效应存在且显著。

东部地区的地方经济增长目标对于土地资源错配的影响在w_1、w_2、w_4权重矩阵下均显著为正。东部地区的城市经济增长目标相对更高，经济增长压力大的城市将工业用地配置到效率相对较高的工业企业，且给予此类企业更多的低价优惠（杨继东等，2020），而由于人口流入多，劳动力收入相对较高且消费水平也足够高，东部地区城市的房价节节攀升，这样的一低一高导致土地资源错配严重。

中部地区的地方政府竞争水平在w_1和w_2权重矩阵下对土地资源错配的影响显著为负，但不存在倒“N”形关系，而地方经济增长目标对于土地资源错配的影响显著为正，说明中部地区的经济增长目标越高，其土地资源错配越严重，但作为中介变量这种中介机制在中部地区并不成立。

西部地区的地方经济增长目标的中介效应并不存在，且地方经济增长目标对于土地资源错配的影响也并不显著。西部地区的各方面条件相对其他区域来说都较低，且大部分城市属于工业城市，故其地方政府为实现招商引资，降低工业用地地价以实现经济增长目标，但由于人口流出较多，居住环境相对其他区域来说较差，故商住用地的价格也相对较低，整体来说土地资源错配程度不大，因此不管是地方政府竞争水平还是经济增长目标对于土地资源错配的影响均不显著。

表3-8 不同地区中介机制检验结果

变量	*grow*	*lm*	*grow*	*lm*	*grow*	*lm*
	w_1		w_2		w_4	
东部地区						
compete	0.471**	-0.508*	0.617***	-1.747**	0.122**	-0.414**
	(0.193)	(0.506)	(0.223)	(2.343)	(0.056)	(0.297)
$compete^2$	-0.268***	0.455**	-0.266**	2.227*	-0.302**	0.418*
	(0.096)	(0.390)	(0.107)	(3.053)	(0.152)	(0.285)
$compete^3$		-0.317**		-1.073**		-0.296*
		(0.221)		(1.325)		(0.175)
grow		0.061**		0.407***		0.391**
		(0.234)		(0.256)		(0.261)
控制变量	YES	YES	YES	YES	YES	YES
空间自回归系数（ρ）	0.656***	0.243***	0.841***	0.472***	0.829***	0.480***
	(0.031)	(0.063)	(0.028)	(0.097)	(0.033)	(0.111)
Number of id	98					
中部地区						
compete	-0.209***	-1.703*	0.250***	-0.257**	0.231**	-0.325
	(0.152)	(1.170)	(0.092)	(0.196)	(0.098)	(0.164)
$compete^2$	0.279**	2.359	-0.151***	-0.110*	-0.143***	0.151
	(0.129)	(2.013)	(0.050)	(0.977)	(0.052)	(0.323)
$compete^3$		-1.108		0.085		-0.050*
		(1.009)		(0.649)		(0.222)
grow		0.352*		0.076**		0.068*
		(0.199)		(0.099)		(0.0990)
控制变量	YES	YES	YES	YES	YES	YES
空间自回归系数（ρ）	0.503***	0.284***	0.736***	0.502***	0.659***	0.369***
	(0.058)	(0.054)	(0.061)	(0.084)	(0.0671)	(0.094)
Number of id	100					
西部地区						
compete	0.965***	-0.994**	0.470***	0.177	0.430***	-0.084
	(0.352)	(0.490)	(0.117)	(0.229)	(0.120)	(1.635)

续表

西部地区						
变量	*grow*	*lm*	*grow*	*lm*	*grow*	*lm*
	w_1		w_2		w_4	
$compete^2$	-0.527*** (0.177)	-1.480 (1.245)	-0.218*** (0.066)	-0.158 (0.396)	-0.195*** (0.065)	-2.058 (3.796)
$compete^3$		1.401 (0.886)		0.087 (0.252)		-0.118 (3.240)
grow		-0.558 (0.243)		-0.165 (0.153)		-0.776 (0.871)
控制变量	YES	YES	YES	YES	YES	YES
空间自回归系数（ρ）	0.544*** (0.038)	0.213*** (0.051)	0.701*** (0.057)	0.289*** (0.079)	0.691*** (0.057)	0.393*** (0.078)
Number of id	82					

3.5.4　异质性回归结果分析

考虑到不同区域之间的地方政府竞争水平对土地资源错配的影响可能有空间差异，将研究区域内的280个城市依经济发展状况分为东、中、西三个地区，对三大地区利用空间杜宾模型分别进行检验，结果如表3-9所示。分地区来看，各地区城市间的空间自回归系数（ρ）在不同的权重矩阵下均在1%的水平上显著为正，表明各地区城市间的土地资源错配存在正向溢出效应。

从回归结果来看：东部地区城市的地方政府竞争水平对土地资源错配在任一权重矩阵下，存在显著的倒“N”形影响，但其拐点并不存在，说明东部地区的地方政府竞争水平整体来说对当地的土地资源错配呈现出减缓作用，地方政府之间的经济赶超现象反而促进土地资源的进一步市场化配置，最主要的原因在于东部地区社会发展水平较高，地方政府之间虽然还存在竞争，但这种竞争关系逐渐减弱，其对于土地市场的干预也逐渐变少，随着城镇化的发展，土地资源的配置开始走向市场化，进而缓解土地资源错配现象。在w_1、w_2、w_4权重矩阵下其拐点值分别为0.554、0.499、

0.481，当地方政府竞争水平值超过拐点值时，其对土地资源错配的减缓开始变得缓慢，可见地方政府竞争水平对于土地资源错配的总体效应是随着时间和空间的变化而逐渐减缓的。

中部地区城市的地方政府竞争水平在 w_1 权重矩阵下对土地资源错配并无显著影响，说明在行政距离维度下，中部地区一个省份内的城市间地方政府竞争水平并不会对土地资源错配产生影响，因为中部地区的土地资源长期处于较为稳定的状态，因此地方政府即使掌握控制土地资源出让和供给的权力，也不会产生恶性的竞争。但在 w_2 和 w_4 权重矩阵下则表现出地方政府竞争水平对土地资源错配的减弱作用，且地方政府竞争水平的二次项和三次项系数均不显著，表明中部地区城市间经济赶超对土地资源错配的影响不存在倒“N”形关系。在考虑到地理距离和经济距离的情况下，地方政府之间的竞争会进一步地解决土地资源错配问题。中部地区多是工业城市，其地方政府之间的竞争导致工业产业集聚，使得土地资源的利用效率达到最大化，而其商住用地出让价格和供给面积处于相对稳态的水平，进而使得土地资源错配现象得到缓解。

西部地区城市间的地方政府竞争水平仅在 w_1 权重矩阵下对土地资源错配产生“N”形影响，而在其他两个权重矩阵下，地方政府竞争水平的一次项系数均不显著，表明西部地区城市可能因为政策的倾斜，进一步使得行政区划内的地方政府竞争较为激烈，进而对土地资源错配的影响产生波动。

表 3-9　不同区域空间杜宾模型回归结果

变量	东部地区		
	w_1	w_2	w_4
compete	-2.484*	-0.492***	-0.396**
	(1.413)	(0.163)	(0.162)
$compete^2$	3.111*	0.496**	0.457**
	(1.795)	(0.224)	(0.225)
$compete^3$	-1.871**	-0.331**	-0.317**
	(0.811)	(0.158)	(0.160)
控制变量	YES	YES	YES

续表

变量	东部地区		
	w_1	w_2	w_4
空间自回归系数（ρ）	0.237 *** (0.055)	0.481 *** (0.097)	0.502 *** (0.088)
Number of id	98		
	中部地区		
compete	-0.092 (0.151)	-0.327 *** (0.117)	-0.337 *** (0.120)
compete^2	-0.102 (0.241)	0.192 (0.227)	0.154 (0.231)
compete^3	0.074 (0.158)	-0.079 (0.154)	-0.043 (0.157)
控制变量	YES	YES	YES
空间自回归系数（ρ）	0.290 *** (0.050)	0.491 *** (0.095)	0.473 *** (0.092)
Number of id	100		
	西部地区		
compete	0.471 * (0.265)	0.200 (0.350)	0.057 (0.179)
compete^2	-0.776 ** (0.393)	1.230 * (0.648)	-0.169 (0.307)
compete^3	0.446 * (0.245)	-0.907 * (0.482)	0.110 (0.205)
控制变量	YES	YES	YES
空间自回归系数（ρ）	0.244 *** (0.048)	0.479 *** (0.096)	0.412 *** (0.096)
Number of id	82		

分地区看，各地区间经济赶超水平对土地资源错配的空间溢出效应，如表3－10所示。

东部地区经济赶超水平对土地资源错配在 w_1 权重矩阵下呈现显著的“N”形关系，表明在一个行政区划内相邻城市政府地方政府竞争水平对本市的土地资源错配的影响呈现加剧、改善又加剧的现象。具体原因可能是东部地区的省份城市间差异较小，其与相邻地区的竞争是逐渐减弱的，但同时因为本市房价太高进而选择相邻城市居住，导致相邻城市的房价进一步升高，进而造成土地资源错配。

中部地区地方政府竞争水平在 w_1 权重矩阵下的一次项系数在5%的水平上显著为负，而二次项与三次项系数并不显著，表明在行政区划内相邻城市的地方政府竞争水平对本市土地资源错配有单一的改善作用，在 w_4 权重矩阵下地方政府竞争水平的一次项和二次项系数显著为负，三次项系数显著为正，呈现出"N"形关系，表明相邻城市地方政府竞争水平对本市的土地资源错配呈现出先促进后下降又促进的影响作用。

西部地方政府竞争水平对土地资源错配的空间溢出效应仅在 w_1 权重矩阵下显著为负，且只有一次项系数显著，表明在行政区划内相邻城市的地方政府竞争水平会改善本市的土地资源错配，而在其他权重矩阵下这一效应并不显著。

表3－10　不同地区空间杜宾模型空间溢出效应回归结果

变量	东部地区								
	w_1			w_2			w_4		
	直接效应	间接效应	总效应	直接效应	间接效应	总效应	直接效应	间接效应	总效应
compete	-2.189	11.10**	8.910*	-0.500***	-1.325	-1.825	-0.410**	-1.848	-2.258
	(1.456)	(5.021)	(5.352)	(0.162)	(1.463)	(1.418)	(0.161)	(1.745)	(1.720)
$compete^2$	2.663	-16.47**	-13.80*	0.537**	5.205*	5.742*	0.492**	4.516	5.008
	(1.864)	(7.360)	(7.889)	(0.218)	(3.002)	(3.015)	(0.220)	(3.577)	(3.599)
$compete^3$	-1.645**	7.821**	6.176*	-0.348**	-2.792	-3.140	-0.326**	-1.953	-2.279
	(0.837)	(3.469)	(3.718)	(0.152)	(2.098)	(2.110)	(0.154)	(2.668)	(2.683)
控制变量	YES	YES	YES	YES	YES	YES	YES	YES	YES
中部地区									
compete	-0.099	-0.496**	-0.595***	-0.335***	-1.135	-1.470	-0.380***	-4.471***	-4.851***
	(0.152)	(0.245)	(0.222)	(0.118)	(0.918)	(0.894)	(0.121)	(1.508)	(1.509)
$compete^2$	-0.107	0.306	0.198	0.077	-9.954**	-9.877**	-0.025	-15.711***	-15.730***
	(0.241)	(1.137)	(1.193)	(0.226)	(4.084)	(4.132)	(0.234)	(5.032)	(5.095)

续表

变量	中部地区								
	w_1			w_2			w_4		
	直接效应	间接效应	总效应	直接效应	间接效应	总效应	直接效应	间接效应	总效应
$compete^3$	0.079	−0.207	−0.128	0.005	7.156**	7.161**	0.097	12.270***	12.360***
	(0.157)	(0.806)	(0.848)	(0.153)	(2.880)	(2.917)	(0.160)	(3.994)	(4.044)
控制变量	YES	YES	YES	YES	YES	YES	YES	YES	YES
西部地区									
$compete$	0.452*	−0.871*	−0.418	0.264	4.598	4.863	0.0599	−0.250	−0.190
	(0.268)	(0.472)	(0.485)	(0.384)	(7.059)	(7.223)	(0.183)	(2.172)	(2.191)
$compete^2$	−0.849**	−1.567	−2.417	0.988	−19.680*	−18.690	−0.210	−2.109	−2.319
	(0.397)	(1.457)	(1.548)	(0.653)	(11.77)	(11.97)	(0.308)	(5.825)	(5.887)
$compete^3$	0.508**	1.413	1.921*	−0.769	11.150	10.380	0.110	−1.195	−1.084
	(0.248)	(1.059)	(1.135)	(0.485)	(8.398)	(8.530)	(0.208)	(4.815)	(4.879)
控制变量	YES	YES	YES	YES	YES	YES	YES	YES	YES

3.6　研究结论与政策建议

3.6.1　研究结论

在测算地方政府竞争水平和土地资源错配的基础上，对变量进行描述性统计与实证分析，研究地方政府竞争水平对土地资源错配的空间效应，得出以下几点结论。

第一，全国的地方政府竞争水平处于中等水平，在2013年出现峰值，各地方政府竞争水平的时空演变趋势与全国趋势相近，分地区来看，地方政府竞争水平高低的排名为西部地区 > 中部地区 > 东部地区。全国的地方政府竞争水平值低于西部地区和中部地区，高于东部地区。随着经济的发展和国家相关政策的实施，地方政府竞争在逐渐减弱。全国的土地资源错配在总体上呈现上升趋势，明显分为缓慢波动上升、平稳波动和平稳上升三个阶段。各地区土地资源错配时空演变趋势与全国趋势相近，分地区来看，土地资源错配高低的排名为东部地区 > 中部地区 > 西部地区。全国的土地资源错配高于西部地区和中部地区，低于东部地区，近几年的房价高涨和工业用地的低价出让，使得土地资源的错配程度越来越高。

第二，土地资源错配的空间相关性在行政邻接的关系维度、空间地理距离邻接的关系维度和空间地理与经济距离的双重关系维度下呈现显著的空间相关性，呈现显著的 H－H 型集聚和 L－L 型集聚现象，而在单纯的经济距离邻接的关系维度下并不存在空间相关性。城市间的土地资源错配存在正向溢出效应，各城市间的土地资源错配问题存在明显的策略性竞争效应，即某城市的土地配置会跟随相邻城市的土地配置策略变化而变化。地方政府竞争对本市的土地资源错配存在倒“N”形影响，在 w_1 和 w_2 权重矩阵下地方政府竞争水平对土地资源错配存在一个增强临界点和减弱临界点。当地方政府竞争水平超过一定的阈值后，会加剧土地资源错配问题的产生，直到超过减弱临界点，达到缓解土地资源错配的效果。从空间溢出效应的角度来看，地方政府竞争水平与土地资源错配在行政邻接的维度上呈现显著的倒“N”形关系，而在 w_2 和 w_4 权重矩阵下，地方政府竞争水平对土地资源错配的空间溢出效应只存在显著的抑制效应。地区层面上，东部地区城市的地方政府竞争水平对土地资源错配在任一权重矩阵下，均存在显著的倒“N”形影响，但不存在拐点，说明东部地区的地方政府竞争水平整体来说对当地的土地资源错配呈现出减缓作用，而这种减缓作用是随着时间和空间的变化而逐渐变化的。中部地区的城市在 w_2 和 w_4 权重矩阵下表现出地方政府竞争水平对土地资源错配的减缓作用，但不存在倒“N”形关系。西部地区城市间的地方政府竞争水平仅在 w_1 权重矩阵下对土地资源错配产生“N”形影响，表明西部地区城市可能因政策的倾斜，进一步使得行政区划内的地方政府竞争较为激烈，进而加剧了土地资源错配的问题。

第三，地方经济增长目标作为中介变量，在 w_1、w_2 和 w_4 权重矩阵下，与地方政府竞争水平之间存在明显的“U”形曲线关系，当地方政府竞争水平超过拐点值后，地方政府竞争会促进经济增长目标的进一步升高。在考虑经济增长目标对土地资源错配的影响情况下，地方政府竞争水平与土地资源错配之间仍存在倒“N”形曲线关系，且地方经济增长目标对土地资源错配的影响在各个权重矩阵下均显著为正，即地方经济增长目标是地方政府竞争水平影响土地资源错配的中介变量。在地区层面，仅东部地区中介机制较为明显，其他区域并不存在以地方经济增长目标为中介变量的中介效应。

3.6.2　政策建议

第一，从经济规律和发展实际出发，统筹政府与市场，构建“有为政府”和“有效市场”，实现政府和市场相互配合，各展所长、各尽所能，发挥土地资源高效配置和经济高质量发展的共同协调作用。同时也要从要素资源配置现状出发，推进土地集约高效利用，实现产业用地市场化出让。

当前我国经济正处于向高质量发展的转变时期，要实现土地资源的高效配置，就需要发挥市场的作用，同时也不能否认政府在经济发展中扮演的重要角色。习近平总书记提出，要“充分发挥市场在资源配置中的决定性作用，更好发挥政府的作用”，认为市场是配置资源最有效率的方式。本章的研究结论表明地方政府竞争在随着时间的推移逐渐减弱，这是政策发挥实效的表现，但与此同时，土地资源的错配问题日趋严重，说明当下中国政府和市场之间仍存在无法调配的矛盾，地方政府掌握着作为城市经济发展要素的土地资源，其出让行为必将影响地区的土地利用效率和产业用地的合理化配置。针对本章的实证结果，要避免以过低价格出让工业用地，也要注意过高的住宅销售价格。在土地资源的配置过程中要结合区域的差异性，因地制宜地实施土地资源的空间配置，重视大城市和城市群的带动作用。但也要尽量避免地方政府对土地财政收入的过度干预，进而造成产业结构同质化等问题。因此，要强化政府防止市场的无序、失灵的作用，使得产业用地实现标准化出让，进一步提升市场化水平，合理转换用地类型。

第二，注重地方政府竞争水平对土地资源错配影响存在的区域差异，因地施策，要确保地方政府在竞争过程中，注重实现经济由“量变”向

“质变”的飞跃，并且充分考虑地区间资源禀赋差异、产业结构等因素的影响，形成“以邻为善”的竞争发展格局。

本章的研究结论表明，地方政府竞争水平对本市的土地资源错配存在倒“N”形影响，且城市间的土地资源错配存在正向溢出效应，各城市间的土地资源错配问题存在明显的策略性竞争效应，因此要引导地方政府之间良性竞争。区域间的土地资源分配差异同样存在，且地方政府竞争相对来说中西部地区较为激烈，地方政府竞争水平对于土地资源错配的倒“N”形曲线关系仅在东部地区成立，在西部地区甚至产生“N”形关系。因此，对于西部等欠发达地区，中央政府应该避免“一刀切”建设工业园、新城和发展制造业，而是向经济发展水平较落后的城市和地区转移更多的教育和医疗等公共服务，提供相应的政策支持以发展优势产业。让市场真正成为资源配置的决定性手段，实现空间层面上的资源再配置，走符合各地区实际的分工和发展之路，形成优势互补的空间经济高质量发展格局，在实现共同富裕的道路上兼顾效率与公平。

第三，中央政府在制定经济增长目标时，要放松对经济增长目标的硬约束，引导地方政府在制定经济增长目标时采取“留有余地”的策略。同时，要在经济政策制定过程中注入灵活性，避免地方政府过分追求经济增长的数量，而不注重经济发展的质量。应进一步提高土地资源配置效率，改善土地资源错配。

地方政府竞争水平与地方经济增长目标存在明显的“U”形曲线关系，当地方政府竞争水平超过拐点值后，地方政府会提高经济增长目标的制定标准。因此，地方政府要根据当地发展实际确定经济增长目标区间，不能追求过高的经济增长目标，要把改善土地资源错配作为保持经济适度增长的主要任务和目标，提高资源配置效率和经济发展质量，建设人与环境和谐共存、人与经济社会协调发展的新格局，不断满足人民对美好生活的向往。

第4章　城市土地配置行为对城市蔓延的影响效应

4.1　引　言

随着我国现代化步伐的加快，城市发展速度之快有目共睹，在空间上也呈现向外扩张趋势。城市扩张是城市发展的必然趋势，在合理布局下能推动地区实现长期可持续发展、人与自然和谐共生及经济社会活动协调发展，但是当城市无序扩张造成人口密度及单位土地利用强度下降时会导致城市蔓延。城市蔓延不仅会改变城市的空间结构、产业合理布局及居民消费偏好，造成国土空间错配，还会导致土地资源浪费、环境污染、价格扭曲等问题。我国人口城镇化率均值在2020年达到了63.89%，但城市总面积的扩张速度远快于城市人口增长速度，根据《中国城市统计年鉴》（2000—2020年）和全国人口普查数据，2000—2020年我国建成区面积增加了1.7倍，而城镇人口数仅增加了1倍，城市空间结构持续向低密度、分散化发展，城市蔓延问题凸显。

土地作为人类社会的最基本载体，是生产生活活动的重要投入要素。随着城市发展和人口城镇化的推进，城市土地的需求不断增加，政府作为唯一的土地出让方，通过引导土地出让价格和出让类型影响城市的空间布局。但地方政府之间往往弥漫着竞争的气息，这种竞争主要表现为对资源、政策、政绩和制度的竞争，土地出让行为就扮演了竞争中的核心“角色”（李永乐、刘玉山，2015），也构筑了地方政府土地财政的基础。地方政府土地出让行为和市场配置机制难以同步，无论是出让价格还是出让类型都受到各地区经济利益的影响。国家对于地方政府的土地配置行为也进行了一系列约束，提出促进土地要素市场化配置的要求，降低政府主观导向。党的十九大以来，中共中央、国务院相继下发了《关于构建更加完善的要素市场化配置体制机制的意见》和《关于新时代加快完善社会主义市场经济体制的意见》，都着重强调市场机制的重要性；《中华人民共和国国民经济和社会发展第十四个五年规划和2035年远景目标纲要》中进一步提到要以供给侧结构性改革为主线，以要素配置优化为中心；自然资源部在2022年发布的《关于完善工业用地供应政策支持实体经济发展的通知》，也强调要完善地方政府的土地配置方式，优化土地供应程序，纠正土地资源错配。在土地出让方式的改革进程中，商服用地和住宅用地市场较早进行了改革，出让价格相对接近市场水平（荣晨，2021）。反观工业用地市场错配现象依然显著，地方政府仍会通过各种方式压低工业用地出让价格，市场化改革任重道远。

面对当前我国出现的土地城镇化快于人口城镇化、城镇空间分布和规模结构不合理等现状，“十四五”规划提出要优化国土空间发展格局，在党的二十大会议中又进一步强调要提高城市规划、建设、治理水平，《国家新型城镇化规划（2014—2020年）》也明确指出要提升要素的合理供应和配置水平，优化城镇空间格局和规模结构。地方政府垄断土地出让模式虽然会为城镇化和现代化发展提供强劲动力，但同时也会造成土地资源浪费、效率低下、粗放式利用，特别是工业园区的集约程度普遍较低。这种大规模的“圈地运动”会引导当地城市规划也呈现规模粗放扩张的形态，城市空间蔓延发展。因此，地方政府土地配置行为对城市蔓延是否有影响以及如何影响是当下亟须关注的问题，最终答案可能会影响中国城市空间未来的发展走向。

城市蔓延作为城市空间发展格局的新形态，体现了城市整体发展的不平衡、不充分，凸显出土地资源配置中存在的问题。党的二十大会议强调，要构建高水平社会主义市场经济体制，坚持和完善社会主义基本经济制度，充分发挥市场在资源配置中的决定性作用，在此背景下，发挥好政府的引导作用并深化要素市场改革，才能建设高标准土地市场体系。针对地方政府土地配置行为和城市蔓延的研究，一方面能深入剖析当前地方政府土地配置过程中存在的问题，明确工业用地和商住用地出让行为间的差异，有助于规范地方政府的土地配置行为，以引导市场良性发展；另一方面从两者间的关系出发，探寻地方政府土地配置行为对城市蔓延的影响，能为控制城市蔓延探寻出一条路径，以推动城市空间合理布局。本章聚焦于此，从土地出让价格偏离程度、各类型土地出让面积比重及土地市场化配置程度三个方面，探究地方政府土地配置行为对城市蔓延的影响，并寻找影响路径中的因素，力图为抑制城市蔓延找到明确的政策着力点。

4.2　文献综述与研究假设

4.2.1　文献综述

（1）土地配置行为的研究现状

学界对于土地配置行为的研究较为丰富，但国内外的研究方向存在较大差异。国外的土地市场较早实现了市场化配置，对于土地市场的研究更多聚焦于市场行为影响。基于区位理论和级差地租理论，有学者探讨了城市土地市场理论和市场均衡条件下，不同土地用途的竞标地租曲线（Alonso，1960），认为土地资源由市场进行配置，可以提高土地利用效率（Deininger，2004），市场存在失灵现象时，主张政府对土地配置进行适度干预（Li，2008）。

国内土地市场改革较晚且土地出让行为较大程度受政策影响。地方政府土地配置动力主要源于财政压力和官员晋升考评机制，认为财政分权与地方政府土地配置行为之间存在正向显著关系（卢洪友等，2011），地方政府有动力通过出让土地来弥补财政收入不足（周飞舟，2006），倾向于增加土地出让总量和调整结构来缓解压力（Li et al.，2015），出让土地是推动当地经济增长的最主要工具。地方政府会通过协议方式低价向国有企业出让土地来刺激经济发展（赵文哲等，2015），通过挂牌方式干预土地交易市场，但这种干预并没有带来地方经济的增长和土地利用效率的提升（王媛、杨广亮，2016）。政府往往高价出售住宅用地和商业用地以增加财政收入，同时通过协议方式出让工业用地压低土地价格以招商引资（邓慧慧、虞义华，2017）；倾向于采用提高挂牌出让价格的方式获取财政收入（王健等，2018），且相比住宅用地，地方政府更愿意通过挂牌方式出让商业用地（张凯等，2021）。

从土地配置的影响因素来看，协议方式出让工业用地会对地方的财政收入、税收等因素产生显著的正向影响且存在较强溢出效应（陶然等，2007），地方政府土地出让行为会受到其他地区政府行为的影响（陈浩、汪敏，2016），且在邻近地区间的相互影响更为显著（施建刚、徐奇升，2017）。邻近地区更倾向于相互效仿低价出让工业用地方式以招商引资，且低经济发展水平城市更愿效仿高经济水平城市的供地行为（付扬军、曲卫东，2023）。地方政府的土地配置行为能够扩大当地财政收入规模，助推经济高速发展，但这种出让方式在实际中造成了居民生活质量下降、城市产业布局失衡、土地资源错配等诸多负面影响。地方政府土地出让行为会促使价格错配，从而导致城市产业布局失衡，并降低市场机制对产业结构的调节作用，长期还会提升第三产业生产成本，不利于城市产业结构升级（杨文韬等，2018；肖叶、刘小兵，2021）。

（2）城市蔓延的研究现状

城市蔓延研究起源于西方国家，1938 年首次使用“城市蔓延”一词来描述城市边缘的农用土地转为城镇土地，Whyte（1958）认为城市蔓延是以“飞地式”开发城市郊区而产生的城市扩张现象；Anderson 等（1996）认为城市蔓延是当地外围地区分布的大量住宅用地和其他用地产生分离；Andres 等（2001）提出城市蔓延不限于住宅用地，实际上各种功能用地都在向边缘扩散，且空间布局的不合理会导致各功能区分割严重；Downs（1999）进一步提出城市蔓延不只是城市郊区的低密度扩张，还会开发大量无人区域空地；Dutton（2000）又从出行角度解释城市蔓延是主要道路无序低效地延至郊区，促进城市扩散；Ewing 等（2004）定义城市蔓延是土地的扩张速度远远超过人口增速；Mendonça 等（2020）认为城市化带来房价和通勤成本的下降，驱动居民向城市边缘搬迁，造成住宅的低密度发展，引致城市蔓延。

国内对城市蔓延的研究始于1994年，认为城市蔓延是城市建成区迅速扩张，伴随周边自然区域被侵蚀、交通拥堵、景观破碎化及土地低效利用（李强，2006；兰肖雄等，2012）；是非农建设用地以“摊大饼式”“飞地式”等方式向外急速扩张（蒋芳等，2007）；是城市空间增长超过城镇化速度的增长模式，表现出“非紧凑式开发”的空间形态特征（洪世键、张京祥，2013）；是城市扩张速度快于人口城市化速度，导致人口低密度延伸的空间扩张现象（秦蒙等，2016）。适度的城市扩张对经济发展具有一定的正向影响，但过度扩张就会造成蔓延，对经济发展具有显著负向影响（Zhang et al.，2022）。

对城市蔓延水平的界定方法普遍是先设置指标，通过对所设指标的计算、对比来衡量城市蔓延，主要分为单指标和多指标测度方法，还可以利用遥感数据和夜间灯光数据进行测度。单指标界定主要使用人口密度衡量城市蔓延强度（Fallah et al.，2011）；王家庭和张俊韬（2010）利用土地和人口的增长弹性衡量城市蔓延，即建成区面积增长率与市辖区人口增长率的比值；李效顺等（2012）选用城市建成区变化率指数衡量城市蔓延；Bereitschaft 和 Debbage（2013）通过市区街道中人口密度低于全国城市平均水平的人口数量占全市人口比重与该市区街道中高于全国平均人口密度的人口比重来构建蔓延指数。多指标界定方法是选用多项指标共同构建城市蔓延指数，其中对衡量指标的选取方法有多种，例如，Galster 等（2001）选取了密度、连续性、土地使用的混合度、集群度、整体集中度、相对于 CBD 的集中度、城市的多中心程度、邻近度八个维度构建蔓延指数；曾晨（2016）选取了结构、形态、密度、梯度、可达性、邻近和动态七个维度进行测度；陈欣远（2021）用人口、社会经济、交通和土地利用四项指标进行测度。整体看来，多指标测度方法可以反映城市蔓延的多方面特征，但目前为止对指标的选取没有形成统一意见。此外随着 GIS 和 RS

等空间探测技术的发展，伍亿真等（2021）用GIS复合灯光数据做代理变量衡量城市蔓延；程开明等（2021）结合LandScan人口统计数据及灯光亮度测算整个城市范围内的人口聚集情况，进而构建表征城市蔓延程度的指数。

针对驱动机制的分析，国内外学者从经济因素（陈晓红等，2016）、个人行为（Dawkins，2009）、政策与制度（Ehrlich et al.，2017）、交通发展（王家庭等，2018）、区划调整（陈妤凡、王开泳，2019）等多个方面对城市蔓延影响因素做过有益探索，但同时也发现我国城市蔓延问题具有自身的特殊性和复杂性。首先，经济是引发城市蔓延的主要驱动力。Carlos（2020）认为，城市工业与服务业的快速发展大幅改善了居民的生活，提升了居民的住房需求，收入增加成为推动人口郊区化的重要因素；孙虹玉和刘泽杰（2023）认为，我国社会经济的高速发展会进一步刺激城市对土地资源的需求，推动城市化水平和工业化进程，两者相辅相成，但不合理的城市化水平会导致城市蔓延的形成；Li等（2019）的研究表明，二、三产业为GDP增长带来贡献，但同时也带来对土地居高不下的需求，加剧城市蔓延。其次，个人行为也是城市蔓延的主要驱动因素之一。Torrens（2006）研究表明城市化进程带来家庭人口的动态重组，进一步加快了城市蔓延的进程；杨洋等（2016）认为人口数量和城市蔓延的强度有较强相关性。此外，交通技术水平的提升是驱动城市扩张的关键因素。梁喜和刘恩遥（2018）提出，随着居民对机动车依赖程度的加深，机动车使用数量大幅上升带来城市蔓延水平的提高；中国高铁的开通也降低了居民从郊区进入城市的成本，Shen等（2014）的研究表明，高铁的开通影响着整个城市的布局；邓涛涛和王丹丹（2018）研究指出高铁开通加剧城市蔓延并且呈现出阶段性特征。最后，也有学者围绕政策制度与区划调整对城市蔓延的影响进行了讨论。Couch和Karecha（2006）指出，政府空间规划也会引发城市蔓延，而我国自身的土地财政体制，通过分配土地资源与调整城乡户口体制，对城市蔓延的形成机制和外部表现造成影响；Bagheri和Tousi（2018）认为，良好的就业环境、可观的家庭收入与具有吸引力的住房政策引发的人口增长是城市蔓延的主要驱动力。

（3）土地配置行为和城市蔓延间关系的研究现状

对土地配置行为和城市空间布局的相关研究开始于1964年，Alonso根据土地供需原理提出地租竞租和城市土地利用的关系，此后围绕两者逐渐衍生出较多研究，但对我国的相关研究主要集中于探索土地配置和城市空间布局间的关系。Zhang（2000）提出我国政府的土地出让行为会影响城市空间的利用率；曲福田和吴郁玲（2007）、Ding和Xing（2014）认为我国土地市场发展的时间还较短，当地区土地市场发展足够成熟时，有利于提升土地利用效率，减少扩张；吴郁玲等（2009）、杨红梅等（2011）认为土地市场的发展意味着降低了政府对土地交易的干预程度，从而提高城市土地的集约度；郑思齐等（2014）对出让划拨、城市建设和土地价格三者之间的互动机制进行了分析，描述了一种以“土地融资城市—基础设施投资”间正反馈关系为核心的城市建设投融资模式；高燕语和钟太洋（2016）综合考虑了一级和二级土地市场，同样发现土地市场化配置程度的提高有利于减缓城市蔓延，但存在区域异质性，其中土地市场化配置对东中部城市蔓延的影响较为显著，对西部地区城市蔓延影响相对较小；贾点点（2018）研究发现，“土地财政”的历史作用体现为拉动经济增长，其过程通过改善城乡基础设施建设和空间扩张来实现；汪冲（2019）提出在分税制改革后，地方政府广泛使用工业用地吸引投资，推动经济增长，导致城市扩张；张耀宇等（2020）的研究表明，由于城市间的相互影响，某一城市自身的土地出让行为会影响周边城市土地的扩张；李宝礼等（2022）指出，由于区域之间存在经济发展不平衡引发的城市用地需求差异，土地供给偏向政策就不可避免地导致城市土地市场供求结构失衡；孙虹玉和刘泽杰（2023）研究发现，城市土地的利用性质以及开发强度的变化会直接影响城市的环境质量，从而推动城市原有产业布局空间再造，导致城市蔓延。

（4）文献研究述评

国内外学者围绕城市蔓延和政府土地配置行为开展过大量研究，不断丰富研究内容和研究方法。在城市蔓延方面，学界研究大致经历了从最初的定性研究到定量研究，再到专注于揭示其影响效应和驱动机制，最后到较多评价和反思相关管控方法及政策制定是否科学合理等阶段。地方政府的土地配置行为也是近年来社会关注的焦点之一，针对当前土地出让制度存在的问题，学者们主要从土地出让根源和出让方式选择两个角度进行扩展，探讨制度的进一步优化及对市场化配置改革的推进方案。

城市蔓延和政府土地出让行为的相关研究较多，但已有研究多数是将两者分开讨论，或是结合起来讨论某种土地配置行为对城市空间扩张的关系，鲜有文献将地方政府的土地出让行为通过土地配置价格偏差、土地供应类型和土地市场化配置程度进行表征，多角度探讨对城市蔓延的影响。也有研究对土地配置行为和城市空间的扩张进行探讨，但城市扩张是城市发展的必然趋势，未必都是无序扩张，相比之下对城市蔓延的研究具有较大现实意义。从研究方法上看，对城市蔓延和土地配置行为间关系的相关探索基本只基于对统计数据进行定量分析，研究角度较单一，对于两者空间形态演变和空间关联互动的研究也较少，难以刻画空间影响效果的全貌。

因此，还需从以下几个方面强化政府土地配置行为对城市蔓延的研究：首先，应正视地方政府土地配置行为对城市空间布局的重要性，系统揭示土地配置行为对城市蔓延的影响方式；其次，可以利用时空分析方法，从空间关联互动的视角对城市蔓延和土地配置行为进行深入探究，以加深对变量的了解，为后续研究提供新思路；最后，在空间分析的基础上，应该进一步研究区域异质性对两者间关系的影响，丰富结果的角度。研究地方政府土地配置行为对城市蔓延的影响，不仅可以对已有研究进行补充，也能更全面深刻认识地方政府土地配置行为对城市蔓延的作用机理和影响程度，对促进城市空间的合理规划具有重要意义。

4.2.2 研究假设

（1）地方政府土地配置行为对城市蔓延的影响

我国在1994年实行的分税制改革和2002年实行的“财政分权”是一

种自上而下的“标尺竞争”，既完善了官员晋升机制，激励政府官员将目光置于眼前，力争提高短期经济水平（范子英，2015），也为地方政府通过经营土地谋取税收奠定了基础。政府作为土地一级市场的垄断供应者，具有土地出让决策权，倾向于以最低成交价格出让大量工业用地来招商引资，以高价出让少量商住用地来抬高商住用地实际成交价格（刘守英等，2020），能够增加商住用地成交额来获取土地出让金，可通过招商引资方式为当地经济增长谋求机会（邓慧慧、虞义华，2017）。

在这种背景下，国家不断对土地市场进行规范和改革，以推进土地市场的合理化配置，2006年发布的《国务院关于加强土地调控有关问题的通知》中就规定了土地出让必须采用“招拍挂”方式，推行以市场方式定价。但在城市土地要素市场化配置的推进过程中，商服用地和住宅用地较早地实行了市场化改革，其出让价格相对更接近市场实际价格（安勇、赵丽霞，2021），而工业用地配置的市场化道路还任重道远。一方面，在“招拍挂”机制下，最终的土地成交价格虽然取决于市场最终报价，但政府能决定土地出让的起始价格和供应数量（吴淑萍等，2022），因此地方政府还能通过控制出让底价和增减供应面积来影响最终成交价格和成交数量。当抬高商住用地出让底价时，就会引导商住用地实际成交面积低于市场需求量，推高商住用地的成交价格；而按照最低价标准出让工业用地时，会使工业用地成交价格低于市场实际价格，且实际成交面积高于市场需求量，导致“高投入、低配置、低效率”的特征格外突出。另一方面，工业用地依然存在大量协议出让的空间（钟肖英、谢如鹤，2021），价格决定权握在地方政府手中（严兵、贾辉辉，2022），导致工业用地的出让价格大幅偏离市场实际水平，与商住用地出让价格更是拉开了距离。

这种“以地谋发展”的策略不仅会造成土地价格扭曲及供需失衡，还会扩大城市寻租空间。但当前这种城市扩张在大多城市无法实现人口及非农产业的同步集聚，表现出城市蔓延的态势。究其原因，由于低价的工业用地降低了工业市场的准入门槛，既促进了集聚度较低的第二产业蓬勃发展，也吸引了大量低效率企业纷纷入驻，辅以工业建筑本身表现为低层大面积形态，如此就降低了土地利用效率，推动城市以“摊大饼”式的格局蔓延发展（安勇、赵丽霞，2021）。本章据此以城市工业用地和商住用地的出让价格偏离度刻画地方政府土地配置行为（胡思佳、徐翔，2021），提出以下假说。

假说1：地方政府土地配置行为促进了城市蔓延，其中工业用地和商住用地出让价格的偏离度越高，促进作用越强。

（2）地方政府土地配置行为对城市蔓延的影响路径

地方政府土地配置行为在官员晋升机制的激励下表现为“低价出让大量工业用地以招商引资”，这种配置偏好也会对外商投资水平产生影响，即地方政府持续压低工业用地出让价格能降低工业外资企业的经营成本（岳金桂、陆晓晨，2018），吸引了谋求利润的外资企业进驻本地。大量外资企业入驻，首先，促进了人才、资本等生产要素的聚集及配套基础设施的建设，开发区迅速成为城市中心以外新的集聚区（金晶，2019），加速城市空间由中心向外围扩张（刘修岩、艾刚，2016）；其次，入驻城区中心的外资企业助推了周边地段的房价，对中小企业和居民的房屋需求形成挤出效应，促进郊区房地产市场的持续开发；最后，外资企业入驻带来的技术转移和技术溢出效应能拉高当地居民收入水平（朱彤等，2012），影响城市居民对住宅的空间要求（Carlos et al.，2020）。这一系列影响改变了城市空间布局，如不加以规划就会导致城市呈蔓延式发展。

地方政府的土地配置行为还可能会影响居民工资，从短期看，这种土地配置方式能通过吸引投资、税费收取、官员升迁激励等带动当地经济增长和劳动生产率提高（李雪等，2020），从而助推劳动力报酬同步增加（胡莹、郑礼肖，2019），即提高整体工资水平；从长期看，政府通过控制土地供给面积、扭曲土地出让价格、选取不同的土地配置方式等一系列行为，助推了房价上涨（龙帼琼等，2022），使得一部分劳动力因上升的生活成本而撤离城市，减少劳动力市场的供给，导致工资水平上升（赵海益，2017）。劳动工资与居民居住偏好相关，一方面，工资增加满足了个人对私人交通工具的需求，也提高了对居住环境及空间的要求（谢旻琪等，2021），从而产生了对面积大、密度低的郊区住房的偏好（Carlos et al.，2020），造成居民分散化居住；另一方面，这种需求也驱使开发商无序开发郊区土地，降低了郊区土地利用率，同样促进了城市蔓延。综上所述，本章提出以下假说。

假说 2a：地方政府土地配置行为通过吸引外商投资促进城市蔓延。

假说 2b：地方政府土地配置行为通过推动工资上涨促进城市蔓延。

（3）城市特征与城市蔓延

地方政府配置土地会使城市建成区面积扩张（李永乐、吴群，2013），但城市扩张不等同于城市蔓延。在人口密度和土地利用效率固定的前提下，城市建成区面积的扩大与城市人口增长比例相当，不会提高蔓延强度；只有人口增长速度慢于城市空间扩张速度，才会导致城市蔓延。从城市人口流动来看，一方面，人口流入型城市拥有更充足的税收来源，弱化了地方政府为获取财政收入而扭曲土地价格的动机；另一方面，地方政府的土地配置行为驱使城市扩张后，人口流入型城市对劳动力拥有足够的吸引力，不易引起城市蔓延。

从城市区位来看，内陆地区和沿海城市存在较大差异。一方面，我国沿海地区具有临海的区位优势，对外经济贸易便捷，城市发展水平整体优于非沿海城市（刘瑞翔等，2020），已经形成了产业融合、城乡合理发展、跨越行政区域的巨大沿海城市经济带，能不断吸引各类资源流入当地（贺雪峰，2022），因此在城市扩张后，对劳动力的吸引力优于非沿海城市，不易造成蔓延。另一方面，沿海地区的地理位置使得城市扩张边缘更加受限，导致经济发展较为落后的非沿海地区往往土地资源供给过剩，而经济发达的沿海地区却供不应求（陆铭，2011），由此认为沿海地区在城市扩张后，对当地城市空间的发展有更高效的规划，使得城市蔓延受地方政府土地出让行为的影响较小。

综上所述，本章提出以下假说。

假说 3a：城市蔓延与城市人口流动有关，地方政府土地配置行为对人口流入型城市的蔓延强度影响更小。

假说3b：城市蔓延与城市区位有关，地方政府土地配置行为对沿海城市的蔓延强度影响更小。

4.3 研究设计

4.3.1 重心分布及加权标准差椭圆

分布重心（$\overline{X_w}$，$\overline{Y_w}$）也称空间均值，是所研究变量平均数在二维空间上的延伸，表示其在一定时间内，各个方向上都保持均衡的一点，空间分布重心的相对坐标如式（4-1）所示，其中（x_i，y_i）是城市 i 的地理坐标，w_i 是所研究因素在城市 i 中的权重。

$$\overline{X_w} = \frac{\sum_{i=1}^{n} w_i x_i}{\sum_{i=1}^{n} w_i}, \overline{Y_w} = \frac{\sum_{i=1}^{n} w_i y_i}{\sum_{i=1}^{n} w_i} \tag{4-1}$$

椭圆面积表示城市蔓延或地方政府土地配置行为所占比重的主要分布区域，本章设定的分布比重为68%（一个标准差范围）。σ_x 和 σ_y 分别表示沿着 x 轴和 y 轴的标准差，表征所研究变量在其主要方向上的离散程度，如式（4-2）所示，其中 θ 表示椭圆的方向，具体是以正北方向为0度，顺时针旋转的度数为 θ 值。

$$\sigma_x = \sqrt{\frac{\sum_{i=1}^{n}(w_i \overline{x_i}\cos\theta - w_i \overline{y_i}\sin\theta)^2}{\sum_{i=1}^{n} w_i^2}},$$

$$\sigma_y = \sqrt{\frac{\sum_{i=1}^{n}(w_i \overline{x_i}\sin\theta - w_i \overline{y_i}\cos\theta)^2}{\sum_{i=1}^{n} w_i^2}} \tag{4-2}$$

加权标准差椭圆重心转移距离的测度如式（4-3）所示，其中 d 为所研究变量的重心在不同年份间的移动直线距离；m、n 分别为不同的时间截面；c 是将地理经纬度坐标转化为平面距离的系数，赋值111.111；（$\overline{X_m}$，$\overline{Y_m}$）和（$\overline{X_n}$，$\overline{Y_n}$）分别为加权标准差椭圆在两个观测期的重心点坐标。

$$d = c \times \sqrt{(\overline{X_m} - \overline{X_n})^2 + (\overline{Y_m} - \overline{Y_n})^2} \tag{4-3}$$

4.3.2 计量模型建立

（1）基准回归模型

基于本章的研究假说，将地方政府土地配置行为与城市蔓延纳入计量模型，构建静态面板回归模型如下：

$$urban_{i,t} = \theta_0 + \theta_1 price_{i,t} + \rho X_{i,t} + \mu_i + \nu_t + \varepsilon_{i,t} \tag{4-4}$$

式（4－4）中，i 表示样本城市，t 代表年份，$urban$ 为被解释变量城市蔓延，$price$ 表示地方政府土地配置行为，X 表示一系列控制变量，$\varepsilon_{i,t}$是随机误差项，μ_i表示城市个体固定效应，ν_t表示年份固定效应，θ_0为常数项，θ_1、ρ 为各变量的回归系数值。

考虑城市蔓延所涉及的工程建设项目具备过程性，当前城市蔓延强度很可能依赖以往的蔓延强度，故构建动态面板回归模型研究地方政府土地配置行为对城市蔓延的影响。在选择滞后期数时，参照住房和城乡建设部发布的《全国建筑设计周期定额（2016 年版）》，大中型工程在完成审批流程后，仅设计周期大多需半年以上，最终竣工周期平均在一年以上，故将滞后两期的城市蔓延变量纳入回归模型中，分别记为 $urban_{i,t-1}$ 和 $urban_{i,t-2}$，构建模型如下：

$$urban_{i,t} = \alpha_0 + \alpha_1 urban_{i,t-1} + \alpha_2 urban_{i,t-2} + \alpha_3 price_{i,t} + \xi X_{i,t} + \mu_i + \nu_t + \varepsilon_{i,t} \tag{4-5}$$

式（4－5）中，α_0为常数项，α_1、α_2、α_3、ξ 为各变量的回归系数，其余变量符号表达含义同式（4－4）。

（2）中介机制模型

为识别地方政府土地配置行为影响城市蔓延的作用路径，构建中介机制检验模型如下：

$$M_{i,t} = \gamma_0 + \gamma_1 M_{i,t-1} + \gamma_2 M_{i,t-2} + \gamma_3 price_{i,t} + \varphi X_{i,t} + \mu_i + \nu_t + \varepsilon_{i,t} \tag{4-6}$$

式（4－6）中，M 为中介变量，即居民工资水平和外商直接投资水平；γ_0 为常数项；γ_1 、γ_2 、γ_3 、φ 为各变量的回归系数；其余变量符号表达含义同式（4-4）。

4.3.3 变量选取

（1）被解释变量

城市蔓延（*urban*）的衡量方式可以分为单指标、多指标和空间探测，其中多指标测度法虽然可以较好体现城市蔓延的多样性特征，但对于其是否适用于计量分析，以及能否挖掘城市蔓延的本质存在争议（洪世键、张京祥，2013；王星等，2020）；灯光数据一方面存在时滞性，且受到气候干扰和图像分辨率的影响，另一方面对亮度阈值的选取和修正存在人为因素干扰（孙三百、万广华，2017），很多被剔除的低亮度区正是城市蔓延的初期表现，用其表征城市蔓延存在较多缺陷，因此本章选取单指标法进行测度。以往使用单指标测度城市蔓延的研究中，大多围绕人口和建成区面积间的关系进行计算，本章对使用较多且具备典型性的几种单指标计算方法分别进行整理统计，如表4-1所示。

表4-1 城市蔓延单指标衡量方法

方法	符号	蔓延指数公式	数值说明
方法1	*urban*	$(A_t/A_0)/(P_t/P_0)$	>1 表征城市蔓延型发展；=1 表征城市未蔓延；<1 表征城市集聚型发展
方法2	*spr*1	$1-(\Delta P_0/P_0)/(\Delta A_0/A_0)$	>0 表征城市蔓延型发展；=0 表征城市未蔓延；<0 表征城市集聚型发展
方法3	*spr*2	$(\Delta A_0/A_0)/(\Delta P_0/P_0)$	>1 表征城市蔓延型发展；=1 表征城市未蔓延；<1 表征城市集聚型发展
方法4	*spr*3	$A_t/A_0-P_t/P_0$	>0 表征城市蔓延型发展；=0 表征城市未蔓延；<0 表征城市集聚型发展
方法5	*spr*4	$\ln(urban\times 100\Delta A_t/\Delta A_{max})$	>0 表征城市蔓延型发展；=0 表征城市未蔓延；<0 表征城市集聚型发展
方法6	*popdy*	市辖区人口/市区面积	人口密度越小表征城市蔓延强度越高

注：A 为建成区面积，P 为市辖区人口，下标 t 和 0 分别表示现期和基期，ΔA 和 ΔP 分别表示相比基期的建成区面积增量和人口增量，ΔA_{max} 表示当期全部城市建成区面积增量的最大值；方法5是对方法1进行修正，式中 *urban* 为方法1计算的数值。

综合数据意义、稳定性和使用广泛度，选用建成区面积增长率与市辖区常住人口增长率之比的 *urban* 衡量城市蔓延，表征城市在空间上低密度的无序扩张。在稳健型检验部分使用上述计算的 *spr*1、*spr*2、*spr*3、*spr*4 四个指标分别进行回归；同时用人口密度（*popdy*）衡量城市蔓延，其中人口密度越高表征蔓延强度越低。

以往文献对于城市蔓延的界定大多以数值 1 为界，值越大表明蔓延强度越高；蔓延指数等于 1 表示未发生城市蔓延；蔓延指数小于 1 表示城市发展较为紧凑集聚。但这样直接分类存在不足，因为有少量城市因内部规划或统计口径变动造成建成区面积缩减，此时若同时伴随人口减少就会出现值为正的情况，实际上该类城市并未发生蔓延。针对此类情况本章进行了数据修正，具体划分类型及标准如表 4－2 所示，其中对于建成区面积减速大于人口减速的收缩型城市取值为 1。

表 4－2　城市空间发展类型及蔓延判定标准

	特征	是否判定为蔓延	城市发展类型
urban < 1	建成区面积增速小于人口增速	否	集聚型城市
	建成区面积缩小，人口增加	否	集聚型城市
urban = 1	建成区面积变动速度等于人口变动速度	否	尚未蔓延
urban > 1	建成区面积减速大于人口减速	否	收缩型城市
	建成区面积增加，人口减少	是	蔓延型城市
	建成区面积增速大于人口增速	是	蔓延型城市

（2）解释变量

当前地方政府土地配置行为大多集中于对工业用地出让市场进行干预，即低价出让工业用地以招商引资，但是不同城市的土地供求存在异质性，仅使用工业用地出让的绝对价格无法准确衡量地方政府土地配置行为。考虑同一城市对商住用地和工业用地的供求价格存在较强的正相关性（胡思佳、徐翔，2021），引入城市商住用地出让价格和工业用地出让价格的比值来衡量地方政府土地配置行为。在此基础上进一步考虑工业用地和商住用地的建筑规划不同，容积率存在差异，因此使用不同类型土地的楼面价表征土地出让价格，以消除容积率对土地出让价格的影响。具体计算方法是将商服用地和住宅用地的出让楼面价加权相加，再和工业用地出让楼面价相除，公式如下：

$$price_{i,t} = \ln\left(\frac{\theta_{1i,t} \times comprice_{i,t} + \theta_{2i,t} \times resprice_{i,t}}{indprice_{i,t}}\right) \tag{4-7}$$

$$\theta_{1i,t} = \frac{comarea_{i,t}}{comarea_{i,t} + resarea_{i,t}} \tag{4-8}$$

$$\theta_{2i,t} = \frac{resarea_{i,t}}{comarea_{i,t} + resarea_{i,t}} \tag{4-9}$$

式（4－7）中，*price* 表征地方政府土地配置行为，采用商住用地与工业用地出让价格的偏离度衡量，值越大即商住用地与工业用地出让价格的偏离程度越大，表征地方政府对土地配置的干预行为越严重；*indprice* 表示工业用地出让楼面价；*comprice* 表示商服用地出让楼面价；*resprice* 表示住宅用地出让楼面价；θ_1和 θ_2是通过出让面积给 *comprice* 和 *resprice* 赋予的权重，其中式（4－8）和式（4－9）中的 *comarea* 和 *resarea* 分别表示商服用地出让面积和住宅用地出让面积。为增强数据的平稳性，将商住用地比工业用地出让价格偏离度取对数处理。

（3）中介变量

①居民工资水平（*wage*）：使用职工平均工资取对数衡量。

②外商投资水平（*fdi*）：使用市辖区实际利用外商直接投资占 GDP 的比重衡量。

（4）控制变量

根据已有研究选取以下控制变量。

①经济发展水平（*pgdp*）：使用人均生产总值衡量。

②产业结构（*struc*）：使用第三产业与第二产业增加值之比衡量。

③财政压力（*gap*）：使用政府财政预算内收入和财政预算内支出之差衡量。

④经济密度（*ecody*）：使用 GDP 和建成区面积之比衡量。

⑤固定资产投资（*pfai*）：使用人均固定资产投资衡量。

变量描述性统计如表 4－3 所示。

表 4－3　变量描述性统计

变量	符号	单位	平均值	标准差	最小值	最大值	观测数
城市蔓延	*urban*		1. 198	0. 281	0. 463	3. 547	2520
地方政府土地配置行为	*price*		1. 452	0. 799	－1. 594	4. 864	2520
居民工资水平	*wage*	元/人	10. 919	0. 305	8. 475	12. 062	2520
外商投资水平	*fdi*	%	2. 285	4. 913	0. 000	92. 860	2520
经济发展水平	*pgdp*	元/人	10. 931	0. 561	8. 330	12. 690	2520
产业结构	*struc*	%	－0. 120	0. 463	－1. 743	1. 675	2520
财政压力	*gap*	百亿元	0. 630	1. 282	－6. 859	16. 816	2520
经济密度	*ecody*	亿元/平方千米	2. 819	0. 505	0. 333	4. 235	2520
固定资产投资	*pfai*	万元/人	2. 303	0. 762	－1. 302	4. 828	2520

4. 3. 4　数据来源

在全国层面选取 2011—2019 年我国 280 个地级及以上城市（不包括拉萨市、海东市、三亚市、哈密市等缺失数据较多的地级市）作为研究对象，其中城市蔓延的计算以 2010 年为基期。本章研究所用的土地出让数据（包括各类土地出让面积、出让楼面价）根据中国土地市场网和 Wind 数据库整理所得，工业用地包含工业用地和仓储用地，最低工业用地出让价源于《全国工业用地出让最低价标准》，并使用各省份居民消费价格指数对工业用地基准期的最低出让价格进行累积调整。其余数据来源于历年《中国统计年鉴》《中国城市统计年鉴》和《中国城市建设统计年鉴》，部分缺失值采用前后两年均值或线性插值法进行补充。

4. 4　城市土地配置行为与城市蔓延的时空分析

4. 4. 1　地方政府土地配置行为的时空分析

（1）地方政府土地配置行为的分布特征

将研究期按时间推移划分为总时间段 *T*（2011—2019 年）和三个局部阶段 *T*1（2011—2013 年）、*T*2（2014—2016 年）、*T*3（2017—2019 年），

对各阶段样本城市的地方政府土地配置行为（*price*）求均值后用作时空分布分析。考虑多数城市的商住用地出让价格高于工业用地，故首先，将 *price* 小于 0 的城市定义为负偏离城市；其次，以总时间段 *T* 的值为基准，将 *price* 大于 0 的数据做四分位数取临界值，划分为低偏离、中低偏离、中高偏离和高偏离四种类型；最后，将临界值分别赋予每个时间段筛选城市数，求得城市数占比。地方政府土地配置行为的具体划分如表 4 – 4 所示。

表 4 – 4　地方政府土地配置行为划分

地方政府土地配置行为	划定范围	划定方法	各时间段城市数占比（%）			
			T	*T*1	*T*2	*T*3
负偏离	*price*≤0. 000	定义划分	1. 071	1. 786	1. 429	0. 714
低偏离	0. 000 < *price*≤1. 020	四分位数	24. 732	38. 214	33. 214	13. 571
中低偏离	1. 020 < *price*≤1. 359	四分位数	24. 732	21. 071	20. 714	15. 000
中高偏离	1. 359 < *price*≤1. 927	四分位数	24. 732	25. 714	27. 857	28. 571
高偏离	1. 927 < *price*	四分位数	24. 732	13. 214	16. 786	42. 143

注：城市数占比是符合条件的城市数与总样本城市数 280 的比值，其中每列数值相加应为 100，但受到四舍五入的影响存在较小偏差。

从时空推移来看，地方政府土地配置行为负偏离城市数的占比为 0. 714% ~1. 786%，且随时间推移呈递减趋势。在 *T*1、*T*2 阶段，最大比重城市的土地配置行为处于低偏离程度，而处于高偏离程度的城市比重最小，分别仅为 13. 214% 和 16. 786%，说明此阶段地方政府土地配置行为偏离程度整体较小，但表现出上升趋势。到 *T*3 阶段，仅有 13. 571% 和 15. 000% 城市的土地配置行为是低偏离和中低偏离程度，42% 以上城市的土地配置行为跨入高偏离程度，说明随着时间推移，地方政府土地配置行为偏离度明显增大。从整体分布格局来看，在 *T*1 阶段呈现东部地区出让价格的偏离程度高于其他地区，到 *T*2 阶段表现为中高偏离和高偏离城市向内部扩散，在 *T*3 阶段整体呈现南方地区偏离度高于北方地区的格局。

（2）地方政府土地配置行为的重心转移和标准差椭圆分析

依据地方政府土地配置行为绘制加权标准差椭圆和重心转移轨迹，分别选取 2011 年、2014 年、2016 年和 2019 年为代表年份，表 4 – 5 是地方政府土地配置行为的重心移动参数。从转移过程来看，重心点2011—2014年向东部和南部分别移动了44.568千米和9.017千米；2014—2016年小幅向西南方向移动；2016—2019年又向西北方向转移。从转移结果来看，重心点在2011年位于随州市，到2019年转移至信阳市，整体向东南方向转移，说明随着时间推移，东南方向城市的土地配置行为偏离程度相对更高。

表4-5　地方政府土地配置行为的重心移动方向和距离

年份	重心坐标		移动距离/千米	东西距离/千米	南北距离/千米	移动速度/千米/年
2011	113.703 E	31.982 N	—	—	—	—
2014	114.175 E	31.901 N	45.490	44.568	9.017	15.163
2016	114.123 E	31.868 N	6.136	4.916	3.674	3.068
2019	114.053 E	31.948 N	11.094	8.906	6.618	3.698

注："—"表示重心未发生移动。

地方政府土地配置行为的加权标准差椭圆参数如表4-6所示。首先，从椭圆方向来看，标准差椭圆的转角是椭圆正北方向和顺时针方向长半轴之间的夹角，能够反映地方政府土地配置行为在空间分布上的主要趋势方向。地方政府土地配置行为的椭圆分布方向大体呈现"南—北"的空间格局。从动态趋势来看，椭圆转角在时间推移下呈"增大—减小—增大"趋势。从转角变动量来看，2019年相比2011年，转角度数增加了2.775度，表明相对于正北偏东方向的城市，位于南部偏西方向城市的地方政府土地配置行为偏离度有小幅扩大趋势。其次，标准差椭圆的平均形状指数越小，椭圆形状就越呈扁状，表示地方政府土地配置行为偏离度的方向性越明显。表4-6显示椭圆的平均形状指数整体较大，方向性不明显，但随时间推移有减小趋势。最后，标准差的椭圆面积比体现了整体展布范围的变动，面积比大于1表示椭圆面积扩张，反之椭圆面积收缩。地方政府土地配置行为的椭圆面积比整体呈扩大态势，从变动量来看，椭圆面积比在2019年为1.029，展布范围有所扩大，说明地方政府土地配置行为的差异呈缩小态势。

表 4-6　地方政府土地配置行为的加权标准差椭圆参数

年份	转角/度	长半轴/千米	短半轴/千米	平均形状指数	椭圆面积比
2011	13.825	941.394	777.273	0.826	1.000
2014	16.404	992.771	738.728	0.744	1.002
2016	10.037	962.058	776.296	0.807	1.021
2019	16.600	999.292	753.707	0.754	1.029

注：椭圆平均形状指数是短半轴比长半轴的值；椭圆面积比是当期与基期的椭圆面积之比，此处以 2011 年为基期。

4.4.2　城市蔓延的时空分析

（1）城市蔓延的分布特征

按照地方政府土地配置行为的时空分析方法的要求，同样将研究期按时间推移划分为总时间段 *T*（2011—2019 年）和三个局部阶段 *T*1（2011—2013 年）、*T*2（2014—2016 年）、*T*3（2017—2019 年），对各阶段的样本城市蔓延指数（*urban*）求以均值后做时空分布分析。先按照定义将蔓延指数不超过 1 的城市定义为尚未蔓延城市，再以总时间段 *T* 的值，即整体城市均值为基准，将蔓延指数大于 1 的城市数据做四分位数取临界值，将城市蔓延强度划分为低度蔓延、中低度蔓延、中高度蔓延和高度蔓延四种类型，最后将临界值分别赋予每个时间段筛选城市数，求得城市数占比，具体城市蔓延状况的划分如表 4-7 所示。

表 4-7　城市蔓延状况划分

蔓延等级	划定范围	划定方法	各时间段城市数占比/%			
			T	*T*1	*T*2	*T*3
尚未蔓延	0.000 < *urban* ≤ 1.000	定义划分	13.929	16.071	16.071	17.857
低度蔓延	1.000 < *urban* ≤ 1.088	四分位数	21.518	40.000	15.357	13.214
中低度蔓延	1.088 < *urban* ≤ 1.192	四分位数	21.518	26.071	22.857	16.071
中高度蔓延	1.192 < *urban* ≤ 1.345	四分位数	21.518	12.500	20.357	15.714
高度蔓延	1.345 < *urban*	四分位数	21.518	5.357	25.357	37.143

注：城市数占比是符合条件的城市数与总样本城市数 280 的比值，其中每列数值相加应为 100，但受到四舍五入的影响存在较小偏差。

从分布的时空推移来看，尚未蔓延城市数的占比为14%～18%，变动较小，主要变动集中于城市蔓延强度的变化。在*T*1阶段分别有40.000%和26.071%的城市处于低度蔓延和中低度蔓延，高度蔓延城市仅占5.357%，说明我国的城市蔓延虽然多发且较为严峻，但仍处于可控阶段；*T*2阶段，大多城市的蔓延向更高强度转移，其中有25%以上的城市呈高度蔓延，仅有15.357%的城市处于低度蔓延；到*T*3阶段，蔓延问题愈加凸显，高度蔓延城市的占比上升至37%以上，其余三个强度相比*T*2阶段均有所下降，说明更多的城市迈入高度蔓延状态。从分布格局来看，整体分布位置较为分散，其中中部地区城市的蔓延强度整体较高，东北地区城市的蔓延强度较低。

（2）城市蔓延的重心转移和标准差椭圆分析

依据全国城市蔓延强度绘制加权标准差椭圆和重心转移轨迹，分别选取2011年、2014年、2016年和2019年为代表年份，表4-8是城市蔓延重心移动的具体参数。移动轨迹显示，城市蔓延重心点位于驻马店市，整体随时间推移向西南方向转移，其移动距离和速度呈先大幅递减后小幅递增态势，说明我国位于西南方向的城市相较位于东北方向的城市蔓延强度更高，且差距有扩大趋势。

表4-8　城市蔓延的重心移动方向和距离

年份	重心坐标		移动距离/千米	东西距离/千米	南北距离/千米	移动速度/千米/年
2011	114.014 E	33.181 N	—	—	—	—
2014	113.787 E	33.123 N	22.112	21.136	6.473	7.371
2016	113.711 E	33.148 N	7.581	2.745	7.068	3.791
2019	113.703 E	33.045 N	11.451	0.734	11.427	3.817

注：重心未发生移动用“—”表示。

城市蔓延的加权标准差椭圆参数如表4-9所示。从标准差椭圆空间分布来看，我国城市蔓延的地形分布呈现“东北—西南”的空间格局。从动态趋势来看，椭圆转角在时间推移下呈“增大—减小”趋势。从转角变动量来看，2011年转角为24.410度，到2019年转角上升为25.862

度，表明相较于正北偏东方向的城市，位于南部偏西方向的城市蔓延强度有增强趋势。从标准差椭圆形状来看，城市蔓延椭圆的平均形状指数不断增大，说明整体方向性有降低趋势。从标准差椭圆面积比来看，2019年椭圆面积比为0.991，展布范围略有缩小，说明全国城市蔓延的差异呈扩大态势。

表4－9　城市蔓延的加权标准差椭圆参数

年份	转角/度	长半轴/千米	短半轴/千米	平均形状指数	椭圆面积比
2011	24.410	1146.016	732.429	0.639	1.000
2014	25.343	1136.078	738.847	0.650	1.001
2016	26.245	1128.456	743.246	0.659	0.999
2019	25.862	1116.429	744.489	0.667	0.991

注：椭圆平均形状指数是短半轴比长半轴的值；椭圆面积比是当期与基期的椭圆面积之比，此处以2011年为基期。

4.5　城市土地配置行为对城市蔓延影响的实证结果

4.5.1　基准回归结果分析

（1）静态面板模型估计结果分析

以式（4－4）为基础，对面板数据进行静态回归，估计结果如表4－10所示。第（1）列和第（2）列先使用混合OLS模型进行估计，其中第（1）列未加入控制变量，第（2）列引入了一系列控制变量。结果显示，地方政府土地配置行为对城市蔓延的系数均在1%的水平上显著为正，表明其明显促进了城市蔓延。再使用固定效应模型进行估计，以消除城市间不随时间而变的个体特征差异。此处进行Hausman检验，得到卡方值为130.086，对应P值在1%的水平上拒绝随机效应模型，证明使用固定效应模型更为稳健，回归结果见第（3）列和第（4）列，其中第（3）列未加入控制变量，第（4）列引入了控制变量，回归结果同样显示地方政府土地配置行为促进了城市蔓延。

表 4-10　基准模型估计结果

变量	混合回归		固定效应回归		系统 GMM 回归	
	(1)	(2)	(3)	(4)	(5)	(6)
L. urban					0.955***	0.943***
					(-0.030)	(-0.033)
L2. urban					0.067**	0.066*
					(-0.032)	(-0.036)
price	0.034***	0.047***	0.084***	0.016*	0.009**	0.012**
	(-0.006)	(-0.007)	(-0.012)	(-0.009)	(-0.004)	(-0.005)
pgdp		-0.114***		0.396***		-0.072***
		(-0.019)		(-0.061)		(-0.027)
struc		0.039***		0.104***		-0.022**
		(-0.011)		(-0.021)		(-0.010)
gap		-0.017***		0.000		0.004*
		(-0.003)		(-0.005)		(-0.003)
ecody		0.028***		-0.620***		-0.021**
		(-0.011)		(-0.097)		(-0.010)
pfai		0.052***		0.114***		0.028**
		(-0.013)		(-0.027)		(-0.014)
常数项	1.148***	2.246***	1.0763***	-1.519***	-0.010	0.812***
	(-0.010)	(-0.200)	(-0.018)	(-0.498)	(-0.016)	(-0.278)
城市个数	280	280	280	280	280	280
AR (2)	—	—	—	—	0.781	0.624
Hansen test	—	—	—	—	0.190	0.104

注：*L. urban* 表示城市蔓延滞后一期；*L2. urban* 表示城市蔓延滞后两期。*、** 和 *** 分别表示在 10%、5% 和 1% 的水平上显著。括号内数值为稳健标准误。本章下同。

(2) 动态面板模型估计结果分析

为更有效解决模型内生性问题，保证结果稳健，进一步考虑工程项目的建设具有过程性，故城市蔓延本身可能存在时滞效应。加入城市蔓延的两期滞后项将静态面板模型拓展为动态面板模型，此时使用混合回归模型或固定效应回归模型会影响结果准确性，故构建以式（4-5）为基础的动态面板模型，采用系统广义矩估计（系统 GMM）方法进行回归，以消除滞后项带来的内生性影响，具体估计结果见表 4－10 中的第（5）列和第（6）列，其中第（5）列为不加控制变量的系统 GMM 回归结果，第（6）列为加入了控制变量的回归结果。

先对模型进行检验，表 4－10 中报告模型 *AR*（2）大于 0.1，说明所设模型不存在序列自相关；*Hansen test* 大于 0.1，表明工具变量选择有效，不存在弱工具变量，检验结果说明模型设定合理，后续研究均以系统 GMM 作为最终回归方法。从城市蔓延的滞后项来看，滞后一期的系数达到 0.9 以上，但滞后两期的系数在 0.1 以下，说明城市蔓延确实存在黏性，前两期的城市蔓延水平会正向影响到当期的城市蔓延，其中滞后一期的影响较大，滞后两期的影响效力显著减弱。地方政府土地配置行为对城市蔓延的回归系数为正，表示地方政府土地配置行为促进了城市蔓延，验证了本章的假说 1。回归结果说明地方政府在“竞争”和“税收”的双重激励下采取的“低价出让大量工业用地，高价出让商住用地”的土地配置策略会导致土地价格扭曲及供需失衡，在土地扩张的同时无法保证城市空间及产业结构的合理规划，推动城市形成蔓延发展格局。

从控制变量的回归结果来看，产业结构对城市蔓延的回归系数为负，因为第三产业发展更为集聚，所需土地空间也小于第二产业，表明促进产业结构向第三产业倾斜是各地区抑制城市无节制蔓延的手段。经济密度对城市蔓延的回归系数为负，说明城市的高经济密度能带来更高的规模经济效益，促使城市空间发展表现出紧密型趋势。财政压力对城市蔓延的回归系数为正，表明地方政府的财政缺口越大，大量出让土地的动力越足，导致城市蔓延。固定资产投资对城市蔓延的回归系数为正，因为随着政府对城市郊区的固定资产投入增加，城市郊区的便利性和吸引力得以提升，促使居民和企业向郊区转移，助推城市蔓延。值得注意的是，经济发展水平对城市蔓延的影响不同于研究前预判的促进作用，反而抑制了城市蔓延。究其原因，一方面参照刘修岩等（2016）的研究，虽然经济增长在理论上更容易促进城市蔓延，但我国城市化发展起步较晚，一定时间内城市中心区域的生活服务设施比新开发的近郊更完善，所以经济发展水平高的城市可能布局更紧凑；另一方面从政府角度来看，政府出让建设用地会带来城市扩张，但是不一定导致城市蔓延，因为城市经济发展水平较高时，政府扭曲土地价格以换取财政收入或招商引资的内生动力不足，地方政府会从多方面考量城市发展现状及未来发展规划，科学、高效地利用土地。

4.5.2　稳健性检验

为检验实证结果的稳健性，本章进行了一系列稳健性检验，具体回归结果如表4－11和表4－12所示。在表4－12中最后三列报告了各动态面板模型的自相关检验和工具变量检验，均显示*AR*（2）大于0.1，且*Hansen test*大于0.1，表明不存在序列自相关和弱工具变量，模型设计合理。

（1）替换城市蔓延的衡量变量

替换城市蔓延指标分别为*spr*1、*spr*2、*spr*3、*spr*4，具体计算方法见表4－1，同时引入*popdy*替代城市蔓延指标做动态面板回归，解释变量和控制变量固定不变。估计结果见表4－11，其中第（1）～（5）列分别使用*spr*1、*spr*2、*spr*3、*spr*4和*popdy*表示城市蔓延。第（1）～（4）列估计结果显示，地方政府土地配置行为的影响系数均显著为正，和基准回归结果的方向保持一致，表示地方政府土地配置行为促进了城市蔓延；第（5）列地方政府土地配置行为的系数在5%的水平上显著为负，这是因为人口密度值越大表征城市蔓延强度越低，所以回归结果的意义与基准回归结果一致。总体来看，对城市蔓延的不同单指标计算方法及替代方法所得回归结果均与基准回归结果意义相同，表明实证结果具有稳健性。

表4－11　替换被解释变量估计结果

变量	(1)	(2)	(3)	(4)	(5)
	*spr*1	*spr*2	*spr*3	*spr*4	*popdy*
*L. spr*1	0.481*** (－0.073)				
*L2. spr*1	0.213*** (－0.072)				

续表

变量	(1)	(2)	(3)	(4)	(5)
	spr1	spr2	spr3	spr4	popdy
L. spr2		0.835*** (-0.075)			
L2. spr2		0.045 (-0.066)			
L. spr3			0.927*** (-0.033)		
L2. spr3			0.104*** (-0.031)		
L. spr4				0.919*** (-0.027)	
L2. spr4				-0.031 (-0.026)	
L. popdy					0.504*** (-0.082)
L2. popdy					0.059 (-0.050)
price	0.089* (-0.048)	1.546* (-0.849)	0.011** (-0.006)	0.051*** (-0.017)	-0.044** (-0.022)
常数项	8.245*** (-2.460)	50.278* (-26.554)	0.252 (-0.229)	0.340 (-0.459)	4.201*** (-0.885)
控制变量	YES	YES	YES	YES	YES
城市个数	280	280	280	280	280
AR (2)	0.819	0.600	0.246	0.247	0.642
Hansen test	0.117	0.290	0.223	0.144	0.218

(2) 考虑城市行政执行能力影响

不同城市的政府在行政政策执行能力上存在较大差异，以至于对政策的实行成效造成影响。为保证研究结果的稳健性，剔除了城市样本中包含的全部省会和副省级城市，对其余 245 个城市使用系统 GMM 方法进行回归，具体回归结果如表 4－12 第（1）列所示，地方政府土地配置行为对城市蔓延的估计系数为 0. 011，与全样本回归结果的方向一致，故高行政级别的城市并未从本质上影响地方政府土地配置行为对城市蔓延的影响。

（3）连续变量缩尾处理

为了防止极端异常值对估计结果产生干扰，参照毛文峰和陆军（2020）的研究，对所有连续性变量的数据进行上下 1% 的缩尾处理，再按照基准模型进行回归，估计结果如表 4 – 12 第（2）列所示，地方政府土地配置行为对城市蔓延的估计系数为 0. 015，在 1% 的水平上显著，说明基准回归结果不受极端异常值的影响。

（4）更换回归方法

考虑基准模型进行动态面板回归使用了系统 GMM 方法，此处利用被解释变量滞后项作为工具变量进行差分 GMM 回归，回归结果如表 4 – 12 第（3）列所示，地方政府土地配置行为对城市蔓延的回归系数显著为正，说明基准回归结果具有稳健性。

（5）考虑非线性关系

前文分析表明地方政府土地配置行为促进了城市蔓延，但这种影响若存在非线性关系就会导致前文设置的模型有误，影响估计结果。为了检验两者间是否有这种非线性关系，进一步将地方政府土地配置行为的平方项（$price^2$）加入模型，回归结果如表 4 – 12 第（4）列所示，即地方政府土地配置行为对城市蔓延的一次项系数显著为正，二次平方项系数为负，但没通过显著性检验，说明并无证据表明地方政府土地配置行为和城市蔓延间存在非线性关系，进而说明基准回归结果具有稳健性。

（6）替换土地出让行为的衡量变量

地方政府对土地配置的干预行为大多表现为低价出让工业用地，故引入工业用地楼面价（*indprice*）作为替代指标衡量地方政府土地配置行为，价格越高表征越接近实际出让市场价格。回归结果见表 4 – 12 第（5）列，工业用地楼面价对城市蔓延的估计系数为 – 0. 013，说明当政府以较高价格出让工业用地时，不仅不会导致城市蔓延，还会产生抑制作用，反向验证了基准回归结果的稳健性。

表 4-12 稳健性检验结果

变量	剔除省会和副省级城市	剔除异常值	更换回归方法	排除非线性关系	替换解释变量
	(1)	(2)	(3)	(4)	(5)
L. urban	0.925*** (-0.036)	0.931*** (-0.033)	0.609*** (-0.103)	0.943*** (-0.032)	0.947*** (-0.033)
L2. urban	0.083** (-0.039)	0.068* (-0.035)	0.077*** (-0.027)	0.066* (-0.035)	0.074** (-0.035)
price	0.011** (-0.005)	0.015*** (-0.005)	0.014* (-0.008)	0.026* (-0.014)	
$price^2$				-0.004 (-0.003)	
indprice					-0.013** (-0.006)
常数项	0.822*** (-0.283)	0.765*** (-0.204)	0.812*** (-0.270)	0.805*** (-0.276)	0.709*** (-0.205)
控制变量	YES	YES	YES	YES	YES
城市个数	245	280	280	280	280
AR (2)	0.828	0.746	0.632	0.640	0.693
Hansen test	0.181	0.157	0.213	0.116	0.270

4.5.3 中介机制检验结果分析

已有研究发现外商投资水平和居民工资水平都促进了城市蔓延发生，具体影响方式在研究假设部分进行了阐释说明。以式（4-6）为基础，使用系统 GMM 方法进行回归，具体结果如表 4-13 所示。

第（1）列和第（2）列是用地方政府土地配置行为对外商投资水平进行回归，第（1）列为没有加入控制变量的回归结果，第（2）列为加入了控制变量的回归结果。结果显示，地方政府土地配置行为提升了外商投资水平，证实外商投资在地方政府土地配置行为对城市蔓延的影响过程中发挥了显著的中介作用，即地方政府土地配置行为会降低制造业外资的经营成本，从而吸引大量外企入驻，此时通过配套基础设施建设、助推房价、拉高居民收入推动了城市蔓延，验证了本章的假说 2a。

第（3）列和第（4）列是用地方政府土地配置行为对居民工资水平进行回归，第（3）列为没有加入控制变量的回归结果，第（4）列为加入了控制变量的回归结果。结果显示，地方政府土地配置行为推动了居民工资上涨，证实居民工资水平在土地配置行为对城市蔓延的影响过程中发挥了显著的中介作用。地方政府土地配置行为能通过带动经济增长、提高劳动生产率和房价而推动劳动力工资水平上升，一方面满足了居民对交通工具的需求，改变了个人的居住偏好，促使居民居住方式由集聚向分散转变；另一方面也驱使开发商无序开发郊区土地谋利，从而推动了城市蔓延发展，验证了本章的假说 2b。

表 4－13　机制检验结果

变量	(1)	(2)	(3)	(4)
	fdi	*fdi*	*wage*	*wage*
price	0.297***	0.116**	0.040***	0.040***
	(－0.088)	(－0.058)	(－0.013)	(－0.010)
常数项	－0.292***	－7.622***	5.058***	6.319***
	(－0.108)	(－2.802)	(－1.593)	(－1.099)
控制变量	NO	YES	NO	YES
城市个数	280	280	280	280
AR（2）	0.386	0.337	0.874	0.702
Hansen test	0.175	0.122	0.576	0.509

4.6　进一步研究分析

4.6.1　异质性检验

（1）城市人口流动异质性

在城市扩张过程中，人口增速不及城市建成区增速才会导致城市蔓延，反之并不会引起城市蔓延。因此，本部分围绕城市人口的动态流动，讨论人口流动是否会对基准研究结果产生异质性影响。将第七次全国人口普查数据和第六次全国人口普查数据相减，根据人口在 10 年间的增减情况将样本城市划分为87个人口流入型城市和193个人口流出型城市进行回归，回归结果如表4-14所示，第（1）列和第（3）列为未加入控制变量的回归结果，第（2）列和第（4）列为加入了控制变量的回归结果。结果表明，人口流出型城市的地方政府土地配置行为显著促进了城市蔓延，但人口流入型城市的回归结果为负且不显著。说明城市蔓延与城市人口流动有关，当地方政府土地配置行为驱动城市扩张后，人口流入型城市往往对劳动力拥有更大的吸引力，吸引更多外来劳动力进入本地劳动市场，虽然带动了城市经济和产业的发展，但未引起城市蔓延，验证了本章的假说3a。

表4-14　异质性检验估计结果——城市人口流动

变量	人口流入型城市		人口流出型城市	
	(1)	(2)	(3)	(4)
L. urban	0.988***	0.946***	0.942***	0.904***
	(-0.059)	(-0.045)	(-0.040)	(-0.041)
L2. urban	0.071	0.115*	0.071*	0.102**
	(-0.069)	(-0.061)	(-0.041)	(-0.040)
price	-0.006	-0.007	0.015***	0.018***
	(-0.005)	(-0.008)	(-0.005)	(-0.006)
常数项	-0.041	0.086	-0.001	0.787*
	(-0.027)	(-0.577)	(-0.025)	(-0.420)
控制变量	NO	YES	NO	YES
城市个数	87	87	193	193
AR（2）	0.461	0.816	0.964	0.712
Hansen test	0.405	0.403	0.533	0.203

（2）城市区位异质性

沿海地区在引领技术变革、贸易发展、资源市场化配置、现代化产业体系建设等方面扮演着重要的角色，所处地理位置也具有特殊性，由此考虑沿海地区是否会在城市高速发展和地理空间约束的双重作用下，影响地方政府土地配置行为和城市蔓延间的关系。依据中国地图将样本城市划分为50个沿海城市和230个非沿海城市，分别用地方政府土地配置行为对城市蔓延进行回归，结果如表 4－15 所示，第（1）列和第（3）列为未加入控制变量的回归结果，第（2）列和第（4）列为加入了控制变量的回归结果。结果显示，在非沿海城市，地方政府土地配置行为对城市蔓延的回归系数显著为正，但是在沿海城市，回归系数为负且不显著，说明城市蔓延与城市区位有关。因为沿海城市既受到临海的区位优势影响，对劳动力拥有巨大吸引力，同时也受到城市扩张边缘的限制，倒逼城市空间的合理规划，使得沿海城市的城市蔓延不易受地方政府土地配置行为的影响，验证了本章的假说 3b。

表 4－15　异质性检验估计结果——城市区位

变量	沿海城市		非沿海城市	
	(1)	(2)	(3)	(4)
L. urban	0.997***	0.989***	0.953***	0.925***
	(−0.051)	(−0.071)	(−0.027)	(−0.034)
L2. urban	0.061	0.119*	0.072**	0.078**
	(−0.056)	(−0.069)	(−0.030)	(−0.038)
price	−0.011	−0.012	0.009**	0.012**
	(−0.007)	(−0.009)	(−0.004)	(−0.005)
常数项	−0.038	0.362	0.002	0.670**
	(−0.032)	(−0.759)	(−0.019)	(−0.294)
控制变量	NO	YES	NO	YES
城市个数	50	50	230	230
AR（2）	0.171	0.139	0.452	0.544
Hansen test	0.250	0.997	0.888	0.174

4.6.2　土地出让类型对城市蔓延的影响

前文关于地方政府土地配置行为对城市蔓延的研究主要集中于土地出让价格层面，结果表明，工业用地和商住用地出让价格的偏离度越高，越促进城市蔓延。考虑地方政府在出让土地过程中，对工业用地出让价格拥有很大的决策权，同时也对土地出让面积及各类型土地的出让比例拥有很大的决策权（严兵、贾辉辉，2022），因此本部分从地方政府对各类型土地的出让比例出发，探究出让商服用地、住宅用地和工业用地对城市蔓延是否会产生不同的影响，故构建动态面板模型：

$$urban_{i,t} = \beta_0 + \beta_1 urban_{i,t-1} + \beta_2 urban_{i,t-2} + \beta_3 comarea_{i,t} + \beta_4 resarea_{i,t} + \beta_5 indarea_{i,t} + \eta X_{i,t} + \varepsilon_{i,t} + \mu_i + \nu_t \quad (4-10)$$

式（4－10）中，*comarea* 表示商服用地出让面积与总出让面积之比；*resarea* 表示住宅用地出让面积与总出让面积之比；*indarea* 表示工业用地出让面积与总出让面积之比；β_0为常数项，β_1、β_2、β_3、β_4、β_5、η 为各变量的回归系数，其余变量符号表达含义同式（4－4）。

回归结果如表4－16所示。先对回归模型进行检验，报告模型*AR*（2）大于0.1，说明所设模型不存在序列自相关；*Hansen test* 大于0.1，即所选工具变量有效，不存在弱工具变量，检验结果说明使用系统GMM估计方法合理。其中第（1）列是不加控制变量的回归结果，第（2）列是加入了一系列控制变量的回归结果，所得结果均表明地方政府在出让商服用地和住宅用地中的配置行为对城市蔓延的影响不显著，但出让工业用地的配置行为对城市蔓延有显著促进作用。进一步对结果做稳健性检验，第（3）列为剔除省会和副省级城市的回归结果，第（4）列为对所有变量进行上下1%的缩尾处理的回归结果，第（5）列为使用差分GMM的回归结果，第（6）列为将被解释变量替换为*spr*1的回归结果，所得结果均和基准回归结果一致。

在政策和市场双重驱动下，理性的经济主体为追寻利益最大化，在对土地投资前会权衡成本和收益，致使政府在“招商引资”和“财政收入”双重考量下决定各类型土地的出让比例。不同类型土地的使用结构及效率存在差异，其中土地投入产出效率由高到低的经济主体性质依次为商业、住宅、工业、农业，但土地需求量排序恰恰相反。第三产业的集聚效应明显大于第二产业，倾向于引导城市向集约型方向发展（吴淑萍等，2022），而工业发展往往需要更多面积的土地，对人口的吸引力也小于第三产业（姜旭等，2019），这就使得不同类型的土地配置对城市蔓延有不同影响，其中工业用地出让比例增加会显著促进城市蔓延。

表 4－16　基准模型估计结果——土地出让类型

变量	系统 GMM		剔除省会和副省级城市	剔除异常值	更换回归方法	替换被解释变量
	(1)	(2)	(3)	(4)	(5)	(6)
L. urban	0. 951 *** (－0. 033)	0. 946 *** (－0. 034)	0. 927 *** (－0. 040)	0. 940 *** (－0. 032)	0. 757 *** (－0. 112)	
L2. urban	0. 111 *** (－0. 039)	0. 110 *** (－0. 039)	0. 141 *** (－0. 050)	0. 089 *** (－0. 034)	0. 090 ** (－0. 040)	
*L. spr*1						0. 935 *** (－0. 033)
*L2. spr*1						0. 113 *** (－0. 036)
comarea	0. 009 (－0. 015)	0. 005 (－0. 015)	0. 007 (－0. 013)	0. 016 (－0. 019)	－0. 019 (－0. 018)	0. 015 (－0. 016)
resarea	－0. 012 (－0. 023)	0. 009 (－0. 019)	0. 003 (－0. 022)	－0. 016 (－0. 026)	0. 032 (－0. 027)	－0. 006 (－0. 021)
indarea	0. 066 * (－0. 034)	0. 068 ** (－0. 034)	0. 073 ** (－0. 033)	0. 089 *** (－0. 031)	0. 135 ** (－0. 062)	0. 061 * (－0. 035)
常数项	－0. 292 * (－0. 170)	－0. 101 (－0. 184)	－0. 126 (－0. 181)	－0. 104 (－0. 184)	－0. 064 (－0. 163)	0. 016 (－0. 185)
控制变量	NO	YES	YES	YES	YES	YES
城市个数	280	280	245	280	280	280
AR（2）	0. 901	0. 899	0. 694	0. 774	0. 969	0. 493
Hansen test	0. 912	0. 871	0. 334	0. 830	0. 860	0. 751

4. 6. 3　工业用地市场化配置程度对城市蔓延的影响

国家倡导有为政府和有效市场共同作用于土地资源配置，发挥我国最大的制度优势，但实际上政府引导和市场调控间的关系依旧存在较大调整空间。本部分重点聚焦工业用地出让市场化配置，定量分析工业用地市场化配置程度对城市蔓延的影响，构建的动态面板模型为：

$$urban_{i,t} = \lambda_0 + \lambda_1 urban_{i,t-1} + \lambda_2 urban_{i,t-2} + \lambda_3 indm_{i,t} + \tau X_{i,t} + \varepsilon_{i,t} + \mu_i + \nu_t \qquad (4-11)$$

式（4－11）中，*indm* 表示工业用地市场化配置程度，λ_0 为常数项，λ_1、λ_2、λ_3、τ 为各变量的回归系数，其余变量符号表达含义同式（4－4）。

地方政府在土地出让中偏好“低价出让工业用地，高价出让商住用地”的策略，导致价格扭曲和土地资源错配，有悖于土地要素的市场化配置改革。反观我国土地市场，商住用地较早地进行了市场化配置改革，其市场化程度相对完善（赵爱栋等，2016），而工业用地市场依然存在政府协议出让土地的行为（钟肖英、谢如鹤，2021），整体市场化配置程度较低，因此以工业用地要素的市场化配置程度表征当前土地市场化配置程度。为消除区域异质性带来的影响，本部分选用各城市工业用地溢价率度量工业用地要素的市场化配置程度（安勇、赵丽霞，2021）。

使用系统 GMM 方法，将工业用地市场化配置程度对城市蔓延进行回归，结果如表 4－17 所示。其中第（1）列不加入控制变量，第（2）列加入控制变量，所得结果均表明提升工业用地市场化配置程度能减缓城市无节制扩张现象，抑制城市蔓延。为确保结果的真实性，进一步对上述回归做稳健性检验，在第（3）列剔除了省会和副省级城市，第（4）列对所有变量进行上下 1% 的缩尾处理，第（5）列使用了差分 GMM 回归，第（6）列将被解释变量替换为 *spr*1，结果均显示工业用地市场化配置程度对城市蔓延的回归系数显著为负，且数值也与第（2）列回归结果接近，证明上述回归结果稳健。

当工业用地市场化配置程度较高时，不仅会减少地方政府对工业用地的大面积出让行为，还会提高工业用地出让价格，增加低效率企业涌入市场的“摩擦力”，从而提高土地使用效率，抑制城市蔓延。但结合地方政府土地配置行为来看，工业用地市场化的推进依然存在困难，不仅在于大量工业用地是非经营属性以及地方政府在土地市场中的双重垄断地位，使得工业用地最终成交价格实际上并非市场价格，而是政府定价；而且工业用地市场依然存在政府协议出让工业用地的行为，致使出让价格完全偏离实际市场化价格。

表 4-17　基准模型估计结果——工业用地市场化配置

变量	系统 GMM		剔除省会和副省级城市	剔除异常值	更换回归方法	替换被解释变量
	(1)	(2)	(3)	(4)	(5)	(6)
	urban	*urban*	*urban*	*urban*	*urban*	*spr*1
L. urban	0.974 ***	0.913 ***	0.920 ***	0.929 ***	0.636 ***	
	(-0.030)	(-0.039)	(-0.040)	(-0.033)	(-0.041)	
L2. urban	0.070 *	0.130 **	0.124 **	0.072 **	0.086 ***	
	(-0.036)	(-0.056)	(-0.055)	(-0.037)	(-0.013)	
*L. spr*1						0.911 ***
						(-0.032)
*L2. spr*1						0.123 ***
						(-0.045)
indm	-0.009 *	-0.010 **	-0.012 *	-0.012 *	-0.011 **	-0.012 *
	(-0.005)	(-0.005)	(-0.007)	(-0.006)	(-0.006)	(-0.007)
常数项	-0.027	0.721 ***	0.443	0.652 ***	0.729 **	0.911 ***
	(-0.029)	(-0.202)	(-0.303)	(-0.174)	(-0.214)	(-0.257)
控制变量	NO	YES	YES	YES	YES	YES
城市个数	280	280	245	280	280	280
AR（2）	0.818	0.531	0.625	0.597	0.554	0.316
Hansen test	0.604	0.432	0.189	0.523	0.270	0.557

4.7　研究结论与政策建议

4.7.1　研究结论

地方政府土地配置行为时空分析：从偏离程度来看，仅有不足 2% 城市的地方政府土地配置行为呈负偏离程度，其余城市均为正偏离，且整体城市的偏离程度随时间推移递增；从分布格局来看，地方政府土地配置行为整体表现为东南方向偏离度更高；从加权标准差椭圆来看，地方政府土地配置行为的椭圆分布大体呈现“南—北”的空间格局，转角较小，但整体方向性有增加趋势；从重心分布来看，重心点随时间推移从随州市转移至东南方向的信阳市，说明东南方向地方政府土地配置行为的偏离度更高。

城市蔓延时空分析：从蔓延指数值来看，大多样本城市均有蔓延，且全国城市蔓延强度随时间推移递增；从分布格局来看，整体分布较为分散，其中中部地区城市的蔓延强度较高，东北地区城市蔓延强度较低；从城市蔓延的加权标准差椭圆来看，我国城市蔓延的地形分布呈现“东北—西南”的空间格局，且南部偏西方向的城市蔓延强度有增加态势，但整体方向性有降低趋势；从城市蔓延重心分布来看，重心点位于驻马店市，随时间推移向西南方向转移，说明西南方向的城市蔓延强度更高；从区域差异来看，全国城市蔓延的基尼系数呈递增趋势，区域差异扩大。

地方政府土地配置行为和城市蔓延的关系：用商住用地出让价格与工业用地出让价格之比的偏离程度表征地方政府土地配置行为并进行分析，研究发现，地方政府土地配置行为显著促进了城市蔓延的发生。为验证结果准确性，本章做了一系列稳健性检验，先替换城市蔓延计算的四种方法，又使用人口密度替代城市蔓延，所得回归结果一致；然后分别剔除了样本中35个省会城市和副省级城市、将全部变量进行缩尾处理、更换为差分GMM动态面板回归方法、排除非线性关系、更换土地出让价格表征，均验证了基准回归结果的稳健性；最后进行中介机制检验，表明地方政府土地配置行为通过吸引外商投资及推动居民工资上涨促进城市蔓延。

地方政府土地配置行为和城市蔓延间的区域异质性：对于城市人口流动的异质性，本章将样本城市划分为人口流入型城市和人口流出型城市进行研究，结果显示，地方政府土地配置行为对人口流入型城市的蔓延强度影响不显著，对人口流出型城市存在显著促进作用；对于城市区位异质性，本章将样本城市划分为沿海城市和非沿海城市进行研究，结果显示，地方政府土地配置行为对沿海城市的蔓延强度影响不显著，对非沿海城市存在显著促进作用。

土地出让类型、工业用地市场化配置程度和城市蔓延的关系：首先，按照土地出让类型，使用商服用地、住宅用地和工业用地的出让面积比例同时对城市蔓延进行回归，结果表明，出让工业用地的面积比例越大，越促进城市蔓延，但出让商服和住宅用地的结果均对城市蔓延影响不显著。其次，使用工业用地市场化配置程度对城市蔓延进行回归，结果显示工业用地市场化配置程度与城市蔓延呈反向变动关系，即工业用地市场化配置程度越高，对城市蔓延的抑制作用越强。

4.7.2　政策建议

第一，完善工业用地出让方式。地方政府往往对工业用地市场有更多干涉，致使工业用地错配现象最为严重，因此应采用弹性年期供应、长期租赁、先租后让、作价出资及入股等工业用地市场供应方式，鼓励实行“标准地”出让制度。在“招拍挂”出让方式的基础上，可根据各区域工业用地要素禀赋、市场化程度差距、产业发展需要以及国土空间规划等方面，分类完善要素市场化配置体制机制，创新工业用地要素的交易规则和方法。同时优化监管机制，明确政府配置和市场配置的边界，让“看得见的手”和“看不见的手”共同推动市场发展。

第二，优化城市空间发展格局。国土空间发展格局是我国发展的目标、战略、方式在空间上的体现，应该充分考虑人口变动、经济发展阶段、生态约束、政治布局等因素后再做合理规划，才能更好应对城市蔓延。首先，政府要明确对不同空间的利用优先序，根据我国国情，要将农业生产空间置于第一位，自然环境保护空间置于第二位，城市开发空间置于末位，不可本末倒置。可以据此划定不同功能区的边界线，构建可持续发展的空间底图，从而促进各类开发建设活动更为科学有效。其次，政府要大力提升土地资源的利用效率，创造性改变空间利用方式，顺应生态和经济发展规律，推动人口和经济在各城市的合理集聚，发挥规模经济效应，促进约束有效、开发有序的国土空间发展格局的形成。最后，国家可以结合新兴产业优化调整商服用地，达到用地效率和经济效益的双重提高，及时盘活低效的土地资源，给予新业态更多发展空间。

第三，深化地方政府土地配置的相关体制机制改革。地方政府土地配置行为会引导城市空间的布局，因此深化相关体制机制改革可以避免城市蔓延的发生。首先，当前地方政府的事权、财政权不匹配，会加重政府对土地财政的依赖，应该推动分税制改革，科学确定中央和地方政府对财政收入的合理配置比例，减轻地方政府财政压力，避免政府陷入“逐底竞争”的恶性循环中。其次，要改善地方政府的政绩考核体系，不能仅以GDP作为考核标准，而是要健全主体功能区制度，以各地比较优势作为发展的长远目标，将国家整体资源配置作为发展核心，以大局思维规划当地发展路径。最后，要进一步建立商住用地出让价格和工业用地出让价格的协调机制，优化产业结构的转型升级和合理配置，以防地方政府对土地的错配行为导致市场扭曲。

第四，增加区域间的空间协调配合。现行土地出让机制缺乏整体协调配置思维，在劳动力充足、土地边际产出较高的地区仍存在建设用地不足的约束，而部分土地较充裕的地区缺乏发展动力，在扩展建设用地后缺乏配套资源的投入，无法有效利用土地，导致城市严重蔓延。所以要依据区域差异做前瞻性、协同性的规划，通过发挥各地比较优势进行合理分工和空间集约使用，可以引导土地资源缺乏但其他资源充足的地区进行产业转移，摆脱行政界限的束缚，构建区域协调发展新机制，将“逐底竞争”的负外部性转化为“合作联动”的正外部性。

第五，深化土地要素的市场化配置改革。根据各区域的改革任务优先选择基础较稳固、有发展潜力的地区或中心城市等，针对工业用地市场设立市场化配置综合改革试点，为完善工业用地要素市场制度、缩小工业用地市场化程度的区域差异探索新路径。在此基础上及时总结推广经验，建立健全与工业用地要素市场化配置综合改革试点相适配的法规与政策，充分发挥市场在土地资源配置中的作用。通过市场改善土地资源配置，防止低价无偿供地，防止土地价格扭曲和行政分配资源带来的资源错配与土地资源浪费，提高土地利用效率。

第5章 地方政府债务、官员任期与城市土地配置

5.1 引 言

自2008年国际金融危机以来，中国经济下行压力加大，各级地方政府通过各种方式拉动经济增长，来实现“稳增长”目标。我国地方政府把完善城市基础设施建设，促进经济发展作为首要目标。基础设施建设需要投入大量资金，城投公司和地方融资平台发行债券起到了弥补资金缺口的重要作用。2015年新《预算法》赋予地方政府适度的举债权，并同意地方政府在法定限额内对地方政府债券自发自还。地方政府通过基建投资等方式拉动经济增长，政府支出规模不断扩张，进而导致债务规模持续攀升，2019年1月起截至2019年11月底，全国发行地方政府债券43244亿元，比2018年增加1592亿元。在地方政府债务中，城投债最具代表性，王刚和韩立岩（2003）指出城投债在我国城市化和基础设施建设中发挥着重要的作用，扮演着“准市政债”的角色。随着地方政府债务总量和债务风险的增加，党的十九大报告指出，地方政府债务的潜在风险应该得到充分重视，特别是对于高杠杆的政府债务风险应该有针对性地“去杠杆”“稳杠杆”，同时积极防控由于房产价格下跌造成土地出让价格下降的财政风险（徐小冬，2019）。

在合适的晋升激励下，辖区内GDP成为中央考核地方官员的重要标准（周黎安，2007）。出于对政治晋升的关注，为了增加晋升的机会，地方官

员有动机去促进当地的经济发展和繁荣。张晓颖（2020）通过梳理地方官员晋升激励机制，阐述了官员晋升激励对土地财政和地方政府债务都产生了积极作用，进而推动了地区经济发展。地方官员对仕途的关切已经被证明与其辖区内的经济发展密切相关，甚至影响当地的政策选择，所以中国地方官员在促进经济增长。弥补财政缺口方面发挥了重要的作用。在经济分权背景下，地方政府对大量资源拥有独立的配置权，土地出让收入无须上缴中央政府，因此地方官员通过资源分配促进经济增长，经济增长使地方官员获得更多的晋升机会。

土地是一种既稀缺又特殊的资源，在中国土地供应一级市场中，中央和省级政府对土地不直接管理，土地出让制度赋予地级市政府垄断权，地方政府可以制定土地补偿标准，进行土地出让，担当着经营者和管理者的双重角色。在这种背景下，土地财政应运而生，土地资源在经济发展中担当着重要角色。土地出让不仅可以增加各项税收、扩大土地收益，还可通过增加土地财政以改善投资环境，带来招商引资效应，进而促进经济增长。在分税制改革下，土地出让收入全部归地方所有并成为地方政府预算外的主要收入。据审计署公告，承诺以土地出让收入偿还债务占总偿还债务的37.23%。

党的十九届五中全会报告指出，要进一步理顺中央和地方的财政关系，充分发挥中央和地方两个积极性，长期来看当前的债务结构与未来财政支出投向的匹配度不高，在一定程度上构成了未来财政政策实施的制约性因素。地方债务发行主体虽不是地方政府，但政府承担着隐性担保责任风险（郭峰、徐峥辉，2019）。随着土地出让收入的迅速上升，土地财政导致的土地资源配置效率低下、产业结构失衡、房价居高不下等问题逐渐暴露出来。基于此，本章根据土地出让的具体行为，研究地方政府债务发行规模和官员任期对土地出让行为的差异化影响，以便优化土地资源配置、降低地方政府债务风险，旨在规范地方政府制定符合自身实际的土地出让政策，在缓解自身财政压力的同时进一步提高土地资源配置效率，促进地方经济的持续健康发展。

5.2 研究假说

在我国“四万亿”财政刺激计划下，地方政府债务发行规模迅速攀升，目前在关于地方政府债务的研究中，主要研究城投公司、地方融资平台举债的原因和地方政府债务风险。有研究指出，财政政策、货币政策、金融机构和土地制度等都是影响地方政府债务的重要因素。随着地方政府债务规模的增加，必然存在一定的财政金融风险，因此为抑制地方政府债务风险的提高，对土地财政有一定的依赖。张曾莲和严秋斯（2018）指出地方政府债务发行规模与土地财政显著正相关；唐云锋和刘清杰（2020）的研究表明，地方债券发行规模扩大的同时，政府的债务风险也随之增加，因此，地方政府通过提高住宅用地价格增加财政收入来规避债务风险，然而这种情况也引发了地方政府债务风险对房价的刺激效应。地方政府土地出让行为，一方面可以获得预算外土地出让收入及与土地相关的税费，满足了城市基础设施建设所需资金；另一方面也形成了地方融资平台以土地作为依托进行举债融资的模式，从而在财政和金融两个方面增强了地方政府运用土地进行融资的动机。

地方经济增长率受地方政府官员治理机制的影响。官员晋升激励的形成是由于官员晋升机制将政绩作为重要考核标准，从而使得地方官员在任期内需要做出一定的成绩才能获得晋升机会，由此可以推测出官员晋升激励对经济发展是有促进作用的。在现行政绩考核机制下，官员任期是一个不能忽视的特征，是实现官员晋升的重要手段。官员任期的字面意思就是地方政府官员在职期间的年数，任期考核是对官员任期内和任期结束时所做政绩的定期评估，所以在出发点上地方官员任期考核与官员晋升激励是一致的（汤泰劼等，2019）。地方官员在任职期间，会通过支配地区内的财政资源，如策略性财政支出、提高预算外收入、提高实际税率等实现经济增长，达到任期考核指标，进而获得可能的晋升机会。因此，随着官员任期年数的增加，任期考核时间点的临近，他们会更倾向于从多方面获得财政资源（如土地财政），运用土地充当杠杆角色的特点，采取积极的土地出让策略，以土地出让为途径谋求经济发展，用土地出让来担保和作为偿债来源以及弥补财政的缺口，作为晋升的重要工具（傅勇，2010）。基于此，本章提出以下假说。

假说1：地方政府债务规模和官员任期的增加，会促使土地总出让金和土地出让总面积的增加。

土地出让存在明显的双轨制，“以地引资”是差异化土地出让方式形成的原因，已有文献中关于差异化的土地出让方式分为协议低价出让工业用地和“招拍挂”高价出让商住用地。随着改革开放的深入和经济的持续发展，地方政府把低价出让工业用地作为企业竞争的重要手段之一。当前，地方政府采取低价出让工业用地的方式提高地方政府参与招商引资的竞争力，促进工业化发展，进而推动经济增长。但是考虑到我国行政体制的影响，地方政府在低价出让工业用地中并不能较多享有企业所得税和增值税，大部分归中央所有（雷潇雨、龚六堂，2014），地方财政收入大幅减少，从地方财力角度来看没有促进作用。

对于商服用地和住宅用地，采用“招拍挂”高价出让方式，获得较高的短期收益，以谋求收益最大化，商住用地的出让对于地方政府来说是个重要决策。在基础设施投资增加过程中，地方政府债务规模增加，刺激经济增长，居民的住房需求和商业服务业水平不断提高，随之促进了商住土地价格攀升，为此地方政府增加商住用地出让金和出让面积以获得土地财政收入，然后又通过财政收入偿还债务，来防范债务风险。地方官员在任期间，同样需要为达到任期考核标准而倾向于高价出让商住用地，推动经济增长，增加上缴财政收入，获得可能的政绩提升机会。在这两个主要变量中，商服用地和住宅用地成为地方政府发展经济的主要手段之一。本章直接使用工业用地、商服用地和住宅用地的土地出让面积与出让金来表示差异化土地出让行为，可减少之前研究的误差。为此，本章提出以下假说。

假说2：随着地方政府债务规模和官员任期的增加，地方政府对不同用地类型的出让方式存在差异，倾向于高价出让商住用地，以获得更多的土地出让收入。

已有相关文献证实地方政府债务与其他因素之间存在影响，包括正向影响、负向影响等，但是线性研究地方政府债务与其他因素之间的影响过于简单化，所以之后有些文献从非线性角度进行研究分析。蔡玉和李东阳（2017）以“金砖五国”为代表进行研究，认为地方政府债务对经济增长有非线性影响，实证检验出确切的地方政府债务阈值为 30%；毛捷和黄春元（2018）利用地级市数据，发现地方政府债务对经济增长的影响呈先促进后抑制的倒“U”形趋势；陈菁（2018）利用城投债作为地方政府债务的代理变量，探究表明地方政府债务规模存在单门槛效应；韩健和程宇丹（2018）进一步分区域研究，发现地方政府债务对经济增长的影响存在明显的区域异质性。

在地方经济发展阶段，地方政府债务逐渐扩大。当地方政府债务发行规模较小时，债务一般倾向于用土地财政来满足，对土地出让需求较大，从而增加了土地出让面积和土地出让金。而随着地方政府债务发行规模的不断扩大，土地出让面积和出让金达到一定程度，若继续增加会影响一定的土地结构，造成土地价格过度升高，加重税负负担，同时使地方政府的偿债压力不断加大。在这种情况下，地方政府会倾向于探索其他财政收入来源。例如，在已经出让工业用地和商住用地的基础上，通过商住用地发展产业来获得税收等，使地方政府财政收入不再依靠单一的出让土地方式。由此可见，对于不同规模下的地方政府债务而言，地方政府债务对土地出让的影响作用存在一定的差异，即存在非线性关系。据此，本章提出以下假说。

假说 3：地方政府债务对土地出让同时具有促进和抑制两种不同的影响，其效应随着发行规模的提升而呈现非线性特征。

5.3　研究设计

5.3.1　模型设立

（1）面板固定效应模型

为检验政府债务和官员任期对地方政府土地配置行为的影响，建立的

模型为:

$$Land_{i,t} = \beta_0 + \beta_1 Debt_{i,t} + \beta_2 Debt_{i,t-1} + \beta_3 major_{i,t} + \beta_4 Control_{i,t} + \mu_i + \lambda_t + \varepsilon_{i,t} \tag{5-1}$$

式(5-1)中，$Land_{i,t}$表示第i个城市第t年的地方政府土地配置行为；$Debt_{i,t}$表示第i个城市第t年的地方政府债务，土地配置行为中对于商住用地来说，配置商住用地所获得土地出让金会有持续性，在当期和后期均会有收入，故增加地方政府债务滞后一期变量，研究对当期地方政府土地配置行为的影响；$Debt_{i,t-1}$表示第i个城市第$t-1$年的地方政府债务；$major_{i,t}$表示第i个城市第t年的官员任期；$Control_{i,t}$代表一系列控制变量；β_0为常数项，β_1、β_2、β_3和β_4是回归系数；μ_i代表城市固定效应；λ_t代表年份固定效应；$\varepsilon_{i,t}$代表随机误差项。

（2）动态面板模型

动态面板模型的优点是可以解决内生性问题，对研究对象的动态行为进行检验，本章研究区域个数大于时间长度，可以通过校正偏差的方法得到一致估计。同时对于反向因果关系，地方政府债务发行会促使地方政府配置土地进行债务偿还；反过来，政府获得土地配置收入也可作为地方融资平台发债的资金来源。因此基于以上考虑，采用动态面板系统 GMM 方法并引入被解释变量的滞后项作为工具变量进行回归，有助于缓解影响土地配置行为的遗漏变量，以及地方政府债务、官员任期与地方政府土地配置行为之间的内生问题。

$$Land_{i,t} = \beta_0 + \alpha_0 Land_{i,t-1} + \beta_1 Debt_{i,t} + \beta_2 Debt_{i,t-1} + \beta_3 major_{i,t} + \beta_4 Control_{i,t} + \mu_i + \lambda_t + \varepsilon_{i,t} \tag{5-2}$$

式(5-2)中，$Land_{i,t-1}$表示第i个城市第$t-1$年的土地配置行为，其他变量与面板固定效应模型变量设置相同。

（3）面板门槛效应模型

随着基础设施建设的不断增加，地方政府债务规模不断扩大，对土地配置行为的影响会有不同。不同规模的地方政府债务对地方政府土地配置行为的影响存在一定差异，即可能存在非线性关系。故以地方政府债务发行规模为门槛变量构建 Hansen 面板门槛效应模型，研究地方政府债务和官员任期对地方政府土地配置行为的影响作用，模型构建如式（5-3）所示：

$$Land_{i,t} = \beta_0 + \beta_1 Debt_{i,t} \cdot I(Debt_{i,t} \leqslant \gamma) + \beta_2 Debt_{i,t} \cdot I(Debt_{i,t} > \gamma) + \beta_3 major_{i,t} + \beta_4 Control_{i,t} + \mu_i + \lambda_t + \varepsilon_{i,t} \quad (5-3)$$

式（5-3）中，$I(\cdot)$ 为指示函数；$Land_{i,t}$表示第 i 个城市第 t 年的土地配置行为；β_1和β_2是地方政府债务对土地配置行为的影响系数；β_3表示官员任期对土地配置行为的影响系数；γ 为待估计的地方政府债务门槛值；其他变量与式（5-1）的变量设置相同。在面板门槛效应模型的实证检验过程中，通过自抽样法（bootstrap）确定门槛值的个数。

5.3.2　变量选取

（1）被解释变量

地方政府土地配置行为（*Land*）。地方政府土地配置行为数据通过地方政府土地出让面积、土地出让金来刻画。在地方政府土地配置行为类型中，低价出让工业用地是各级地方政府招商引资最便捷的工具，是获得经济高速增长的最有效办法（杨其静、彭艳琼，2015），但出让工业用地获得收益所需时间较久；商住用地出让价格较高且当下即可获得土地财政收益，故从工业用地和商住用地两个视角研究差异化的地方政府土地配置行为。具体衡量指标为土地出让总面积（*totalarea*）、工业用地出让面积（*indarea*）、商住用地出让面积（*comarea*）、土地总出让金（*totalprice*）、工业用地出让金（*indprice*）、商住用地出让金（*comprice*）。为减小变量的波动范围，防止异方差产生，对以上数据进行对数化处理。

（2）解释变量

地方政府债务（*Debt*）。对于地方政府债务指标，目前没有具体统一口径进行衡量。城投债由城投公司发行，通过发行城投债为城市基础设施建设项目融资，以及填补财政缺口，且城投公司与地方政府关系密切，故选择城投债作为地方政府债务的代理变量，并对城投债取对数以防止异方差的产生。

官员任期（*major*）。选取市长任期作为解释变量，从职务类型上看，市长属于行政角色，主要负责主持政府工作来开展经济社会建设等；市委书记属于党内角色，主要负责开展党务工作和加强党的建设，体现出"党管干部"的特征（陈艳艳、罗党论，2012）。当上级部门进行官员政绩考核时，相比之下，市长的个人贡献在经济绩效中的权重占比较大（姚洋、张牧扬，2013）。故选取市长任期作为解释变量，分析其对地方政府土地配置行为的影响。对于市长任期数据，若官员在1—6月上任，则将该年计入其任期，若官员在7—12月上任，则该年不计入其任期，而从该年的下一年开始计算。

（3）控制变量

为避免遗漏变量出现内生性问题，选取的控制变量如下。

①经济发展水平（*perGDP*）：在不同地区经济发展水平下，地方官员行为及地方政府土地配置行为均受影响，用人均生产总值的对数来表示。

②土地充裕程度（*builtarea*）：土地资源越充裕，发生寻租的可能性越低，市场发育越好，用城市建成区面积的对数来衡量。

③城镇住房需求（*wage*）：工资水平越高，住房需求越旺盛，从而影响地方政府土地配置行为，用在岗职工平均工资的对数来表示。

④产业结构（*st*）：工业化和城镇化进程加快，带来服务业快速发展，商住用地需求增加，用第二产业与第三产业的比值来表示。

⑤财政压力（*gov*）：财政压力越大，财政缺口越大，需要土地出让收入增多，用一般财政收入与一般财政支出的比值来表示。

⑥人口规模（*pop*）：人口规模上升时对土地的需求也将增加，用市辖区人口密度的对数来表示。

5.3.3 数据来源与描述性统计

选择2007—2017年280个地级市作为研究对象，由于儋州市、三沙市、毕节市、铜仁市、海东市和永州市数据存在较大缺失，北京市、天津市、上海市和重庆市4个直辖市与地级市不具有可比性，故做剔除处理。其中城投债数据来源于Wind数据库，官员任期数据来源于政府网站，地方政府土地配置行为数据来源于中国土地市场网，控制变量来自《中国城市统计年鉴》（2008—2018年）。考虑通货膨胀影响，所有以货币名义价值统计的变量，均以2006年为基期的各省市CPI进行平减，CPI数据来自国家统计局。

各变量的描述性统计如表5－1所示。

表5－1　变量描述性统计

变量	含义	观测值	平均值	标准差	最小值	最大值
totalarea	土地出让总面积	3080	5.665	0.944	1.681	8.967
indarea	工业用地出让面积	3080	4.820	1.171	0.051	8.900
comarea	商住用地出让面积	3080	4.940	1.005	0.478	8.240
totalprice	土地总出让金	3080	11.756	1.457	4.904	16.252
indprice	工业用地出让金	3080	9.700	1.421	1.895	13.724
comprice	商住用地出让金	3080	11.530	1.576	4.419	16.240
Debt	地方政府债务	3080	5.347	6.136	0.000	15.700
major	市长任期	3080	1.352	1.418	0.000	10.000
perGDP	经济发展水平	3080	10.264	0.641	8.111	12.041
builtarea	土地充裕程度	3080	4.377	0.801	2.024	7.142
wage	城镇住房需求	3080	10.294	0.435	8.225	11.354
st	产业结构	3080	1.436	0.744	0.187	10.603
gov	财政压力	3080	0.476	0.229	0.054	1.541
pop	人口规模	3080	6.445	0.941	2.647	9.346

5.4　实证结果分析

5.4.1　面板固定效应模型回归结果

由于回归样本是面板数据，为控制不可观测的地市级（截面）效应的影响，首先建立基准回归模型，使用面板固定效应模型进行估计，并使用聚类稳健标准误进行回归。研究地方政府债务和官员任期对土地总出让金与土地出让总面积的影响，结果见表5－2。

第（1）～（3）列以土地总出让金为被解释变量，在第（1）列中城投债发行当期和滞后一期时对土地总出让金的影响显著为正；在此基础上增加市长任期的解释变量时为第（2）列，其对土地总出让金的影响也显著为正；第（3）列为增加城市特征等相关控制变量后的结果，其城投债发行当期和滞后一期及市长任期对土地总出让金的影响显著为正。控制变量中 *perGDP* 对土地总出让金的影响显著为正，表明地区人均 GDP 发展水平较高，地区经济发展水平高使得土地总出让金增加。*builtarea* 对土地总出让金的影响显著为正，表明土地资源越充裕，发生寻租的可能性越低，市场发育越好，土地总出让金增加。*wage* 对土地总出让金的影响显著为正，表明工资水平越高，住房需求越旺盛，从而影响土地出让，造成土地总出让金的增加。

第（4）～（6）列以土地出让总面积为被解释变量。第（4）列中城投债发行当期和滞后一期时对土地出让总面积的影响不显著；在此基础上增加市长任期的解释变量时为第（5）列，其对土地出让总面积的影响只有城投债发行当期显著为正，城投债发行滞后一期和市长任期对其不显著；第（6）列为增加城市特征等相关控制变量后的结果，城投债发行当期和滞后一期及市长任期对土地出让总面积的影响不显著。

表 5-2　面板固定效应模型实证检验结果

变量	土地总出让金			土地出让总面积		
	(1)	(2)	(3)	(4)	(5)	(6)
Debt	0.013***	0.013***	0.008***	0.001	0.004**	0.001
	(0.003)	(0.003)	(0.003)	(0.002)	(0.002)	(0.002)
L. Debt	0.010***	0.010***	0.005*	-0.003	-0.001	-0.004
	(0.003)	(0.003)	(0.003)	(0.002)	(0.002)	(0.002)
major		0.037***	0.018**		0.007	-0.007
		(0.010)	(0.009)		(0.007)	(0.007)
perGDP			0.835***			0.633***
			(0.088)			(0.072)
builtarea			0.431***			0.268***
			(0.094)			(0.077)
wage			0.712***			0.410***
			(0.111)			(0.091)

续表

变量	土地总出让金			土地出让总面积		
	(1)	(2)	(3)	(4)	(5)	(6)
st			-0.018 (0.036)			-0.017 (0.029)
gov			0.191 (0.179)			0.123 (0.146)
pop			-0.050 (0.046)			-0.003 (0.038)
常数项	11.305*** (0.023)	11.252*** (0.026)	-5.810*** (1.212)	5.482*** (0.041)	5.493*** (0.021)	-6.084*** (0.986)
地区/时间固定效应	YES	YES	YES	YES	YES	YES
观测值	3080	3080	3080	3080	3080	3080
城市个数	280	280	280	280	280	280
调整后的 R^2	0.166	0.171	0.249	0.072	0.047	0.112

注：*、**、*** 分别表示在10%、5%、1%的水平上显著，括号内数值为稳健标准误。本章下同。

5.4.2　动态面板模型回归结果

考虑到地方政府土地配置行为存在一定的路径依赖，进一步构建动态面板模型，引入地方政府土地配置行为的各指标滞后一期作为工具变量进行回归，有助于缓解影响地方政府土地配置行为的遗漏变量以及地方政府债务、官员任期与地方政府土地配置行为之间互动因果关系所造成的内生性问题。回归结果见表5-3，由于面板固定效应模型没有考虑可能存在的内生性问题，而动态面板模型能在一定程度上缓解内生性问题和遗漏变量问题，所以分析主要依据系统GMM的估计结果，同时以面板固定效应模型做对比。滞后一期的土地总出让金和土地出让总面积对当期的影响系数显著为正，表明工具变量选取合适，可解决一定的内生性问题。*AR*（2）的*P*值表明不存在二阶序列相关，模型通过了自相关检验，*Hansen*的*P*值表明工具变量是有效的，证实了系统GMM估计结果的可靠性。

表5-3中的第（1）~（3）列以土地总出让金为被解释变量，在第（1）列中城投债发行当期和滞后一期对土地总出让金的影响显著为正；在此基础上增加市长任期的解释变量时为第（2）列，其对土地总出让金的影响显著为正；第（3）列为增加城市特征等相关控制变量的结果，城投债发行当期和滞后一期及市长任期对土地总出让金的影响在1%的水平上显著为正。控制变量中*perGDP*对土地总出让金的影响显著为正，表明一个地区人均GDP发展水平越高，地区经济发展水平就越高。当一个地区经济发展水平提高时，城镇化和服务业水平也会提高，刺激了商住地价的上涨，从而使土地总出让金增加。*builtarea*对土地总出让金的影响显著为正，因为土地资源越充裕，发生寻租的可能性越低，市场发育越好，进而导致土地总出让金增加。*wage*对土地总出让金的影响显著为正，因为工资水平越高，住房需求越旺盛，从而影响土地配置行为向商住用地倾斜，造成土地总出让金的增加。*st*对土地总出让金的影响显著为负，原因在于产业结构水平越低，第二产业与第三产业的比值越低，城镇化进程加快带来服务业快速发展，使得土地总出让金显著增加。*gov*对土地总出让金的影响显著为正，因为随着财政压力的增加，地方政府对土地总出让金的增加有促进作用，来弥补地方财政缺口。*pop*对土地总出让金的影响显著为正，原因在于人口规模的增加使得对土地的需求也将增加，在市场情况下，土地总出让金也相应增加。

表5-3中的第（4）~（6）列以土地出让总面积为被解释变量，第（4）列中城投债发行当期和滞后一期对土地出让总面积的影响显著为正；在此基础上增加市长任期的解释变量时为第（5）列，其对土地出让总面积的影响显著为正；第（6）列为增加城市特征等相关控制变量的结果，城投债发行当期和滞后一期及市长任期对土地出让总面积的影响也都显著为正。

地方政府债务发行规模和市长任期的增加，会促使土地总出让金和土地出让总面积增加。以上结果验证了本章的假说1。地方政府发行的巨额债务使得自身的偿债压力加大。一方面，地方政府通过发行新债偿还旧债；另一方面，政府通过加大土地出让面积来获得更多的土地出让收入进行偿债。政府通过发债进行投资，再使用发新债还旧债的做法，使得城投债不断突破新的历史峰值。但发行新债又会带来新一轮的偿债压力，进而进一步增加土地出让面积与土地出让金，如此循环往复。市级主要官员的任期通常为 3 ~ 5 年，官员配置土地的行为需要借助企业来完成，也就是所说的需要培育“政商关系”，但这种关系的培育需要一定的时间，通常情况下，本地官员任期越久，与本地企业的互动就越密切，本地企业就会得到更多的便利。官员任期内培育的政商关系对土地总出让金与土地出让总面积具有显著正相关影响（杨继东等，2020），所以党的十八大以来，国家对地方政府官员任期内的土地配置行为进行严格监察，并建立了终身追责制。

表 5 - 3　动态面板模型实证检验结果

变量	土地总出让金			土地出让总面积		
	(1)	(2)	(3)	(4)	(5)	(6)
L. totalprice	0.223*** (0.058)	0.253*** (0.055)	0.218*** (0.051)			
L. totalarea				0.117*** (0.045)	0.143*** (0.045)	0.152*** (0.043)
Debt	0.156*** (0.015)	0.139*** (0.014)	0.109*** (0.014)	0.076*** (0.009)	0.071*** (0.009)	0.045*** (0.010)
L. Debt	0.024*** (0.005)	0.023*** (0.005)	0.016*** (0.004)	0.012*** (0.003)	0.012*** (0.003)	0.008*** (0.003)
major		0.109*** (0.034)	0.132*** (0.030)		0.041** (0.026)	0.053** (0.027)
perGDP			0.110** (0.097)			0.067 (0.085)
builtarea			0.228*** (0.065)			0.252*** (0.060)
wage			0.439** (0.181)			0.044 (0.142)

续表

变量	土地总出让金			土地出让总面积		
	(1)	(2)	(3)	(4)	(5)	(6)
st			-0.105** (0.048)			0.009 (0.041)
gov			0.822*** (0.223)			0.128 (0.165)
pop			0.209*** (0.043)			0.085** (0.034)
常数项	8.557*** (0.627)	8.109*** (0.603)	2.623 (1.854)	4.718*** (0.245)	4.527*** (0.251)	1.713 (1.555)
地区/时间固定效应	YES	YES	YES	YES	YES	YES
观测值	3080	3080	3080	3080	3080	3080
城市个数	280	280	280	280	280	280
调整后的 R^2	0.971	0.974	0.783	0.852	0.684	0.721
Hansen test	0.292	0.234	0.104	0.827	0.160	0.080

5.4.3 稳健性检验

（1）替换被解释变量

将被解释变量指标替换为不同用途土地出让金占土地总出让金的比重，包括工业用地出让金占比（*rindprice*）和商住用地出让金占比（*rcomprice*）。进行系统 GMM 估计。

（2）变换模型方法

使用动态面板差分 GMM 模型进行稳健性检验。

（3）增加控制变量

增加固定资产投资占比和市长年龄两个控制变量，固定资产投资占比用固定资产投资与 GDP 的比值来表示，市长年龄用市长实际年龄与 57 差值的绝对值来表示。两个变量分别控制因固定资产投资和市长年龄原因而对地方政府土地配置行为产生不同效果的影响，对土地总出让金和土地出让总面积进行系统 GMM 实证检验。回归结果如表 5－4 所示。

经过实证检验后，替换被解释变量的结果表明，城投债发行当期、滞后一期和市长任期对工业用地出让金占比的影响显著为负，证明土地总出让金增加，工业用地出让金不增加，占比下降；城投债发行当期、滞后一期和市长任期对商住用地出让金占比的影响显著为正，证明土地总出让金和商住用地出让金都增加，商住用地出让金增加幅度更大。差分 GMM 检验结果表明，城投债发行当期、滞后一期和市长任期对土地总出让金与商住用地出让金的影响显著为正，对工业用地出让金的影响不显著，与系统 GMM 检验结果基本一致。增加控制变量后，实证结果显示，其对土地总出让金和土地出让总面积的影响都是显著为正，与基准回归结果一致。以上三种结果表明本章研究结论具有稳健性。

表5-4　稳健性检验

变量	替换被解释变量		差分 GMM			增加控制变量	
	rindprice	*rcomprice*	*totalprice*	*indprice*	*comprice*	*totalprice*	*totalarea*
L. rindprice	0.073**						
L. rcomprice	(0.032)	0.128*** (0.029)					
L. totalprice			0.223*** (0.053)				
L. indprice				0.109** (0.049)			
L. comprice					0.212*** (0.052)		
L. totalprice						0.234*** (0.053)	
L. totalarea							0.170*** (0.044)
Debt	-0.004** (0.002)	0.007*** (0.020)	0.042*** (0.013)	0.018 (0.014)	0.044*** (0.015)	0.108*** (0.015)	0.048*** (0.011)
L. Debt	-0.001* (0.001)	0.001** (0.001)	0.013*** (0.004)	0.002 (0.005)	0.015*** (0.005)	0.014*** (0.004)	0.008*** (0.003)

续表

变量	替换被解释变量		差分 GMM			增加控制变量	
	rindprice	*rcomprice*	*totalprice*	*indprice*	*comprice*	*totalprice*	*totalarea*
major	−0.010**	0.010*	0.056**	0.014	0.071**	0.127***	0.057**
	(0.004)	(0.005)	(0.025)	(0.027)	(0.029)	(0.033)	(0.024)
控制变量	YES	YES	YES	YES	YES	YES	YES
常数项	0.289	0.222	−4.342*	−0.672	−5.294*	2.517	2.114
	(0.250)	(0.309)	(2.445)	(2.570)	(2.909)	(1.833)	(1.546)
观测值	3080	3080	3080	3080	3080	3080	3080
城市个数	280	280	280	280	280	280	280
AR（2）	0.916	0.051	0.908	0.449	0.483	0.595	0.570
Sargan test	0.691	0.794	0.094	0.165	0.063	0.070	0.089

5.4.4 面板门槛效应模型检验结果

（1）全国层面的门槛效应结果分析

采用面板门槛效应模型来检验地方政府债务和官员任期对地方政府土地配置行为的影响，为进一步确认因变量和自变量之间的非线性关系，根据得到的门槛值先将地方政府债务归类为多个区间，然后再讨论不同区间内地方政府债务与地方政府土地配置行为之间的关系。因动态面板模型的研究结果显示地方政府债务和官员任期对土地出让总面积、土地总出让金、商住用地出让面积和商住用地出让金的影响显著，故采用面板门槛效应模型重点研究其对土地总出让金和商住用地出让金的非线性影响。首先，构建以地方政府债务为门槛变量的门槛效应模型，确定门槛的个数，进行显著性检验。其次，选取数据为400次的自抽样方式，对模拟结果进行模型计算，确定 F 统计量和 P 值，检验门槛变量的显著性，实证结果如表5-5所示。结果显示，存在门槛效应，但双门槛效应不显著，故确定门槛效应为单门槛类型。

表 5 - 5　面板门槛存在性检验

被解释变量	门槛数	F 统计量	P 值	临界值		
				1%	5%	10%
土地总出让金	单门槛	26.94	0.005***	24.566	17.403	14.030
	双门槛	2.51	0.858	16.065	12.349	10.159
商住用地出让金	单门槛	20.23	0.040**	22.936	17.811	15.045
	双门槛	1.35	0.978	15.109	12.073	9.685
土地出让总面积	单门槛	13.82	0.063*	20.446	15.382	12.522
	双门槛	3.38	0.613	16.881	11.090	9.240
商住用地出让面积	单门槛	15.54	0.045**	18.678	13.343	11.300
	双门槛	1.48	0.953	16.696	10.883	8.948

由表 5 - 6 的面板门槛值估计结果可以得出，当被解释变量是土地总出让金时，门槛值为 11.352，因地方政府债务发行规模取对数处理，所以还原成具体数值为 8.5 万亿元；当被解释变量是商住用地出让金时，门槛值为 11.807，地方政府债务发行规模为 13.4 万亿元；当被解释变量是土地出让总面积和商住用地出让面积时，门槛值均为 12.106，也就是地方政府债务发行规模为 18.1 万亿元。

表 5 - 6　面板门槛值估计结果

被解释变量	门槛数	估计值	95% 置信区间
土地总出让金	单门槛	11.352	(11.342，11.363)
商住用地出让金	单门槛	11.807	(11.746，11.819)
土地出让总面积	单门槛	12.106	(11.898，12.139)
商住用地出让面积	单门槛	12.106	(11.955，12.139)

对模型门槛参数进行估计，估计结果如表 5 - 7 所示。当被解释变量是土地总出让金时，地方政府债务对其影响在两个区间均显著为正，但是随着地方政府债务规模的增加，当其大于门槛值时，系数值降低。当被解释变量是商住用地出让金时，地方政府债务在小于等于门槛值区间内对其影响显著为正，大于门槛值时对其影响为正但不显著。有可能是因为偿还债务需要有一定的土地出让收入作为支撑，在较低水平的地方政府债务规模下，地方政

府通过提高土地出让金从而增加土地财政；当地方政府债务规模进一步扩大时，为防止土地价格过高造成的土地资源错配使土地出让金影响系数减少，地方政府出让商住用地增加地方财政收入，从而偿还债务。市长任期对土地总出让金和商住用地出让金的影响均显著为正，表明政府官员为了获得更好的政绩实现政治发展，会提高土地出让金以获得经济成果。

当被解释变量是土地出让总面积和商住用地出让面积时，地方政府债务小于等于门槛值时，其对两者影响显著为正，大于门槛值时，其对两者影响为负，但不显著。究其原因，一方面，可能是地方政府在起初的城市发展中会进行大规模的举债投资，进行短期的逐利，从而引发较强的举债动机（黄国桥、徐永胜，2011）。而政府偿还债务主要是通过出让土地这类稀缺资源来获取财政收入，以减轻债务危机。所以较小的地方政府债务规模可以促使地方政府增加土地出让总面积，但由于可出让的土地数量是有限的，随着地方政府债务发行规模的增加，地方政府会探索更加多元的财政收入来源，例如通过出让商服用地发展第二、第三产业以获得税收收入等。城市规模的扩大和城市化的发展虽然引发了债务水平的进一步提升，但是已经形成的多元化财政收入源使得地方政府不必再依靠单一的出让土地方式来获取收入。另一方面，Wind 数据库城投债资料显示，城投债发行规模增加，发行期限较长，大多为 5～10 年，出让当期土地并不能立马偿还债务。从政府官员角度来看，官员的综合考核机制日趋成熟，当期任职官员只关注发行债务带来的经济增长，并不急于偿还债务，对土地出让并无显著影响，因此地方政府债务和市长任期对土地出让的影响变得不再明显。该门槛模型说明，不同的地方政府债务发行规模对土地出让具有促进和抑制两种影响，呈现非线性特征，验证了本章的假说 3。

最后，控制变量估计结果显示，*perGDP* 对 4 个解释变量的影响显著为正，说明人均 GDP 发展利于土地出让金和土地出让面积的增加。*builtarea* 对 4 个解释变量的影响显著为正，说明土地资源越充裕，发生寻租的可能性越低，市场发育越好，土地出让金和土地出让面积越会增加。*wage* 对土地出让总面积和商住用地出让面积的影响显著为正，说明工资水平越高，土地出让面积越会增加。*st* 对 4 个解释变量的影响显著为正，说明产业结构水平提高，城镇化进程加快带来服务业快速发展，使得土地出让金和出让面积显著增加。*gov* 对 4 个解释变量的影响显著为正，说明随着财政压力的增加，地方政府对土地出让金和出让面积的增加有促进作用，以弥补财政缺口。*pop* 对其影响不显著。

表 5 –7　门槛效应估计结果

解释变量		被解释变量			
		totalprice	*comprice*	*totalarea*	*comarea*
区间 1（*Debt* ≤门槛值）	地方政府债务（*Debt*）	0. 019 ***	0. 019 ***	0. 006 **	0. 008 ***
		(0. 004)	(0. 004)	(0. 002)	(0. 003)
区间 2（*Debt* > 门槛值）	地方政府债务（*Debt*）	0. 008 ***	0. 006	−0. 004	−0. 004
		(0. 003)	(0. 004)	(0. 003)	(0. 003)
major		0. 021 **	0. 023 **	0. 003 **	0. 009 **
		(0. 009)	(0. 010)	(0. 008)	(0. 009)
L. Debt		0. 008 ***	0. 012 ***	−0. 001	0. 004
		(0. 003)	(0. 003)	(0. 002)	(0. 003)
perGDP		0. 834 ***	0. 854 ***	0. 402 ***	0. 288 ***
		(0. 066)	(0. 076)	(0. 054)	(0. 063)
builtarea		0. 411 ***	0. 477 ***	0. 216 ***	0. 330 ***
		(0. 093)	(0. 107)	(0. 077)	(0. 089)
wage		0. 027	0. 009	0. 176 ***	0. 099 ***
		(0. 039)	(0. 045)	(0. 032)	(0. 037)
st		0. 154 ***	0. 149 ***	0. 183 ***	0. 173 ***
		(0. 033)	(0. 037)	(0. 027)	(0. 031)
gov		0. 797 ***	1. 002 ***	0. 760 ***	1. 201 ***
		(0. 179)	(0. 205)	(0. 148)	(0. 171)
pop		−0. 003	−0. 016	0. 049	0. 038
		(0. 048)	(0. 055)	(0. 040)	(0. 046)
常数项		0. 990	−0. 120	1. 480 ***	0. 473
		(0. 663)	(0. 761)	(0. 548)	(0. 633)
观测值		3080	3080	3080	3080
城市个数		280	280	280	280
调整后的 R^2		0. 259	0. 244	0. 099	0. 086

（2）四大区域板块的门槛效应结果分析

将研究区域内的280个城市依经济发展状况分为东部和中西部两个地区，研究分析不同经济发展的区域是否存在门槛效应。选取数据为400次的自抽样方式，对模拟结果进行模型计算，确定F统计量和P值，检验门槛变量的显著性。选取被解释变量为土地总出让金和商住用地出让金，实证结果如表5－8所示。东部地区单门槛和双门槛效应均不显著，也就是并不存在一定的发行规模使东部地区的土地总出让金和商住用地出让金增加，与前文使用系统GMM估计方法对东部地区实证检验所得到的结果一致。中西部地区的双门槛效应不显著，因此，确定门槛效应为单门槛类型，并通过了10%的显著性检验。由表5－9的门槛值估计结果可以得出，在中西部区域中，被解释变量是土地总出让金时，门槛对数值为11.804，也就是地方政府债务发行规模为13.4万亿元；被解释变量是商住用地出让金时，门槛对数值为11.804，也就是地方政府债务发行规模为13.4万亿元。

表5－8　东部和中西部地区门槛存在性检验

区域	被解释变量	门槛数	F统计量	P值	临界值		
					1%	5%	10%
东部地区	土地总出让金	单门槛	5.73	0.443	21.166	14.863	11.971
		双门槛	0.19	1.000	16.919	10.310	8.291
	商住用地出让金	单门槛	5.81	0.423	22.830	15.174	11.913
		双门槛	0.30	1.000	13.773	9.477	7.932
中西部地区	土地总出让金	单门槛	17.50	0.078*	27.646	20.680	16.243
		双门槛	2.10	0.838	16.363	11.153	8.830
	商住用地出让金	单门槛	16.51	0.065*	24.140	17.981	15.270
		双门槛	1.63	0.910	14.695	11.970	9.537

表5－9　中西部地区门槛值估计结果

被解释变量	门槛数	估计值	95%置信区间
土地总出让金	单门槛	11.804	（11.475，11.816）
商住用地出让金	单门槛	11.804	（11.314，11.816）

对模型门槛参数进行估计，实证结果如表5－10所示。在中西部地区中，当地方政府债务小于等于门槛值时，地方政府债务和市长任期对土地总出让金和商住用地出让金的影响显著为正，具有促进作用；当地方政府债务大于门槛值时，地方政府债务对土地总出让金和商住用地出让金的影响不显著。其原因可能在于：中西部地区禀赋条件差，通过发行债务进行基础设施建设，促进中西部地区经济迅速发展。在较小债务发行规模下，发行期限较短，地方政府存在一定的土地依赖，需要依靠土地财政进行偿还，为此通过提高土地出让金获得大量的土地财政。随着地方政府债务规模的逐渐扩大，发行期限延长，一方面出让土地以发展经济，获得财政收入；另一方面债务发行期限时间较长，短期内地方政府不急于通过继续增加土地出让金进行债务偿还。

表5－10　中西部地区门槛效应估计结果

解释变量		被解释变量	
		totalprice	*comprice*
区间1（*Debt*≤门槛值）	地方政府债务（*Debt*）	0.015***	0.019***
		(0.004)	(0.004)
区间2（*Debt*>门槛值）		0.003	0.005
		(0.004)	(0.005)
major		0.026**	0.030**
		(0.011)	(0.013)
L. Debt		0.010***	0.012***
		(0.004)	(0.004)
perGDP		0.619***	0.614***
		(0.079)	(0.091)
builtarea		0.755***	0.861***
		(0.125)	(0.145)
wage		−0.068	−0.052
		(0.048)	(0.055)
st		0.132***	0.135***
		(0.034)	(0.040)

续表

解释变量	被解释变量	
	totalprice	*comprice*
gov	0.611***	0.680***
	(0.214)	(0.248)
pop	-0.017	-0.040
	(0.070)	(0.081)
常数项	2.197***	1.480
	(0.795)	(0.923)
观测值	2002	2002
城市个数	182	182
调整后的 R^2	0.261	0.243

（3）大中城市的门槛效应结果分析

将研究区域内的280个城市依城市等级分为31个大中城市①和非31个大中城市，并研究分析不同城市是否存在门槛效应。同样选取数据为400次的自抽样方式，对模拟结果进行计算。被解释变量为土地总出让金和商住用地出让金，实证结果如表5-11所示。31个大中城市单门槛和双门槛效应均不显著，也就是并不存在一定的发行规模使31个大中城市的土地总出让金和商住用地出让金增加，与前文使用系统GMM估计方法对31个大中城市实证检验所得到的结果一致。非31个大中城市的双门槛效应不显著，因此，确定门槛效应为单门槛类型。由表5-12的门槛值估计结果可以得出，在非31个大中城市中，被解释变量是土地总出让金时，门槛对数值为11.363，也就是地方政府债务发行规模为8.6万亿元；被解释变量是商住用地出让金时，门槛对数值为12.127，也就是地方政府债务发行规模为18.5万亿元。

① 31个大中城市包括石家庄、呼和浩特、太原、沈阳、大连、长春、哈尔滨、南京、杭州、宁波、合肥、福州、厦门、南昌、济南、青岛、郑州、武汉、长沙、广州、深圳、南宁、海口、成都、贵阳、昆明、西安、兰州、西宁、银川、乌鲁木齐。

表 5 - 11　31 个大中城市与非 31 个大中城市的门槛存在性检验

区域	被解释变量	门槛数	F 统计量	P 值	临界值		
					1%	5%	10%
31 个大中城市	土地总出让金	单门槛	9.63	0.263	28.217	18.850	14.993
		双门槛	6.56	0.263	15.368	11.772	9.240
	商住用地出让金	单门槛	10.72	0.200	25.719	17.707	14.190
		双门槛	7.35	0.318	17.455	13.418	11.428
非 31 个大中城市	土地总出让金	单门槛	16.28	0.073 *	23.781	18.486	14.717
		双门槛	7.82	0.265	18.885	13.027	11.216
	商住用地出让金	单门槛	23.60	0.033 **	27.701	19.472	16.058
		双门槛	1.30	0.968	19.923	12.978	10.167

表 5 - 12　非 31 个大中城市门槛值估计结果

被解释变量	门槛数	估计值	95% 置信区间
土地总出让金	单门槛	11.363	（11.351，11.369）
商住用地出让金	单门槛	12.127	（11.705，12.162）

对非 31 个大中城市模型门槛参数进行估计，模型估计结果如表 5 - 13 所示。在非 31 个大中城市中，当被解释变量是土地总出让金时，随着地方政府债务规模增加，其对土地出让金的影响显著且系数值下降。当被解释变量是商住用地出让金时，地方政府债务小于等于门槛值时，对其影响显著为正；地方政府债务大于门槛值时，对其影响为正，但不显著。究其原因，这可能是由于，当地方政府债务发行规模较小时，发行期限较短，地区预算内财政收入相对不足，非 31 个大中城市把土地财政作为偿债来源，提高土地总出让金和商住用地出让金，以期偿还债务。随着地方政府债务发行规模的不断扩大，地区经济发展速度加快，“供给型” 城市建设模式逐渐形成，地方政府不再单一依靠土地财政获得财政收入，为保持土地市场的均衡，商住用地出让金不再显著增加。而在城市经济快速发展阶段，债务的增加使土地总出让金较小幅度地增加，原因可能在于地方政府债务还能够吸引工业投资，若总出让金不增加，会造成土地市场失衡，之后没有过多的土地进行出让，无法偿还到期债务。

表5-13 非31个大中城市门槛效应估计结果

解释变量		被解释变量	
		totalprice	*comprice*
区间1（*Debt*≤门槛值）	地方政府债务（*Debt*）	0.017***	0.016***
		(0.004)	(0.004)
区间2（*Debt*>门槛值）	地方政府债务（*Debt*）	0.007**	0.002
		(0.003)	(0.005)
major		0.0153**	0.018**
		(0.010)	(0.012)
L. Debt		0.007**	0.010***
		(0.003)	(0.004)
perGDP		0.851***	0.874***
		(0.068)	(0.079)
builtarea		0.454***	0.523***
		(0.096)	(0.111)
wage		-0.060	-0.027
		(0.042)	(0.048)
st		0.141***	0.131***
		(0.033)	(0.039)
gov		0.926***	1.149***
		(0.198)	(0.228)
pop		-0.007	-0.015
		(0.051)	(0.059)
常数		0.942	-0.216
		(0.685)	(0.793)
观测值		2739	2739
城市个数		249	249
调整后的R^2		0.259	0.242

5.5　进一步研究分析

5.5.1　对不同类型土地出让的回归结果

自改革开放以来，低价出让工业用地一直是地方政府招商引资的重要举措，但时间一长，以地引资逐渐呈现出底线竞争的性质，同时随着我国经济的快速增长，地方政府入不敷出，需要以“招拍挂”的市场方式高价出让商服用地和住宅用地，获取高额的土地出让金，增加土地财政收入。当前，地方政府低价出让工业用地，主要目的是以地引资，用以提升地方政府参与招商引资的竞争力，促进工业化发展，进而推动经济增长；对于商服用地和住宅用地，采用“招拍挂”高价出让方式，主要目的是以地生财，获得较高的短期收益，以谋求收益最大化。对于不同类型的土地，地方政府采取不同的土地出让策略。下文使用工业用地、商服用地和住宅用地来表示差异化土地出让行为，运用动态面板模型进行回归，结果如表5－14所示。

表5－14　不同类型土地出让的检验结果

变量	土地出让金				土地出让面积			
	(1)	(2)	(3)	(4)	(5)	(6)	(7)	(8)
	indprice	*indprice*	*comprice*	*comprice*	*indarea*	*indarea*	*comarea*	*comarea*
L. indprice	0.099** (0.048)	0.128*** (0.046)						
L. comprice			0.238*** (0.054)	0.202*** (0.052)				
L. indarea					0.098** (0.043)	0.099** (0.045)		
L. comarea							0.232*** (0.048)	0.229*** (0.044)
Debt	0.111*** (0.014)	0.068*** (0.016)	0.151*** (0.016)	0.124*** (0.016)	0.093*** (0.022)	0.082*** (0.026)	0.061*** (0.010)	0.043*** (0.011)
L. Debt	0.019*** (0.005)	0.008* (0.005)	0.026*** (0.005)	0.017*** (0.005)	0.008 (0.021)	−0.010 (0.024)	0.016*** (0.003)	0.011*** (0.003)

续表

变量	土地出让金				土地出让面积			
	(1)	(2)	(3)	(4)	(5)	(6)	(7)	(8)
	indprice	*indprice*	*comprice*	*comprice*	*indarea*	*indarea*	*comarea*	*comarea*
major	0.045	0.061 *	0.127 ***	0.147 ***	0.053	0.066	0.050 *	0.063 **
	(0.038)	(0.037)	(0.039)	(0.037)	(0.036)	(0.041)	(0.029)	(0.029)
控制变量	NO	YES	NO	YES	NO	YES	NO	YES
常数项	8.215 ***	2.171	8.048 ***	2.784	3.924 ***	0.039	3.521 ***	3.112 **
	(0.457)	(1.886)	(0.574)	(1.967)	(0.219)	(2.213)	(0.228)	(1.399)
地区/时间固定效应	YES	YES	YES	YES	YES	YES	YES	YES
观测值	3080	3080	3080	3080	3080	3080	3080	3080
城市个数	280	280	280	280	280	280	280	280
AR (2)	0.582	0.188	0.627	0.349	0.265	0.104	0.763	0.716
Hansen test	0.339	0.100	0.286	0.203	0.307	0.231	0.056	0.227

表5－14显示，滞后一期的工业用地出让金、商住用地出让金、工业用地出让面积和商住用地出让面积对本期的影响系数显著为正，一定程度上说明土地出让存在一定的路径依赖，过去的土地出让行为会影响当期的土地出让。第（1）列、第（3）列、第（5）列和第（7）列是不加控制变量，只研究城投债发行当期、滞后一期和市长任期对土地用地出让金的影响。研究结果显示，城投债发行当期和滞后一期对工业用地出让金的影响显著为正，市长任期对其影响不显著；城投债发行当期、滞后一期和市长任期对商住用地出让金的影响显著为正；城投债发行当期对工业用地出让面积的影响显著为正；城投债发行当期、滞后一期和市长任期对商住用地出让面积的影响显著为正。第（2）列、第（4）列、第（6）列和第（8）列是增加控制变量后的结果，研究结果显示，城投债发行当期、滞后一期和市长任期对工业用地出让金与商住用地出让金的影响都显著为正，但对商住用地出让金显著性更强，都在1%的水平上显著为正；城投债发行当期对工业用地出让面积的影响显著为正，其他不显著；城投债发行当期、滞后一期和市长任期对商住用地出让面积的影响都显著为正。以上结

果表明，在控制相关地方经济指标后，随着地方政府债务规模和市长任期的增加，地方政府对不同用地类型的出让方式存在差异，它们更倾向于出让商住用地，并提高商住用地出让金，验证了本章的假说2。

结果显示，不同类型的土地具有很大的差异性，不同土地的规划定位与发展方向会带来不同的产业结构与空间类型。地方政府债务规模的不断攀升使得地方政府财政压力逐渐加大，地方官员任职时间越长，距离任期考核时间点越近，在此情况下，地方政府优先考虑到第二财政，也就是土地财政来防范债务风险、发展地区经济、完成政绩考核标准。具体到不同类型的土地，就工业用地来说，企业首先考虑的是降低购地成本，以地引资，因而政府大多降低工业用地出让金，提升地方政府参与招商引资的竞争力。而就商住用地来说，企业优先考虑的是核心地段、成熟配套，这类土地通常意味着更高的价值，适合以地生财，因而政府采用提高商住用地出让金和增加商住用地出让面积的方式实现商住用地出让收入最大化。因此，为了偿还地方政府债务并防范债务风险，地方官员获得可能的晋升机会，地方政府更有动力利用土地财政增加预算外收入，更倾向于增加商住用地的出让面积，提高商住用地出让金。

5.5.2　异质性回归结果

（1）东部地区和中西部地区的实证结果

我国幅员辽阔，各地区所处环境与经济社会发展差距较大，将处于不同经济水平的城市放在一起讨论可能会出现一定的偏差，故将280个城市分为东部地区和中西部地区两个区域，描述性统计如表5－15所示。

东部地区地方政府债务发行规模比中西部地区大，市长任期时间比中西部地区短，土地出让金和出让面积整体比中西部地区多；经济发展水平和城镇住房需求比中西部地区高，地区经济增长率越高，经济越发展；东部地区土地充裕程度比中西部地区大，建成区面积大，发展快；东部地区产业结构比中西部地区低，第二产业占第三产业的比重低，表明东部地区相较于中西部地区来说第三产业集聚程度更高，服务业快速发展，城镇化进程加快；东部地区财政压力比中西部地区小，表明东部地区经济发展水平高，财政收入较多；东部地区的人口规模比中西部地区大，人口流入多。

表 5-15　分区域描述性统计

变量	东部地区				中西部地区			
	平均值	标准差	最小值	最大值	平均值	标准差	最小值	最大值
totalarea	5.995	0.916	2.516	8.632	5.488	0.911	1.681	8.967
indarea	5.187	1.096	0.346	7.657	4.622	1.163	0.051	8.900
comarea	5.246	1.030	1.446	8.240	4.774	0.951	0.478	7.857
totalprice	12.550	1.299	8.039	16.252	11.328	1.355	4.904	15.483
indprice	10.411	1.232	2.939	13.724	9.317	1.368	1.895	12.509
comprice	12.341	1.438	4.927	16.240	11.093	1.471	4.419	15.464
Debt	6.299	6.346	0.000	15.700	4.835	5.958	0.000	15.489
major	1.329	1.436	0.000	8.000	1.364	1.408	0.000	10.000
perGDP	10.574	0.558	9.039	11.968	10.097	0.621	8.111	12.041
builtarea	4.728	0.818	2.653	7.142	4.189	0.725	2.024	6.788
wage	10.389	0.421	9.183	11.274	10.242	0.434	8.225	11.354
st	1.287	0.436	0.234	4.181	1.516	0.855	0.187	10.603
gov	0.632	0.211	0.069	1.167	0.391	0.191	0.054	1.541
pop	6.821	0.670	4.285	9.346	6.242	1.003	2.647	9.311

对两大区域进行系统 GMM 估计，区域异质下对不同土地出让金的实证检验结果如表 5-16 所示。

表 5-16　分区域检验：土地出让金

变量	东部地区			中西部地区		
	totalprice	*indprice*	*comprice*	*totalprice*	*indprice*	*comprice*
L. totalprice	0.407 * (0.227)			0.178 *** (0.069)		
L. indprice		0.443 (0.913)			0.150 *** (0.048)	
L. comprice			0.362 ** (0.167)			0.132 ** (0.067)
Debt	0.050 * (0.030)	0.218 (0.135)	0.038 (0.027)	0.094 *** (0.017)	0.052 *** (0.018)	0.111 *** (0.020)

续表

变量	东部地区			中西部地区		
	totalprice	*indprice*	*comprice*	*totalprice*	*indprice*	*comprice*
L. Debt	-0.029 (0.034)	-0.161 (0.122)	-0.009 (0.027)	0.014 *** (0.005)	0.004 (0.005)	0.018 *** (0.006)
major	0.177 (0.198)	0.574 (0.538)	0.186 (0.181)	0.144 *** (0.040)	0.065 (0.047)	0.185 *** (0.046)
控制变量	YES	YES	YES	YES	YES	YES
常数	-4.556 (3.046)	2.510 (9.042)	-4.931 (3.106)	6.136 *** (2.230)	5.150 ** (2.192)	6.696 *** (2.396)
地区/时间固定效应	YES	YES	YES	YES	YES	YES
观测值	1078	1078	1078	2002	2002	2002
城市个数	98	98	98	182	182	182
AR（2）	0.675	0.270	0.630	0.982	0.414	0.650
Hansen test	0.320	0.626	0.687	0.090	0.179	0.144

从表 5－16 可知，东部地区中滞后期的土地总出让金和商住用地出让金对当期的土地总出让金和商住用地出让金有显著的正向影响，中西部地区中滞后期的土地总出让金、工业用地出让金和商住用地出让金对当期都有显著的正向影响，这与全国层面的结论基本一致。

从东部地区来看，除了城投债发行当期对土地总出让金在 10% 的水平上有影响外，其他都无显著影响。对于东部城市而言，市长任期时间较短，变动频繁，对土地影响较小，并且经济发展水平高、产业发展多元化，从基础设施到制造业、服务业和高新技术产业，都有较好的基础。各城市土地价值会随着经济发展水平的逐渐升高而升高，在地方政府债务和官员考核机制下，官员不需要通过提高土地总出让金来推动经济增长从而获得晋升。

从中西部地区来看，城投债发行当期、滞后一期和市长任期对土地总出让金的影响显著为正；城投债发行当期对工业用地出让金的影响显著为正；城投债发行当期、滞后一期和市长任期对商住用地出让金的影响显著为正。东部和中西部地区估计结果表明，当城投债发行规模增加、市长任期增加时，相较于东部地区，中西部地区地方政府更倾向于提高土地的出让金。具体到工业用地和商住用地方面，在面对城投债规模增加和市长任期增加时，地方政府倾向于提高商住用地的土地出让金。对于中西部地区而言，市长任期时间较长，变动不频繁，影响相对较大，并且经济发展相对于东部地区来说较为落后，土地资源也较为丰富，随着“中部崛起”和“西部大开发”战略的实施，各地区大力发展基础设施建设，加快城镇化进程，地方政府一定程度上迫于行政命令，在地方政府债务增加和官员任期增加的情况下，中西部地区倾向于通过土地出让来发展地区经济，弥补财政缺口，以达到晋升的效果。具体到土地类型方面，工业用地对偿还债务以及官员晋升没有即刻的效果，出让工业用地获得的收入是地方政府招商引资的主要途径，但通过产业发展获得收益在时间上具有滞后性，而商住用地短期内就能获得高额土地出让收入，满足地方政府需求，因此其倾向于高价出让商住用地。

（2）分大中城市的实证结果

地区经济发展水平不同和地方政府财政分权程度存在差异，进而地方政府在土地出让行为上可能存在城市差异，将样本分为31个大中城市和非31个大中城市进行分析，描述性统计如表5－17所示。

31个大中城市的地方政府债务发行规模比非31个大中城市大，市长任期时间比非31个大中城市长，土地出让金和出让面积比非31个大中城市多。*perGDP*和*wage*比非31个大中城市高，表明31个大中城市整体经济水平比非31个大中城市高；*builtarea*比非31个大中城市高，建成区面积大，发展快；31个大中城市的*st*比非31个大中城市低，第二产业占第三产业的比重低，表明大中城市第三产业发展规模较大，服务业快速发展，城镇化进程加快；31个大中城市的*gov*比非31个大中城市大，表明城市经济发展水平越高的城市，一般财政收入越高；31个大中城市的*pop*比非31个大中城市大，人口流入多。

表 5 – 17　分城市描述性统计

变量	31 个大中城市				非 31 个大中城市			
	平均值	标准差	最小值	最大值	平均值	标准差	最小值	最大值
totalarea	6. 435	0. 857	2. 516	8. 967	5. 569	0. 910	1. 681	8. 924
indarea	5. 490	1. 123	0. 346	8. 900	4. 736	1. 150	0. 051	8. 866
comarea	5. 831	0. 871	1. 738	8. 240	4. 829	0. 964	0. 478	7. 970
totalprice	13. 428	1. 147	8. 409	16. 252	11. 548	1. 354	4. 904	15. 508
indprice	10. 803	1. 245	4. 320	13. 724	9. 562	1. 382	1. 895	12. 735
comprice	13. 316	1. 196	7. 132	16. 240	11. 307	1. 473	4. 419	15. 482
Debt	9. 873	6. 016	0. 000	15. 700	4. 784	5. 914	0. 000	15. 469
major	1. 821	1. 789	0. 000	10. 000	1. 293	1. 353	0. 000	8. 000
perGDP	10. 846	0. 439	9. 666	11. 882	10. 192	0. 625	8. 111	12. 041
builtarea	5. 764	0. 560	4. 188	7. 142	4. 205	0. 643	2. 024	6. 883
wage	10. 521	0. 407	9. 369	11. 274	10. 265	0. 430	8. 225	11. 354
st	0. 911	0. 280	0. 234	1. 620	1. 501	0. 758	0. 187	10. 603
gov	0. 742	0. 178	0. 261	1. 541	0. 442	0. 212	0. 054	1. 256
pop	7. 107	0. 676	5. 413	9. 346	6. 362	0. 937	2. 647	9. 311

对两部分城市进行系统 GMM 估计，城市异质下对不同土地出让金的实证检验结果如表 5 – 18 所示。

表 5 – 18　分城市检验：土地出让金

变量	31 个大中城市			非 31 个大中城市		
	totalprice	*indprice*	*comprice*	*totalprice*	*indprice*	*comprice*
L. totalprice	0. 359 *** (0. 104)			0. 191 *** (0. 058)		
L. indprice		0. 226 *** (0. 086)			0. 254 (0. 371)	
L. comprice			0. 342 *** (0. 104)			0. 157 *** (0. 056)
Debt	0. 054 ** (0. 026)	0. 031 * (0. 018)	0. 055 ** (0. 027)	0. 112 *** (0. 017)	0. 056 (0. 037)	0. 121 *** (0. 019)

续表

变量	31 个大中城市			非 31 个大中城市		
	totalprice	*indprice*	*comprice*	*totalprice*	*indprice*	*comprice*
L. Debt	0.007 (0.010)	-0.003 (0.010)	0.009 (0.011)	0.018 *** (0.004)	-0.019 (0.028)	0.021 *** (0.005)
major	0.076 (0.089)	0.051 (0.045)	0.074 (0.092)	0.150 *** (0.035)	-0.432 (0.286)	0.181 *** (0.040)
控制变量	YES	YES	YES	YES	YES	YES
常数项	-2.846 (3.442)	-3.732 (3.871)	-2.734 (3.535)	1.739 (2.095)	-2.799 (2.878)	1.555 (2.276)
地区/时间固定效应	YES	YES	YES	YES	YES	YES
观测值	341	341	341	2739	2739	2739
城市个数	31	31	31	249	249	249
AR（2）	0.580	0.382	0.498	0.859	0.767	0.889
Hansen test	0.093	0.675	0.090	0.091	0.112	0.657

表 5-18 结果显示，31 个大中城市滞后期的土地总出让金、工业用地出让金和商住用地出让金对当期有显著的正向影响，非 31 个大中城市滞后期的土地总出让金和商住用地出让金对当期也有显著的正向影响，这与全国层面的结论基本一致。

在 31 个大中城市中，城投债发行当期对土地总出让金、工业用地出让金和商住用地出让金的影响显著为正，其他解释变量对三种土地出让金的影响不显著。究其原因，31 个大中城市经济发展水平较高，一般地方财政收入较高，土地出让收入在土地财政中所占比重不高，在城投债规模增加和市长任期增加的同时，副省级城市在偿还债务方面可以有多个渠道进行，在官员政绩考核机制下，副省级城市经济发展水平高，官员竞争具有绝对优势，无须通过提高土地出让金来获得晋升机会。

在非 31 个大中城市中，城投债发行当期、滞后一期和市长任期对土地总出让金和商住用地出让金的影响显著为正，对工业用地出让金的影响不显著。究其原因，非 31 个大中城市对人口和产业资本的吸引力要明显弱于副省级城市，地区预算内财政收入相对不足，在“供给型”城市建设模式以及用地指标行政性配置过程中偏向地级市的政策作用下（冀云阳等，2019），地方政府竞争体制进一步促使地方政府采取积极的土地财政策略，故高价出让经营性用地即商住用地以获取最大收益。

（3）分时间段的实证结果

从时间段来看，2007 年我国允许将出让土地获得的收入纳入政府基金预算，这一规定使得土地出让收入在政府可支配收入中的比重大幅上升。随着市场化进一步发展，政府不断探索对土地出让的科学管理模式。2001 年，国务院发布《关于加强国有土地资产管理的通知》，要求市政府建立土地储备制度，利用市场导向的方式将土地使用权从现有所有者手中收回，重新将土地投入市场，由此进一步激活土地市场要素的充分利用。2012 年，国土资源部、人民银行、财政部和银监会四部门联合印发《关于加强土地储备与融资管理的通知》，要求在尊重土地出让的市场化条件下，严格控制融资规模和土地储备规模，预防金融风险。政府对土地出让从完全的行政性计划到逐步允许土地出让的市场化探索，显示了我国通过市场来优化配置土地资源的迫切需求，将样本分为 2007—2012 年和 2013—2017 年两个时间段进行分析，描述性统计如表 5－19 所示。

从表 5－19 描述性统计分析来看，2013—2017 年发行城投债规模比 2007—2012 年大，市长任期在 2013—2017 年时间较短，土地的出让金和出让面积在后几年多；2013—2017 年，*perGDP*、*builtarea* 和 *wage* 较大，*st* 比 2007—2012 年低，*gov* 和 *pop* 相对较小。

表 5－19　分时间段描述性统计

变量	2007—2012 年				2013—2017 年			
	平均值	标准差	最小值	最大值	平均值	标准差	最小值	最大值
totalarea	5.636	1.008	1.681	8.967	5.700	0.860	2.087	7.760
indarea	4.800	1.268	0.051	8.900	4.843	1.043	0.196	7.238
comarea	4.874	1.051	0.478	8.240	5.018	0.942	0.645	7.326
totalprice	11.496	1.455	4.904	15.616	12.068	1.398	5.888	16.252
indprice	9.577	1.555	1.895	13.116	9.847	1.226	3.692	13.724

续表

变量	2007—2012 年				2013—2017 年			
	平均值	标准差	最小值	最大值	平均值	标准差	最小值	最大值
comprice	11.235	1.571	4.419	15.582	11.883	1.509	5.766	16.240
Debt	3.068	5.224	0.000	14.437	8.082	6.031	0.000	15.700
major	1.419	1.487	0.000	8.000	1.271	1.326	0.000	10.000
perGDP	10.053	0.639	8.111	11.989	10.518	0.545	8.869	12.041
builtarea	4.244	0.791	2.024	6.918	4.538	0.783	2.434	7.142
wage	10.009	0.358	8.607	10.852	10.635	0.223	8.225	11.354
st	1.590	0.855	0.316	10.603	1.251	0.527	0.187	4.827
gov	0.480	0.235	0.054	1.256	0.470	0.222	0.074	1.541
pop	6.482	0.971	2.647	9.346	6.400	0.903	2.650	9.311

对两个时间段进行系统 GMM 估计，时间异质下对不同土地出让金的实证检验结果如表 5－20 所示。

表 5－20　分时间段检验：土地出让金

变量	2007—2012 年			2013—2017 年		
	totalprice	*indprice*	*comprice*	*totalprice*	*indprice*	*comprice*
L. totalprice	0.381*** (0.110)			0.299*** (0.047)		
L. indprice		0.223*** (0.036)			0.118*** (0.044)	
L. comprice			0.562*** (0.075)			0.283*** (0.046)
Debt	0.007 (0.019)	－0.011 (0.013)	0.023** (0.011)	0.047*** (0.010)	0.042*** (0.009)	0.049*** (0.011)
L. Debt	0.005 (0.008)	0.002 (0.004)	0.009** (0.004)	0.012*** (0.004)	0.008** (0.004)	0.015*** (0.005)
major	0.024 (0.054)	0.013 (0.025)	0.005 (0.026)	0.071*** (0.025)	0.003 (0.023)	0.096*** (0.029)
控制变量	YES	YES	YES	YES	YES	YES
常数项	2.569 (5.309)	4.990** (1.981)	1.917 (1.961)	－3.751*** (1.408)	－1.910 (1.443)	－4.762*** (1.516)

续表

变量	2007—2012 年			2013—2017 年		
	totalprice	*indprice*	*comprice*	*totalprice*	*indprice*	*comprice*
地区/时间固定效应	YES	YES	YES	YES	YES	YES
观测值	1680	1680	1680	1400	1400	1400
城市个数	280	280	280	280	280	280
AR（2）	0. 330	0. 061	0. 064	0. 504	0. 345	0. 251
Sargan test	0. 050	0. 216	0. 080	0. 050	0. 303	0. 097

表 5－20 结果显示，两个时间段中滞后期的土地总出让金、工业用地出让金和商住用地出让金对当期有显著的正向影响，这与全国层面的结论基本一致。2007—2012 年，城投债发行当期和滞后一期对商住用地出让金的影响显著为正，其他都不显著。2013—2017 年，城投债发行当期、滞后一期和市长任期对土地总出让金和商住用地出让金的影响均显著为正，城投债发行当期和滞后一期对工业用地出让金的影响显著为正，市长任期对工业用地出让金的影响不显著。2011 年和 2012 年的相关通知发布之后，地方政府迫切需要通过市场来优化配置土地资源，获得土地财政收入，从而作为偿还债务的资金和促进经济增长，达到政绩考核标准，官员获得晋升的机会。因此，2012 年以后，随着新型城镇化的推进，城投债规模逐年增加，市长任期增加，地方政府需依靠土地出让减少财政压力，故在 2013—2017 年地方政府债务和市长任期的增加对土地出让金的影响更为显著。

5. 6　研究结论与政策建议

5. 6. 1　研究结论

在基准回归中，随着地方政府债务发行规模的增加和市长任期的增加，土地总出让金和土地出让总面积在 1% 的水平上显著增加，并且市长任期对其影响系数更大，表明地级市中市长是影响土地出让、增加土地财政的主要人物。此结果表明，地方政府债务一定程度上依赖于土地出让行为，官员会利用土地财政获得晋升的机会，两者都会促使土地总出让金和土地出让总面积的增加。

在不同类型的土地出让中，随着地方政府债务发行规模增加与市长任期的增加，地方政府更倾向于出让商住用地，增加商住用地出让面积，增加商住用地出让金。此结果表明，不同地区存在差异化的土地出让方式，商住用地获得的土地出让收入较多，地方政府倾向于把商住用地作为发展经济、增加财政收入的主要手段。

存在空间和时间上的异质性。随着地方政府债务发行规模增加与市长任期的增加，在中西部地区、非 31 个大中城市以及 2013—2017 年时间段中，其对土地总出让金和商住用地出让金增加，对工业用地出让金没有显著影响。此结果表明，由于区域不同、城市级别不同、时间段不同，会有不同的地区发展模式、不同的城市经济水平、不同的地方政策等，从而对土地出让产生不同的影响。

通过门槛效应模型发现，存在以地方政府债务为门槛变量的单门槛效应，当小于等于门槛值时，地方政府债务对土地总出让金、商住用地出让金、土地用地出让总面积和商住用地出让面积的影响显著；当大于门槛值时，地方政府债务对土地总出让金的影响显著，对商住用地出让金的影响为正，不显著。对土地用地出让总面积和商住用地出让面积的影响为负，不显著。区域层面结果表明存在单门槛效应。在中西部地区，当地方政府债务小于等于门槛值时，其对土地总出让金和商住用地出让金具有显著的促进作用；当地方政府债务大于门槛值时，其对土地总出让金和商住用地出让金影响为正但不显著。在非 31 个大中城市中，当地方政府债务小于等于门槛值时，其对土地总出让金和商住用地出让金具有显著的促进作用；当地方政府债务大于门槛值时，其对土地总出让金的影响显著且为正但系数降低，对商住用地出让金的影响为正但不显著。此结果表明，地方政府债务对土地出让的影响同时具有促进和抑制两种不同的影响，其效应随着发行规模的提升而呈现出非线性特征。较小的地方政府债务规模依靠土地财政进行偿还，对土地出让有促进作用；随着地方政府债务规模的不断扩大，地方政府会在考虑土地市场稳定的前提下，倾向于探索其他财政收入来源偿还债务，对土地出让有抑制作用。

5.6.2　政策建议

第一，完善地方政府债务监督管理制度，从法律方面严格规范地方融资平台的举债行为，加强审计和纪检部门的监管职能作用，了解地方政府债务规模，规避防范地方政府的偿债风险。

随着地方政府债务规模的逐年增加，在权责发生制下继续健全包括地方融资平台和地方政府债务在内的政府财务报告制度，提高地方融资平台对发行债务的管理和控制水平，提高地方政府隐性债务信息的透明度，充分掌握地方财政收支、地方政府债务发行和到期规模、债务流向及来源问题。在防范地方政府债务风险上，一方面完善地方政府会计体系，推进会计改革制度，为地方政府债务规模和地方债务核算提供强大的技术支持。另一方面推动地方政府融资平台的市场化转型和升级，关闭空壳公司，完善融资平台和城投公司对地方政府债务的信用评级制度。对于地方政府债务风险预警，要保持实践性和科学性相统一，在充分考虑各地区经济发展的基础上客观公正地防范地方政府债务风险问题。

第二，对于不同的土地类型和不同的地区，地方政府采取的土地出让策略不同，地方政府应在考虑不同区域土地出让性质的前提下，加强对土地行为差异化的制度规范，防范地方政府过度追求短期效益而牺牲长期效益的风险，完善政绩考核体系，将地方经济的长期健康有序发展纳入地方政府与官员终身考核之中。

引导晋升激励静态性和动态性相结合。一方面，目前我国地方官员政绩考核机制以唯 GDP 为标尺，一定程度上使得地方政府过度举债，引发了潜在的地方政府债务风险，不利于经济健康持续发展。应改革完善地方官员晋升激励机制，把以 GDP 为核心，关注经济增长率的政绩考核机制转变成以高质量发展为导向的新时代经济发展，科学设置中央和群众对地方政府的预算监督，将地区负债率和地区经济发展成果纳入政绩考核范围内，从而真正提高地区经济发展质量，更好完善地方政府治理体系。另一方面，规范地方政府融资行为，将土地出让收入和举债纳入地方政府资产负债表中。提高土地出让收入的具体化和透明化，提升土地出让金绩效管理水平，控制地方官员在任期增加的同时盲目出让土地和城镇扩张的行为，科学制定土地政策，保证土地政策的合理规划，避免因官员变更而引起土地政策朝令夕改。

第三，土地出让是土地市场中核心影响因素之一，调整土地结构、降低土地依赖度是现阶段土地供应模式的发展与创新，同时也能更好维护土地市场良好运转，优化国土空间布局。

在土地资源配置中地方政府处于绝对权威的前提下，土地财政是偿还地方政府债务的主要来源，但是过度依赖土地增加了获取财政收入的风险，中央政府应引入相对合理的竞争机制，提高土地资源配置效率，降低地方政府对土地出让收入的依赖，控制土地总出让金和商住用地出让金的范围，规范土地市场管理，使地方政府对土地市场的经济决策保持在可控范围内，降低土地财政在地方政府债务发行中的作用。针对我国区域性土地出让的差异要采取有针对性的差异化政策。对于中西部地区和非31个大中城市，要科学设置税收征管制度，完善房地产税改革制度，中央政府应加大对地区的财政转移支付力度，赋予地方政府一定的课税和财政自主权力，进而弱化这些地区和城市的土地财政。

第 6 章　城市土地配置行为对区域经济高质量发展的影响

6.1　问题的提出

在中国经济发展迈入新时代的背景下，更需要把握经济发展过程中“量”的合理增长与“质”的有效提升，促进二者的有机结合。从党的十九大报告中正式明确指出我国经济已经由高速增长阶段转向高质量发展阶段开始，“高质量发展”就已成为中国经济发展的全新战略定位与正确发展方向。要想实现经济稳步增长，只依赖提高经济增长速度的旧方式是不可取的，更需要聚焦于经济发展质量的提升（钟文等，2022）。“推动高质量发展”是“十四五”时期经济社会发展的主题，党的“十四五”规划明确提出，“推动高质量发展，必须立足新发展阶段、贯彻新发展理念、构建新发展格局”，保持经济平稳较快可持续发展，需提升经济发展质量（郭文伟、李嘉琪，2019）。由于发展过程中不平衡不充分的问题依然突出，中国经济发展仍受到资源禀赋、区位条件和地方政策等因素的影响与制约，经济发展质量呈现出显著的区域差异。作为地方经济发展的负责人，地方政府不仅需要充当“帮扶者”的角色扶持企业经营，更重要的是增加地方财政以推动经济发展，其中土地财政发挥着主要的支撑作用。在“十四五”时期不断完善要素市场化配置的背景下，处于首位的土地要素配置的作用日益凸显，地方政府从土地资源配置的角度出发，制定多维土地政策进行土地配置干预，并为地方财政带来有力支撑。在高质量发展的战略目标下，地方政府合理的土地配置行为对推动经济发展、摆脱传统投资推动的发展模式意义重大。

在经济分权与政治集权相结合的独特分权机制背景下，竞争土地资源成为地方政府推动经济发展和增加财政收入的主要方式（安勇，2022）。“晋升锦标赛”激发着地方政府官员发展经济的热情，为充分利用土地资源，各地形成了“以地谋发展”的经营模式，即地方政府通过掌握土地一级供应市场，对土地市场大力干预，从而对不同类型的土地资源采取差别化的土地资源配置和出让方式。一方面，通过“以地引资”模式即低价供应工业用地吸引各类投资，增加地区内的就业机会，带动经济发展；另一方面，采取“以地生财”模式即高价供应商住用地增加地方财政收入，利用商住用地的不饱和性尽可能获取更高的土地出让金，借此缓解财政压力。实践证明，地方政府“以地谋发展”的模式给城市建设积累了大量资金，两类用地价格形成的巨大剪刀差在短期内给经济增长带来了巨大的推动力。

目前，中国经济已经进入高质量发展阶段，地方政府“以地谋发展”模式的经济推动作用逐步减弱，同时为吸引资金和留住企业，地方政府普遍存在以低价甚至零地价供给工业用地的现象（刘新智、周韩梅，2022），由此引发的土地资源错配问题给土地利用与城市创新发展带来负面影响（安勇、赵丽霞，2021），从而阻碍了经济高质量发展进程。因此，为深入全面分析地方政府土地配置行为对经济高质量发展的影响，将地方政府“以地谋发展”模式细化为“以地引资”和“以地生财”两个角度进行分析讨论，探讨其对经济高质量发展的影响及其作用。基于此，本章构建模型从现实意义角度探讨地方政府土地配置行为对经济高质量发展的影响及其作用路径。

6.2 文献综述

6.2.1 地方政府土地配置行为相关文献研究

（1）“以地引资”模式的发展及影响

在扩张性财政政策的偏好下，我国地方政府面临着财政赤字带来的财政压力。为缓解财政压力，地方政府会缩减财政支出或扩大财政收入来源。而在经济分权与政治集权相结合的独特分权机制背景下，土地作为经济活动的空间载体，是地方政府招商引资的主要手段，地方政府掌握着土地资源的所有权，通过对土地一级供应市场的垄断，对土地市场进行大力干预（张莉等，2011）。按照城市地区规划，地方政府将土地使用权通过一定的程序和流程，分配给个人用于生产经营活动，这一过程赋予了地方政府以低价出让工业用地资源，吸引各类投资的权力。“以地引资”模式主要针对工业用地，企业土地使用价格大幅降低，很大程度上削减了企业的投资成本，便于企业将资金用于自身发展与技术创新方面。但是“以地引资”模式也会对工业用地市场本身的发展带来各种影响。

“以地引资”模式下地方政府垄断工业用地市场，对工业用地出让价格产生影响。“以地引资”模式的初衷是吸引各类投资，缓解财政压力。地方政府发现工业用地价格过高会限制新企业的进入，还会阻碍地区内已有企业的扩张，而工业用地出让最低价政策会降低工业用地出让补贴，提高新进入企业的生产效率，地方政府为保障地区发展，选择工业用地出让最低价政策的偏好被加强（Lin et al.，2019；王之等，2024）；同时为吸引外商投资，减少外资企业因工业用地成本过高而产生的撤资行为，地方政府压低工业用地出让价格，但控制用地价格行为并不能产生长期抑制作用（严兵、贾辉辉，2022），而且工业用地的低价政策会影响工业企业的拿地需求，影响土地的交易数量和成交面积。而部分地方政府看重短期利益，在主导工业用地市场价格的过程中尝到了“甜头”，因此为了吸引更多的企业投资，地方政府不断加大对工业用地出让价格的干预力度。压低工业用地的出让价格，导致工业用地供应过量，甚至出现零地价现象（高菠阳等，2020）。在地方竞争愈演愈烈的制度背景之下，地方政府为追求中长期的税收收益，会不断加强低价出让工业用地的动机和行为，导致工业用地价格长期处于较低水平（楚建群等，2014）。此外，我国地方政府土地出让行为不仅会受到财政激励，还会受到政治激励，政治激励会进一步强化地方政府的土地出让行为。官员上任之后晋升激励也随之增强，为吸引投资而不断压低工业用地出让价格，但该压低工业用地出让价格的行为会在任职时间超过临界值之后开始减少（田文佳等，2019）。基于此，诸多学者也对改善地方政府过多干预工业用地市场导致工业用地价格过低的问题展开了讨论。为减少地方政府“以地引资”性质的工业用地大幅出让，适当增加财政压力可以约束地方政府的“以地引资”行为，但体制外融资渠道多样化会减弱其约束作用，显著增加工业用地出让面积（亓寿伟等，2020）。要想克服工业用地定价难题，还需从工业用地市场化改革推进入手，发挥市场的主导作用，建立公开透明的工业用地二级交易市场（屠帆等，2023）。

“以地引资”模式下工业用地供应过量，直接导致工业用地利用效率降低。为了推动我国工业整体发展，地方政府不断增加工业用地的出让数量，工业用地数量短期内的大幅增长带来了经济的快速发展，并且提升了工业用地的利用强度（Zhao et al.，2022），但从长期可持续发展的角度来看，工业用地资源浪费的问题越发严重，利用效率低下。从全国范围来看，地方政府低价出让工业用地的“以地引资”模式确实吸引了发展潜力更大的企业入驻，但其对本地企业的溢出作用并不明显，同时加重了工业用地资源的浪费，阻碍了地区工业经济的发展（田文佳等，2020）。我国疆域辽阔，各地区经济社会发展水平不一，政策实施也存在差别，因此学者们从不同地区分别探讨了“以地引资”模式对工业用地效率的影响。例如，发展较快省份湖南省，全省整体工业用地利用效率并不高，各个区域发展存在明显的空间差异（庄红卫、李红，2011）；在经济转型背景下，湖北省的工业用地出让方式较为单一，在“以地引资”模式下出现了大量闲置用地，工业用地管理与目前的新发展格局并不适应，为提高工业用地利用效率，迫切需要加强针对工业用地出让使用的监督管理。对于发展较慢的省份而言（如内蒙古自治区），地方政府面对工业发展转型适应力不足，完全依靠“以地引资”的旧发展模式，工业用地出让政策的缺陷越发明显。调研发现与发达省份相比，落后省份工业用地出让过程存在的问题更多、更复杂，如出让方式单一、审批流程冗长、监管效力不足等，亟须实行有针对性的措施以改善现状。对于发展潜力更大的长江经济带城市而言，经济转型为其带来了更多的发展机会和资金来源，虽然工业用地利用效率在区域间存在“东北高—西南低”的特征，但由于其自身发展条件良好，工业用地利用效率整体处于中等水平（张立新等，2020），一定程度上克服了“以地引资”出让政策的弊端。同时集约化的土地利用可以支持可持续的社会发展，有限土地资源的高效利用积极推动了经济转型的步伐。

此外，在生态环境保护日益重要的背景下，地方政府在“以地引资”模式下低价出让工业用地，增加了大量生产效率低、高碳排、高污染的企业。地方工业用地供应面积的增加不仅带来了工业能源碳排放量的增加，而且工业用地出让价格越低，工业能源碳排放水平越高（陈前利等，2019）。在政府主导的工业用地出让模式下，地区污染密集型企业以较低的价格获得了大部分的工业用地，降低了城市空气质量，工业用地难以实现绿色利用（Xie et al.，2019）。

（2）“以地生财”模式的发展及影响

土地财政收入是地方政府收入来源的主要构成部分，其中出让商住用地的收入贡献最大。商住用地由于用途的特殊性，具有一次性出让的特征。地方政府会对商住用地的出让实行高价限制性的供应，借此获得巨大的土地出让金，即“以地生财”模式。商住用地价格的大幅上涨形成了巨大的土地红利，“以地生财”模式不仅盘活了闲置土地资源，而且推动了城市整体发展（郑思齐等，2014）。城市土地价格的提高会改善区域内土地利用效率，对于商住用地而言，商住用地价格的提高可以在短期内迅速起到改善土地利用效率的作用，同时在政府间形成政策互动的“虹吸效应”，但在长期内作用会减弱；而工业用地与之相反，短期内对土地利用效率的改善作用并不明显，但在长期内会表现为较强的推动作用（陈卓等，2022）。基于商住用地高价限制性供应的特点，商住用地往往会呈现出“逐顶竞争”的状态（安勇，2022），因此应当避免出现唯“价高者得”的现象，结合“以地生财”模式深化“招拍挂”出让制度，实现土地资源利用效率的有效改善。

“以地生财”模式形成的巨大土地红利，会凸显地区发展优势，有效推动区域发展。一方面，“以地生财”模式可以带动城市基础设施建设，实现区域内部稳定发展。地方政府基于“以地生财”模式积累了大量的资金，很大程度上缓解了地方政府在财政支出中存在的财政约束，同时增加了地方政府对城市基本建设项目支出的偏好，并将资金用于城市建设，完善了基础设施建设（陈卓等，2022）。同时土地财政收入的增加会带来农村基础设施投入的提升，但这种提升效应是由土地财政收入的多少和对土地财政依赖程度的大小共同决定的（安勇，2022）。在经济转型的背景下，网络基础建设也引起了学术界的重视，加强网络基础设施投资是关键的政策选择。在这一背景下，工业用地引资和商住用地融资生财都会正向促进网络基础建设，而土地财政会加强正向推动作用，这也从侧面证明了“以地谋发展”模式的积极作用（魏子博等，2023）。另一方面，土地财政收入深刻影响着区域创新能力发展。“以地生财”模式下，商住用地出让积累的高额收入可以显著提升区域创新能力，主要表现在其“补给效应”机制上，通过放松对财政预算的约束达到补给科教支出的目的（张充，2019），从而实现对创新能力的驱动。但当企业发展过度依赖地方政府的土地财政收入支持时，会对区域创新能力的提升产生不利影响（李腾等，2024）。高质量发展阶段“以地生财”的土地资源配置模式在政府竞争背景的作用下，会对周边城市的创新能力产生显著抑制效应（Han et al.，2023），甚至在东部发达地区，“以地谋发展”模式下土地资源配置对地区创新能力的提升作用趋于完全消失。

学者也对“以地生财”模式的弊端进行了探讨研究。从商住用地资源利用本身出发，抬高并限制其出让价格直接影响了土地市场本身的宏观调节作用和土地资源配置效果，降低了土地利用效率，加之中国城市空间扩张迅速，城市空间扩张质量下降成为阻碍发展的显著问题。研究表明，从产业集聚视角来看，土地财政在产业集聚水平较低时会引致城市扩建、扩张质量向低水平发展（莫长炜等，2023），但对于产业集聚能力较强的城市而言，“以地生财”模式为城市发展积累了大量资金，其与实现高质量城市扩张并不矛盾。为更全面、深入地探讨在“以地谋发展”模式下的土地财政对土地利用效率的影响，在充分考虑地方政府增长目标短期化的特征之后，将土地利用效率分解为土地技术效率和土地规模效率（于斌斌、苏宜梅，2022），得出土地财政分别与二者呈“U”形与倒“U”形的相关关系，为进一步优化地方政府土地配置行为带来新启发。结合高质量发展背景下对环境保护的要求，新一轮研究的关注点聚焦在绿色土地利用效率上，而从空间策略互动研究角度出发，随着土地财政规模的扩大，土地财政对城市绿色土地利用效率的影响作用由正向变为负向，呈倒“U”形（Zhong et al.，2022）。与“以地引资”的情况类似，“以地生财”模式也会影响城市的环境质量，同时土地财政会显著抑制绿色技术进步，阻碍城市的高质量发展与绿色转型（刘章生、赵汉成，2023）。从城镇化发展的角度出发，地方政府“以地生财”模式从整体上加大了城乡收入差距，甚至会带来“人地失调”的城镇化格局（谢鹏，2019），地方政府对“以地生财”具有严重的路径依赖性，同时还存在较高的空间溢出效应，对相邻省份的城乡收入差距也会产生较强的扩大效应（钟国辉、姚金海，2023）。

6.2.2　经济高质量发展相关文献研究

高质量发展是我国目前发展阶段的重要战略目标，关于经济高质量发展的研究众多。目前，构建经济高质量发展指标体系的方法大致可以分为三大类。

第一，为充分反映经济增长效率的变化，通常选取具有代表性的单一测度指标来衡量经济高质量发展水平。例如，人均实际 GDP、劳均 GDP、全要素生产率、绿色全要素生产率、夜间灯光数据和劳动生产率等。陈诗一和陈登科（2018）为研究雾霾污染、政府治理与经济高质量发展三者之间的关系，选择劳动生产率即人均产出作为衡量经济高质量发展的指标。Han 等（2023）分别使用单一因子实际 GDP 和综合因子全要素生产率衡量中国经济高质量发展水平。贾俊雪等（2023）构建模型测算全要素生产率，并将全要素生产率作为经济高质量发展的代理变量，研究其与地方政府环境规制的相关关系。Gong 和 Zhang（2023）、Ma 等（2023）将全要素生产率视为中国高质量发展的驱动力，发挥无形要素的作用。任转转和邓峰（2023）对全要素生产率与绿色全要素生产率均进行详细计算，同时将其作为代理变量对经济高质量发展进行全面衡量，分析要素结构转型与经济高质量发展之间的关系。同时，绿色全要素生产率成为国外学者的研究重点，Yin 等（2023）、Guo 等（2023）均对绿色全要素生产率进行研究分析，将其作为分析经济高质量发展的代理变量。秦永等（2023）系统地对夜间灯光数据作为 GDP 替代指标中存在的问题进行梳理，得出夜间灯光数据指标是 GDP 的最优替代指标。Du 等（2023）将夜间灯光数据作为经济发展质量的衡量变量，对地区经济发展进行研究分析。

第二，为更好地契合当前中国的发展理念，部分学者选择从创新、协调、绿色、开放、共享五个方面选取指标构建经济高质量发展的指标体系进行研究。杨永芳和王秦（2024）以新发展理念为指导，选取 30 个指标基于组合赋权法构建经济高质量发展的评价体系。刘文革和何斐然（2023）遵循新发展理念，从多维角度出发分别构建了宏观、中观、微观经济高质量发展指标体系，综合全面地测算经济高质量发展水平。也有学者从地区角度出发，基于新发展理念，构建经济高质量发展指标体系衡量地区经济发展水平。刘瑞和郭涛（2020）使用主成分分析法构建经济高质量发展指数，针对我国东北地区的经济发展状况进行了系统性分析；欧进锋等（2020）综合分析后选取了广东省 21 个地级市，构建经济高质量发展指数对其发展水平进行分析研究。Luo 和 Qu（2023）从新发展理念出发，分别构建了五个子系统衡量经济高质量发展水平。

第三，结合时代发展背景和不同发展阶段，对经济高质量发展本身的内涵和特征进行综合分析，从研究角度出发构建指标体系。邹克和周益赞（2024）结合研究方向从规模增长、科技含量、产业结构和生态环境四个方面，基于层次分析法构建经济高质量发展指标体系，使指标体系更加贴合科技金融的研究方向。周磊和龚志民（2022）从投入和产出两个方面选取指标构建绿色高质量发展测算体系。冯锐等（2021）使用熵值法从经济效益、产业结构、科技创新和生态环境四个方面出发，计算各个指标和各个维度的权重，最终合成实体经济高质量发展测算数值。Zhang 等（2023）从生态环境保护和社会发展角度出发挑选经济高质量发展子系统的指标，并利用夜间灯光数据对其子系统进行评价。Yin 等（2023）在研究时并没有进行高质量经济发展指标体系的单一构建，而是在其基础上采用熵 - TOPSIS 方法再次对经济高质量发展进行衡量。Gao 等（2023）运用 SFA 方法，从生产角度出发，使用假设生产要素的方式并且结合 C - D 生产函数对经济高质量发展指数进行测算。Fu 等（2023）从产业发展、技术创新、绿色全要素生产率、居民生活和环境指标五个方面构建经济高质量发展综合评价指标体系。刘秉镰和秦文晋（2022）为综合考虑经济高质量发展的影响因子，构建指标体系囊括高质量供给、发展效率、结构优化、高质量需求、经济稳定、绿色效益和社会效益七个维度，综合考量经济高质量发展体系。杨耀武和张平（2021）从与经济发展密切相关的研究角度出发，选取经济成果分配、自然资源与环境、经济效率与稳定性、人力资本与分布状况和社会发展状况五个方面，进行经济高质量发展体系构建。

对经济高质量发展的研究，除聚焦其本身发展指标构建与测度方式之外，对其影响因素的研究也十分丰富，关注度较高的方面包括数字金融、碳排放和产业集聚等。在数字金融作用日益凸显的背景下，张高明等（2024）基于双创视角分析数字金融对经济高质量发展的影响，研究发现数字金融对经济高质量发展具有显著的促进作用，且二者之间存在明显的门槛效应。范贤贤和郭平（2023）对三个批次低碳城市试点政策研究之后发现，试点政策会推动城市经济高质量发展，但二者之间的促进作用呈减弱趋势。郑丽琳和姚永络（2024）运用 DID 模型分析了碳市场政策对地区经济高质量发展的影响，发现提高碳市场的活跃度可以有效提升经济高质量发展水平。Liu 和 Hu（2024）经过研究发现，以碳排放为特征的环境输入方式与经济高质量发展之间呈倒“U”形关系。产业集聚是加快经济高质量发展的关键途径，李涛等（2022）通过构建空间模型得出产业集聚对经济高质量发展具有显著的促进作用，并且二者之间存在空间溢出效应。

朱俏俏等（2023）通过中介效应模型研究二者的作用路径，得出环境规制对产业协同集聚和经济高质量发展之间的关系具有正向调节作用的结论。Guo 和 Sun（2023）研究发现，制造业集聚会对本地区的经济高质量发展产生促进作用，同时也会正向促进周边地区的经济高质量发展，具有明显的空间性。

综上所述，现有文献对经济高质量发展的研究十分丰富，关于其指标体系构建和影响因素研究方面的探讨十分全面。基于研究主题，本章考虑到核心问题为地方政府土地配置行为对经济高质量发展的影响，选择夜间灯光数据来衡量经济高质量发展水平。主要有以下两个方面的考虑：第一，地方政府土地配置行为主要针对工业用地和商住用地，研究范围主要集中在第二、第三产业，数据获取维度主要集中在建成区范围，使用夜间灯光数据可以增强数据范围界定和研究结果的准确性，同时可以准确地刻画出城市发展情况和人口集聚指标的影响，为研究结果提供多角度支撑，以此弥补统计误差等不可观测因素造成的缺陷。第二，夜间灯光数据可以弥补 GDP 相关统计指标中的数据缺陷，具有较强的客观性和真实性，同时在进行跨区域比较时，夜间灯光数据无须进行平减。

6.2.3 城市土地配置行为对经济高质量发展的相关研究进展

土地是经济发展的主要驱动要素，土地资源经常作为一类投入要素被纳入生产函数或经济增长模型中进行学术探讨。何明洋和陈曦（2022）将土地作为生产投入要素纳入生产函数模型中，在此基础上分析中国经济潜在增长率的上升潜力。杨喜等（2020）构建了三要素的 C-D 生产函数，从空间相关性角度分析了资本、劳动、土地和经济产出之间的关系，认为增加土地要素的投入可以促进经济增长。宋敏等（2022）运用 C-D 生产函数计算土地要素在农业与非农业部门中的边际收益，得出土地要素投入极大地影响着湖北省经济增长，并且土地要素的经济贡献难以替代。张璋等（2023）将土地纳入索洛模型中进行研究，土地与劳动要素的组合配置会对经济可持续发展产生长期的促进作用。国外学者也认识到了土地要素所带来的资本收益，并正视其带来的经济效益。Weale（2019）提出，土地是一种极具价值的自然资本形式，应合理正视并合理利用土地带来的资本收入。Liu 和 Luo（2022）从投入产出差异角度出发，考虑土地要素的影响，采用 SBM 方向距离函数基于 4 个案例测算绿色全要素生产率，结果表明土地要素利用效率过低会降低产出水平，影响城市的经济增长。

随着研究的深入发展，关于土地要素的相关研究不再只局限于土地要素本身，而是要结合土地要素的分配和使用主体。而在我国独特的土地制度安排背景下，地方政府是土地主导权的支配者，“以地谋发展”的供地模式成为经济高质量发展的发动机（刘守英等，2022），为地方政府源源不断地带来资金积累，充实土地财政。在投资视角下，土地财政与经济增长之间存在双向因果关系，经济持续增长会增加土地财政收入，土地财政收入也会带动经济增长（蔡潇等，2017）；对于资源型城市来讲，土地财政会对其经济增长产生显著的正向作用（孙倩等，2023）；同时土地财政与住房价格之间存在交互正向影响关系，在这一关系下，土地价格与住房价格对经济增长的正向影响作用存在明显的区域异质性，前者对中部地区影响作用最显著，后者对中部和东北地区影响作用最显著（Sun et al.，2023）。现行土地配置行为不仅启动了经济高速增长模式，还增强了地方政府干预经济发展的能力，但在此过程中经济发展对土地财政的依赖程度进一步加深（蔡潇等，2017）。经济发展阶段的转换使得地方政府“以地谋发展”模式所积累的潜在问题不断显现，土地对经济增长的贡献呈倒“U”形特征（刘守英等，2020），二者之间的影响作用存在显著的地区差异性，过度的土地财政依赖阻碍了东部地区的经济发展，西部地区的绩效则一直处于较低水平。地方政府将商住用地出让带来的财政收入用于基建部门，但非基建部门投入成本的提高阻碍了企业对新技术的投入，降低了全要素生产率对经济增长的贡献（梅冬州、王志刚，2023）。此外，地方政府热衷于参与土地出让“以地生财”并不断进行引资竞争，而忽略了由此带来的城市扩张质量低下问题（梁若冰、蓝天，2023），从而阻碍了城市高质量发展。在长期的“以地谋发展”模式下，其对环境质量的不利影响逐渐显露，土地财政会抑制城市绿色经济增长，地方政府竞争还会强化二者之间的抑制作用，阻碍我国经济高质量增长目标的实现。

要实现经济高质量发展，推动地方政府土地配置行为改革必不可少。在经济高质量发展阶段，具有良好发展条件的大城市会率先尝试调整土地配置行为，摆脱地方政府对土地财政的依赖，制定综合考量社会发展目标的土地出让条件（张磊等，2023），以更快速地适应经济高质量发展战略目标的新要求。也有学者对地方政府土地政策匹配度进行研究，计算其耦合协调水平。提高土地政策匹配度会给经济高质量发展带来积极影响（钟文等，2022），应更加重视土地政策匹配对经济高质量发展的积极作用。Yan 等（2023）则是从土地利用多功能数学模型研究角度出发，构建高质量发展的国土空间规划体系。

6.2.4 文献综述评述

通过对国内外相关文献的系统性梳理和总结，可以看出关于土地配置行为和经济高质量发展的研究内容十分丰富。但已有研究也存在一定的局限性：第一，关于地方政府土地配置行为的研究，通常只对“以地引资”影响工业产业发展的情况或“以地生财”带来的土地财政收入效应进行单一研究，并没有将二者放在同一框架下，分析其对“以地谋发展”模式的贡献与未来发展方向并进行比较；第二，现有文献只对土地出让的某方面进行宏观研究，如土地出让价格或面积，并没有在将土地按照出让类型，即工业、商服和住宅划分的基础上进行深入研究；第三，土地出让细分为不同供地方式，如“招标、拍卖、挂牌、划拨和协议”等，与供应面积结构影响相关的研究较少。

本章将从经济高质量发展新阶段背景出发，系统深入地讨论 2011—2020 年我国 273 个城市地方政府土地配置行为对经济高质量发展的影响机制。可能的创新点为：第一，将“以地引资”和“以地生财”放到同一框架下，分别分析其对经济高质量发展的影响方向和作用机制，并进行横向对比；第二，运用多种方式探索二者之间的作用路径，并重点对比分析不同区域、不同规模城市地方政府土地配置行为对经济高质量发展影响的差异性，以便为地方政府采取“因地制宜”策略提供政策启示；第三，将土地出让价格、面积及宗数按照不同出让类型进行精细划分，并以此为基础细化分析土地配置行为对经济高质量发展的影响作用。

6.3　研究假设

6.3.1　土地配置行为与经济高质量发展

作为土地所有者、供给者和垄断者的地方政府，其身份尤为特殊。地方政府“以地谋发展”的土地配置行为为其提供了持续的资金来源，充实了土地财政。在“以地引资”模式下，工业用地低价出让和政府补贴政策不仅扩大了招商引资规模，还吸引了大量企业入驻（王之等，2024），提高了地区内部土地资源的利用效率，盘活了闲置土地资源。地方政府还助力工业园区建设和工业企业融资发展，提高企业黏性，形成长期发展效应。同时，新企业的进入为区域内部老企业发展注入竞争活力，吸引外商投资，增加就业机会，带动行业整体发展进步。而且，低价引资模式加快了城市工业化的进程，地方政府通过土地资本化的策略，使土地要素成为资本创造的主要来源，土地资本化程度的不断提高也提升了地方政府主导发展权的能力水平，进一步推动城市化进程。在“以地生财”模式下，地方政府高价限制出让商住用地，基于其一次性收益的特点，以提高商住用地价格获得丰厚资金积累，使土地财政收入成为地方政府的集中收入来源（郑思齐等，2014），同时土地“招拍挂”出让制度为地方政府获取土地增值收入带来保障，减少了土地出让过程中可能带来损失的隐性市场行为，确保地方政府土地出让收入实现最大化。同时，商住用地限制性供应提高了出让土地价格和房屋价格，加强了土地财政与房屋价格之间的交互正向影响关系，使房地产行业迅速发展成为经济支柱型产业，而且政府土地出让价款增加，为城市建设提供了重要资金支持。在发展资金充足的情况下，地方政府还会将资金用于城市基础设施建设、创新投入和工业领域建设等方面（陈卓等，2022；刘守英等，2022），形成资金利用的良性循环，进而推动城市经济发展。

在“以地谋发展”的供地策略下，土地成为经济发展和结构变革的核心要素，以供给为先的土地配置行为给经济增长带来强大推动力。为摆脱土地资源要素禀赋对城市工业进程的制约与束缚，地方政府实行工业用地低价政策，该政策成功为中国成为世界工厂奠定了坚实基础；同时土地资本化使得土地价值被充分实现，为城市化、城市工业化和现代化过程中的巨额资金需求提供支撑，进一步完善了城市基础建设，实现了城市的快速发展。据此，本章提出以下假说。

假说1：地方政府土地配置行为会促进经济高质量发展。

6.3.2 土地配置行为与经济高质量发展的作用路径

地方政府通过“以地生财”与“以地引资”的土地配置行为，为自身发展卸下了大部分的财政压力，资金积累也巩固了其在土地市场的垄断地位和权力。但在该供地模式下，工业用地出让价格被不断压低，商住用地高价限制性供应，从而造成不同产业部门的工业用地和商住用地产生用地规模差异，最终对产业结构升级造成影响（刘新智、周韩梅，2022）。一方面，地方政府在“以地引资”配置行为的基础上，为吸引新企业入驻进行投资建设，增加了工业用地的出让规模并保持工业用地出让的低价模式，同时对新企业进行补贴，该方式吸引了大量低端企业入驻（楚建群等，2014）。从短期来看，企业数量的大规模增加形成要素集聚并促进了产业快速发展，但从长期可持续发展的角度来看，地区内部产业升级无法使数量过多的低端企业自然淘汰，产业结构工业化严重，阻碍城市产业结构升级。另一方面，在“以地生财”的配置行为下，商住用地高价限制出让形成商住用地资源供应不足的局面，阻碍第三产业的发展，进而给第三产业中剥离出的生产服务业造成发展困境，阻碍了产业结构向服务业转变的实现（闫昊生等，2020）。基于这些因素，低端企业规模扩大与新型产业发展资源匮乏，最终难以实现经济高质量发展的目标。这一局面在吸纳低端产业继续发展的同时，抢占新产业资源并抑制其发展，进而抑制城市经济高质量发展。

城市创新能力的提升主要表现在企业进行创新发展、政府增加创新投入和吸引技术型人才方面。在企业进行发展创新方面，地方政府通过“以地引资”的土地配置行为，降低了工业企业的投入成本，使工业企业为其自身创新投入留出资金空间，更好地进行企业创新活动（张莉等，2011）。同时，地方政府出让工业用地数量的不断增加不仅提升了工业用地的利用强度，还推动了地区经济增长（Zhao et al.，2022）。在政府增加创新投入方面，“以地生财”的土地配置行为会帮助地方政府完成资金积累，抵消该供地模式对后发城市发展产生的负面影响（谢呈阳、胡汉辉，2020），同时在发展初期可以提升城市创新能力（Wang et al.，2023）。从资金剩余角度来看，地方政府会转向开拓市场创新空间，加大对创新方面的资金投入（陈嘉平等，2020）。同时，地方政府通过有选择的供地模式提升城市创新能力，提升效果在经济发达地区会更加明显（王春杰等，2021）。在吸引技术型人才方面，土地配置行为吸引大量企业入驻，从而吸引人才形成集聚效应，地方政府也会在引才和育才方面加大投资力度。基于这三个方面，地方政府土地配置行为会提升城市创新能力，从而推动经济高质量发展。据此，本章提出以下假说。

假说 2a：地方政府土地配置行为通过抑制产业结构升级阻碍经济高质量发展。

假说 2b：地方政府土地配置行为通过提升城市创新能力促进经济高质量发展。

6.3.3　土地配置行为与经济高质量发展的调节机制

地方政府的土地配置行为会影响城市环境质量。主要体现在，一方面，在“以地引资”的土地配置行为下，工业用地会出现“逐底竞争”的现象（安勇，2022），这种底线竞争会在地区内部出现大量污染密集型企业（Xie et al.，2019），其创新能力较弱、设备条件相对落后、技术水平低下，导致区域内的工业企业出现重复建设、资源浪费和土地利用效率低下等问题。这不仅限制了工业企业本身的发展，阻碍制造业产业升级，而且增加了地区内部 $PM_{2.5}$ 的浓度，增加了工业污染物的排放，直接导致环境质量大幅下降，从而影响城市整体经济高质量发展。另一方面，“以地生财”土地配置行为高价限制商住用地出让，一些对环境质量友好的低耗能、低污染的服务业发展空间被挤压（李慧，2023），其发展必需的土地空间十分有限且价格昂贵，导致服务型企业土地要素投资成本被极大提升，不得不通过降低生产成本来维系生存发展，排放的污染物造成环境质量的下降。同时，房地产企业为了承接高昂的房地产价格并获取利润，选择不断提升住宅用地的容积率，造成居住环境质量的下降，破坏居民的宜居环境（张充、何益欣，2023）。

城乡收入差距的扩大会影响经济高质量发展的整体布局。农业和农村发展落后成为我国经济高质量发展过程中的短板，城乡收入差距的扩大会抵消经济发展过程中的减贫效应（王中华、岳希明，2021），导致农村低收入群体在经济发展过程中得到的收益较少或者损害其福利水平，再次造成贫困增加或者返贫现象，长此以往会阻碍国家整体经济高质量发展。城乡收入差距的根源主要是经济发展不平衡、要素分配不均，地方政府虽然通过“以地谋发展”的土地配置行为积累了大量资金，但会优先将财政收入用于城市建设规划而忽略农村经济发展，导致城乡二元土地制度格局与当前经济发展目标产生矛盾（刘守英等，2022），甚至阻碍乡村振兴战略目标的充分实现。在缺乏统一土地市场体系的基础上，城乡收入差距的扩大加剧了经济发展过程中的要素分配不均衡问题，阻碍经济发展整体向好。据此，本章提出以下假说。

假说3a：环境质量会对经济高质量发展产生负向调节作用，弱化地方政府土地配置行为对经济高质量发展的作用。

假说3b：城乡居民收入差距会对经济高质量发展产生负向调节作用，弱化地方政府土地配置行为对经济高质量发展的作用。

6.4 研究设计与数据来源

6.4.1 基准回归模型

为了控制城市个体差异和时间因素可能对研究结论产生的影响，本章采取固定效应模型。通过建立年份与城市个体双固定的面板模型，考察地方政府土地配置行为对经济高质量发展的影响，建立的模型为：

$$Eco_{i,t} = \alpha_0 + \alpha_1 landp_{i,t} + \lambda_1 control_{i,t} + u_i + b_t + \varepsilon_{i,t} \qquad (6-1)$$

式（6-1）中，i 表示城市；t 表示时间；$Eco_{i,t}$代表经济高质量发展；$landp_{i,t}$为 i 城市在第 t 期的商住用地出让均价与工业用地出让均价的比值，代表地方政府土地配置行为；$control_{i,t}$代表 i 城市在第 t 期的控制变量集合；u_i代表城市个体固定效应；b_t代表年份固定效应；$\varepsilon_{i,t}$代表随机扰动项；α_0、α_1和 λ_1是模型的待估计参数。

6.4.2　中介效应模型

地方政府土地配置行为可能通过产业结构升级和城市创新能力对经济高质量发展产生影响，检验产业结构升级和城市创新能力是否充当中介渠道角色，引入产业结构升级（is）与城市创新能力（sci）作为中介变量，借鉴江艇（2022）、Liu 和 Mao（2019）的研究方法，模型为：

$$meditor_{i,t} = \beta_0 + \beta_1 landp_{i,t} + \lambda_2 control_{i,t} + u_i + b_t + \varepsilon_{i,t} \qquad (6-2)$$

式（6-2）中，$meditor_{i,t}$表示中介变量，包括 $is_{i,t}$和 $sci_{i,t}$；β_0、β_1和 λ_2是模型的待估计参数；其余变量含义与式（6-1）相同。

6.4.3　调节效应模型

为探讨环境质量、城乡居民收入差距与土地配置行为对经济高质量发展的调节作用，引入地方政府土地配置行为（$landp$）与环境质量（pm）、城乡居民收入差距（gap）的交乘项作为调节变量，建立的模型为：

$$Eco_{i,t} = \theta_0 + \theta_1 landp_{i,t} + \theta_2 pm_{i,t} + \theta_3 landp_{i,t} \times pm_{i,t} + \lambda_3 control_{i,t} + u_i + b_t + \varepsilon_{i,t} \qquad (6-3)$$

$$Eco_{i,t} = \gamma_0 + \gamma_1 landp_{i,t} + \gamma_2 gap_{i,t} + \gamma_3 landp_{i,t} \times gap_{i,t} + \lambda_4 control_{i,t} + u_i + b_t + \varepsilon_{i,t} \qquad (6-4)$$

式（6-3）、式（6-4）中，$landp_{i,t} \times pm_{i,t}$表示土地配置行为与环境质量的交乘项；$landp_{i,t} \times gap_{i,t}$表示土地配置行为与城乡居民收入差距的交乘项；其余变量含义与式（6-1）相同。

6.4.4 变量选取

（1）被解释变量

经济高质量发展，考虑到统计误差等不可观测因素，参照梁若冰等（2023）的研究，用DMSP/OLS稳定灯光栅栏数据，矫正之后做对数处理，使用灯光平均亮度值作为城市经济高质量发展的衡量变量。

（2）核心解释变量

地方政府土地配置行为，通过收集整理317万条土地微观交易数据并手动删除信息缺失和明显错误条目后，得到2011—2020年全国1169.92万宗土地交易数据，按照土地用途分为工业用地、商服用地和住宅用地，并将每一年不同类型的土地数据按照成交面积、成交价格、成交宗数和不同出让方式分类，进行城市数据匹配。借鉴陈卓等（2022）的研究方法，工业用地出让均价为工业用地成交价格与成交面积的比值，商住用地出让均价为商服用地平均价格与其面积占比乘积和住宅用地平均价格与其面积占比乘积的比值。最终得到土地配置行为的衡量方式——商住用地出让均价与工业用地出让均价的比值，并为消除共线性做对数处理。

（3）中介变量

①产业结构升级。借鉴刘新智和周韩梅（2022）的研究方法，使用公式"is = 第一产业占比 ×1 + 第二产业占比 ×2 + 第三产业占比 ×3"计算。

②城市创新能力。借鉴宋淮等（2020）的研究方法，以城市科学支出占GDP的比重衡量，城市科学支出可以很好地衡量地方政府对城市创新的投入程度。以二者为中介变量，进一步探讨土地配置行为与经济高质量发展之间的影响路径。

（4）调节变量

①环境质量：使用$PM_{2.5}$均值来衡量环境质量。$PM_{2.5}$排放水平的提升会削弱土地供地策略对经济高质量发展的促进作用。

②城乡居民收入差距：使用城镇居民收入与农村居民收入的比值衡量。城乡居民收入差距的不断扩大会削弱土地供地策略对经济高质量发展的促进作用。

（5）控制变量

①制度优化（*gov*）：使用财政支出与GDP的比值衡量。由于中国土地市场很大程度上是由地方政府主导的，基于财政压力，地方政府会对土地资源配置进行行政干预，从而影响城市经济高质量增长。

②基础设施水平（*jc*）：使用人均道路面积衡量，可以反映城市建设发展状况，是衡量经济高质量发展的良好指标。

③对外开放程度（*fdi*）：使用外商直接投资与GDP的比值衡量，控制经济开放度主要是为了排除经济体外的因素对本经济体的影响。

④金融发展水平（*jr*）：使用金融机构贷款余额与GDP的比值衡量，可以从金融行业发展角度衡量经济高质量发展水平。

⑤消费水平（*col*）：使用人均社会零售商品与GDP的比值衡量，在城市居民生活水平层面上反映城市经济增长情况。

⑥城镇化水平（*cz*）：使用城市人口数和常住人口数的比值衡量，探讨从人口集聚和流动角度，影响经济高质量发展水平。

为消除变量间的共线性，控制变量均做对数处理。

各变量的描述性统计如表6-1所示。

表6-1　变量的描述性统计

变量	变量单位	数据来源	平均数	标准差	最小值	最大值
Eco	—	美国国家海洋和大气管理局（NOAA）	2.095	2.262	-2.040	4.080
landp	—	中国土地数据网	0.127	0.591	-6.908	3.401
gov	%	《中国城市统计年鉴》	2.912	4.542	2.323	4.526
jc	平方米	《中国城市统计年鉴》	2.586	2.227	-0.524	4.685
fdi	%	《中国城市统计年鉴》	0.569	0.699	-6.908	3.563
jr	%	《中国城市统计年鉴》	0.296	-0.354	-2.453	1.647
col	%	《中国城市统计年鉴》	1.179	0.760	-3.079	2.809
cz	%	《中国城市统计年鉴》	3.972	0.207	2.898	4.602
is	—	《中国城市统计年鉴》	2.296	0.150	0.003	2.836
sci	%	《中国城市统计年鉴》	0.650	0.635	0.011	10.152

续表

变量	变量单位	数据来源	平均数	标准差	最小值	最大值
pm	—	达尔豪斯大学大气成分分析组	42.443	15.493	1.865	108.526
gap	%	《中国城市统计年鉴》	2.347	0.487	1.000	4.626

6.4.5 数据来源

本章对2011—2020年数据进行研究，共选取273个城市，删除的城市有海口市、三亚市、遵义市、铜仁市、毕节市、嘉峪关市、金昌市、石嘴山市、吴忠市、固原市、中卫市和乌鲁木齐市（2011—2017年商服用地总价格缺失）。土地配置行为使用商服用地出让均价与工业用地出让均价的比值表示，数据来源于中国土地数据网。经济高质量发展使用夜间灯光数据衡量，数据来源为美国国家海洋和大气管理局（NOAA）。控制变量和中介变量来源为《中国城市统计年鉴》（2012—2021年），其中环境质量数据来源为达尔豪斯大学大气成分分析组。

6.5 实证结果分析

6.5.1 基准回归结果

经Huasman检验之后，采取个体时间双固定面板模型对其进行回归估计，并且辅之以OLS模型进行回归结果的对照佐证，基本结果如表6-2所示。从表6-2可以看出，对照组模型回归结果为第（1）~（2）列，与基准回归结果基本一致。第（3）~（4）列为基准回归结果，在未加入控制变量之前，土地配置行为对经济高质量发展的回归结果，在1%的水平上显著为正。实证结果一方面说明了商住用地出让价格的提高有助于推动经济高质量发展。地方政府“以地生财”的土地配置行为提高了商住用地的出让价格，大幅提高了一次性收益的积累，使得土地财政收入成为地方政府的集中收入来源（郑思齐等，2014），在发展资金充足的情况下，地方政府会将资金用于工业领域建设（刘守英等，2022）、城市基础设施建设和创新投入（张充，2019）等方面，形成资金利用的良性循环，进而推动城市经济的高质量发展。另一方面，工业用地出让价格的提高不利于经济高质量发展。地方政府在“以地引资”配置行为下，不仅通过低价出让工业用地实现招商引资规模扩大，吸引了更多企业入驻（王之等，2024），而且以低价引资模式加快了城市工业化进程，以土地资本化加快城市整体发展。而提高工业用地出让价格会增加入驻企业的投资成本，增强外资企业的撤资动机和行为（严兵、贾辉辉，2022），从而不利于城市经济高质量发展。在加入控制变量后，核心变量回归结果与未加入之前保持一致。

由控制变量的回归结果可知，*gov* 的结果在1%的水平上显著为正，说明政府支出结构的调整对经济高质量发展具有促进作用，政府收入水平提高表明政府收支结构优化，推动经济高质量发展。*jc* 的结果在1%的水平上显著为正，说明城市基础设施水平上升可以为城市经济高质量发展提供良好的条件，并推动城市经济高质量发展。*fdi* 的结果在1%的水平上显著为正，说明国家对外开放水平高，可以提高国家贸易和投资自由化水平，促进贸易均衡，推动经济发展。*jr* 的结果在1%的水平上显著为负，说明金融机构贷款余额越高，现存风险越大，越不利于经济高质量发展。*col* 的结果在10%的水平上显著为正，说明居民消费水平提高，消费结构不断优化升级，可以促进经济高质量发展水平的提升。*cz* 的结果在1%的水平上显著为正，说明人口集聚会促进城市经济高质量发展，人口向城市内部流动为城市发展带来充足的劳动力资源，推动经济高质量发展。

表6-2 土地配置行为与经济高质量发展：基准回归结果

变量	(1)	(2)	(3)	(4)
	OLS	OLS	FE	FE
landp	0.176***	0.011***	0.014***	0.011***
	(0.017)	(0.003)	(0.004)	(0.003)
gov		0.257***		0.257***
		(0.042)		(0.042)
jc		0.028***		0.028***
		(0.010)		(0.010)

续表

变量	(1)	(2)	(3)	(4)
	OLS	OLS	FE	FE
fdi		0.028*** (0.004)		0.028*** (0.004)
jr		-0.059*** (0.016)		-0.059*** (0.016)
col		0.021* (0.012)		0.021* (0.012)
cz		0.197*** (0.036)		0.197*** (0.036)
常数项	1.603*** (0.023)	2.810*** (0.059)	1.270*** (0.010)	1.433*** (0.044)
观测值	2730	2730	2730	2730
地区/时间固定效应	YES	YES	YES	YES
R^2	0.037	0.982	0.641	0.661

注：*、**和***分别表示在10%、5%和1%的水平上显著；括号内数值为稳健标准误；所有回归均控制了年份固定效应与城市个体固定效应。本章下同。

6.5.2 中介机制检验结果

中介机制检验的回归结果如表6-3所示。表6-3第（1）~（2）列为产业结构升级的回归结果，土地配置行为的回归系数在5%的水平上显著为负，表明产业结构升级在土地配置行为和经济高质量发展之间发挥中介作用，土地配置行为会通过抑制产业结构升级，进而抑制经济高质量发展。“以地生财”与“以地引资”为地方政府缓解了大部分的财政压力，进一步巩固了地方政府在土地市场的垄断地位和掌控权力。但该土地配置行为会造成不同产业部门的工业用地和商住用地产生用地规模差异，并对产业结构升级产生影响。在“以地引资”配置行为下，地方政府为吸引企业投资建设，不断加大工业用地的出让规模，并通过压低工业用地的价格以及一些政策补贴等方式引进了很多低端企业（楚建群等，2014）。企业数量的增加在短期内增加了资金积累，促进了区域内部产业迅速发展，但从可持续发展角度来看，地区内部的低端工业企业无法跟随产业结构升级而被自然淘汰，反而会阻碍产业结构升级进程。同时，在“以地生财”配置行为下，商住用地被高价限制出让极易造成用地供应不足的局面，从而抑制第三产业的发展，对从第三产业中剥离的生产服务业造成生存困境，城市产业结构升级也无法完成其向服务业的转变（闫昊生等，2020）。这一局面在吸纳低端产业继续发展的同时，抢占新产业资源并抑制其发展，进而抑制城市经济高质量发展。

表6-3第（3）~（4）列为城市创新能力的回归结果，土地配置行为的回归系数至少在5%的水平上显著为正，表明城市创新能力在土地配置行为和经济高质量发展之间发挥中介作用，土地配置行为会促进城市创新能力的提升，进而促进经济高质量发展。城市创新能力主要体现在企业创新、政府创新投入以及对人才的吸引力方面，在企业创新层面，凭借“以地引资”的土地配置模式，工业企业不仅低价拿地同时还享受政府补贴，极大地节约了其在土地要素上的投入成本，更好地为企业创新提供积累资金。同时，地方政府出让工业用地数量的不断增加不仅增加了工业用地的利用强度，还推动了地区经济增长。在政府创新投入层面，“以地生财”土地配置模式使得地方政府完成了大量的资金积累，从资金剩余的角度出发，地方政府会有意识地转向开拓市场创新空间，从而不断加大对创新方面的资金投入（Wang et al.，2023）。在对人才的吸引力方面，地方政府土地配置行为吸引了大量企业入驻，企业会吸引人才形成聚集，同时地方政府在意识到经济短视行为会给经济可持续发展带来严重危害后，会在引才和育才方面加大投资力度。基于这三个方面，城市创新能力会不断提升，从而带动城市经济高质量发展。

表6-3　中介机制检验结果

变量	*is*		*sci*	
	(1)	(2)	(3)	(4)
landp	-0.005**	-0.005**	0.021***	0.019**
	(0.002)	(0.002)	(0.008)	(0.008)

续表

变量	*is*		*sci*	
	(1)	(2)	(3)	(4)
控制变量	NO	YES	NO	YES
常数项	2.218***	2.372***	0.572***	0.198*
	(0.006)	(0.028)	(0.024)	(0.103)
观测值	2730	2730	2730	2730
地区/时间固定效应	YES	YES	YES	YES
R^2	0.232	0.250	0.099	0.145

6.5.3 调节机制检验结果

调节机制的回归结果如表6-4所示。第（1）~（2）列为环境质量回归结果，第（1）列*pm*的回归系数在1%的水平上显著为负，表明$PM_{2.5}$浓度升高，环境质量变差会抑制经济高质量发展。第（2）列结果显示，在同时加入环境质量和环境质量与土地配置行为的交乘项（$landp \times pm$）之后，环境质量的回归结果仍然显著为负，交乘项的系数在10%的水平上显著为负。这说明环境质量对经济高质量发展呈负向调节作用，即环境质量的恶化会弱化土地配置行为对经济高质量发展的促进作用。$PM_{2.5}$浓度的升高会加重对环境的污染，影响经济可持续发展，同时“以地引资”土地配置行为会引入大量污染密集型企业，进一步降低空气质量，导致难以实现区域内经济高质量发展。

第（3）~（4）列为城乡居民收入差距的回归结果，第（3）列*gap*的回归系数在1%的水平上显著为负，表明城乡居民收入差距不断拉大会抑制经济高质量发展。第（4）列结果显示，在同时加入城乡居民收入差距和城乡居民收入差距与土地配置行为的交乘项（$landp \times gap$）之后，城乡居民收入差距的回归结果仍然在1%的水平上显著为负。这说明城乡居民收入差距对经济高质量发展呈负向调节作用，即城乡居民收入差距的不断扩大会弱化土地配置行为对经济高质量发展的促进作用。城乡收入差距扩大的原因主要是经济发展不平衡、要素分配不均，而在“以地生财”的背景下，地方政府会优先将出让土地积累的资金用于城市建设，而忽略农村经济发展，资金投入偏向性致使城乡居民收入差距被进一步拉大，从而阻碍经济高质量发展。

表6-4　调节机制检验结果

变量	(1)	(2)	(3)	(4)
landp	0.011*** (0.003)	0.015*** (0.004)	0.011*** (0.003)	0.018*** (0.004)
pm	-0.051*** (0.017)	-0.002*** (0.001)		
gap			-0.357*** (0.052)	-0.101*** (0.021)
landp×*pm*		-0.001* (0.000)		
landp×*gap*				-0.003*** (0.001)
控制变量	YES	YES	YES	YES
常数项	1.626*** (0.076)	1.549*** (0.048)	1.740*** (0.063)	1.686*** (0.066)
地区/时间固定效应	YES	YES	YES	YES
观测值	2730	2730	2730	2730
R^2	0.663	0.666	0.668	0.667

6.5.4　稳健性检验结果

（1）替换解释变量

更换核心解释变量对回归结果进行稳健性检验。将解释变量土地配置行为衡量方式更换为商住用地出让面积与工业用地出让面积的比值（*landa*），从面积供给角度进行衡量。回归结果如表6-5所示，在更换解释变量后，土地配置行为的回归结果仍在1%的水平上显著为正，促进城市经济高质量发展；在加入控制变量后，显著性与系数方向不变，说明实证结果具有稳健性。

表 6-5　替换解释变量进行稳健性检验结果

变量	(1)	(2)
landa	0.016 *** (0.005)	0.016 *** (0.005)
控制变量	NO	YES
常数项	1.264 *** (0.010)	1.429 *** (0.044)
观测值	2730	2730
地区/时间固定效应	YES	YES
R^2	0.640	0.661

（2）替换被解释变量

更换被解释变量对回归结果进行稳健性检验。借鉴陈诗一和陈登科（2018）衡量经济高质量发展的方法，将被解释变量替换为劳动生产率，即人均 GDP（*pgdp*）来进行稳健性检验，同时辅以 GDP（*gdp*）进行回归分析。回归结果如表 6-6 所示，在更换被解释变量后，土地配置行为的回归结果仍在 1% 的水平上显著为正，促进城市经济高质量发展；在加入控制变量后，显著性与系数方向不变，说明实证结果具有稳健性。

表 6-6　替换被解释变量进行稳健性检验结果

变量	*pgdp*		*gdp*	
	(1)	(2)	(3)	(4)
landp	0.015 *** (0.004)	0.012 *** (0.003)	0.010 *** (0.005)	0.013 *** (0.005)
控制变量	NO	YES	NO	YES
常数项	10.406 *** (0.0101)	10.450 *** (0.042)	15.009 *** (0.016)	15.671 *** (0.059)
观测值	2730	2730	2730	2730
地区/时间固定效应	控制	控制	控制	控制
R^2	0.597	0.673	0.594	0.688

（3）数据缩尾处理

为尽可能降低极端值对回归结果的潜在影响，对回归过程中的连续变量均进行1%和99%的双侧缩尾处理。表6－7中第（1）～（2）列为数据缩尾处理回归结果，是否加入控制变量均不影响土地配置行为对经济质量发展的促进作用，说明实证结果仍然具有稳健性。

（4）调整样本量

北上广深是经济高质量发展最具代表性的城市，其城市土地配置政策效果更好，剔除北上广深之后更能反映出土地配置行为与经济高质量发展之间的真实关系。在市级数据层面剔除北上广深四市数据，再重新计算汇总得到数据面板。剔除北上广深数据之后，将所有数据重新整理计算进行回归分析。表6－7中第（3）～（4）列为调整样本量回归结果，土地配置行为对经济高质量发展的影响仍然显著为正，剔除北上广深数据后，实证结果仍然具有稳健性。

表6－7　数据缩尾处理和调整样本量进行稳健性检验结果

变量	(1)	(2)	(3)	(4)
landp	0.013*** (0.004)	0.010*** (0.004)	0.013*** (0.004)	0.010*** (0.003)
控制变量	NO	YES	NO	YES
常数项	1.272*** (0.010)	1.447** (0.047)	1.237*** (0.010)	1.387*** (0.045)
观测值	2730	2730	2690	2690
地区/时间固定效应	控制	控制	控制	控制
R^2	0.639	0.659	0.645	0.665

（5）内生性检验

鉴于土地配置行为和经济高质量发展之间可能存在内生性问题，故使用工具变量法进行检验。借鉴余泳泽和潘妍（2019）的研究方法，选取地级市所在省份的地级市数量来构造工具变量，并且辅以各个地级市面积构造的工具变量，同时进行内生性检验，其满足工具变量所要求的相关性和外生性。对于相关性，当所处省份的城市数量和面积越大时，地方政府所拥有的土地资源就越丰富，也越能满足其进行土地配置行为的条件，给其带来应用土地配置政策的空间。对于外生性，各个省份的地级市数量和面积基本固定不变，其调整权力属于全国人民代表大会，并不会随着经济高质量发展的目标而发生变动。此外，在本章样本观测期内，各省份的地级市数量和面积均不会发生改变，满足与残差项不相关的要求。

基于此，先构建土地配置行为的第一个工具变量 *landp_ iv*1，采用各省份地级市数量与土地配置行为的交互项表示，回归结果如表 6 - 8 第（1）～（2）列所示。第（1）列报告了工具变量法第一阶段的估计结果，交互项的系数在 1% 的水平上显著为正，说明工具变量与核心解释变量土地配置行为具有很强的相关性。第（2）列报告了第二阶段的估计结果，土地配置行为的回归系数仍然显著为正，与基准回归结果一致，说明在使用工具变量后土地配置行为对经济高质量发展的正向促进作用具有稳健性。

构建土地配置行为的第二个工具变量 *landp_ iv*2，采用各省份地级市面积与土地配置行为的交互项表示，回归结果如表 6 - 8 第（3）～（4）列所示。第（3）列报告了工具变量法第一阶段的估计结果，交互项的系数在 1% 的水平上显著为正，说明工具变量与核心解释变量土地配置行为具有很强的相关性。第（4）列报告了第二阶段的估计结果，土地配置行为的回归系数仍然显著为正，与基准回归结果一致，说明实证结果具有稳健性。

表 6 - 8　内生性检验结果

变量	（1）*landp*	（2）*eco*	（3）*landp*	（4）*eco*
landp		0.010 *** （0.003）		0.011 *** （0.003）
*landp_ iv*1	0.386 *** （0.002）			
*landp_ iv*2			0.995 *** （0.003）	
控制变量	YES	YES		
常数项	1.278 *** （0.275）	2.811 *** （0.045）	-9.622 *** （0.039）	2.810 *** （0.044）
观测值	2730	2730	2730	2730

续表

变量	(1) *landp*	(2) *eco*	(3) *landp*	(4) *eco*
地区/时间固定效应	YES	YES	YES	YES
R^2	0.979	0.982	0.997	0.982

6.6　进一步研究分析

6.6.1　异质性研究结果

(1) 区域异质性检验

我国地域辽阔，东部地区、中部地区、西部地区及东北地区的自然资源禀赋、基础设施建设及经济发展水平差异较大，不同地区地方政府制定土地政策的依据和对土地行政的干预程度都不同，基于此本部分探讨东部地区、中部地区、西部地区及东北地区城市土地配置行为对经济高质量发展是否存在区域异质性。表6-9为东部地区、中部地区、西部地区及东北地区的回归结果，结果表明，我国城市土地配置行为对经济高质量发展的影响存在明显的区域异质性。

第(1)~(2)列为东部地区回归结果，土地配置行为的回归系数并不显著。我国东部地区整体发展水平较高，基础设施建设最为完善，经济高质量发展的支撑力主要源于要素集聚、区域创新与技术进步，地方政府对供地政策的调整并不能给经济高质量发展带来直接推动力。

第(3)~(4)列为中部地区回归结果，土地配置行为的回归系数至少在5%的水平上显著为正，说明地方政府土地配置行为会正向影响经济高质量发展。中部地区特殊的枢纽地位，既要承接东部发达地区产业，又要加速发展带动西部地区经济增长，因此地方政府对土地资源的分配更为审慎。合理利用“以地生财”土地配置行为积累的资金，发展地区工业经济，稳固支柱型产业，同时合理利用人口数量庞大的优势，推动制造业和服务业发展，进一步提升区域整体经济高质量发展水平。

第(5)~(6)列为西部地区回归结果，土地配置行为的回归系数并不显著。西部地区发展一直处于落后水平，地方政府为促进经济发展会以较低土地供给价格，承接高污染、高排放的低端企业，从而造成土地资源浪费现象严重、土地利用效率低下等问题。而低端企业集聚带来的环境污染问题，会进一步抑制西部地区的经济高质量发展。

第（7）~（8）列为东北地区回归结果，土地配置行为的回归系数并不显著。东北地区发展落后，主导产业主要为传统重工业，而地方政府为增加财政收入会进一步以较低土地价格承接高污染企业，导致资源浪费，阻碍经济高质量发展。

表 6-9　东部地区、中部地区、西部地区及东北地区异质性检验结果

变量	东部地区		中部地区		西部地区		东北地区	
	(1)	(2)	(3)	(4)	(5)	(6)	(7)	(8)
landp	0.003 (0.005)	0.002 (0.005)						
landp			0.014** (0.005)	0.015*** (0.005)				
landp					0.009 (0.007)	0.006 (0.0071)		
landp							0.011 (0.010)	0.006 (0.009)
控制变量	NO	YES	NO	YES	NO	YES	NO	YES
常数项	2.206*** (0.013)	2.236*** (0.052)	1.180*** (0.015)	1.067*** (0.097)	0.447*** (0.023)	0.668*** (0.102)	0.960*** (0.032)	1.405*** (0.122)
观测值	840	840	800	800	750	750	340	340
R^2	0.793	0.798	0.810	0.813	0.543	0.562	0.514	0.573

（2）城市规模异质性

随着城市化进程的不断推进，城市规模不断扩大，而不同城市基础条件和资源禀赋不同，结合城市规模扩大的背景对经济高质量发展造成不同的影响。因而有必要研究在不同城市规模下，地方政府土地配置行为对经济高质量发展的影响。以城区常住人口为统计口径，以国务院印发的《关于调整城市规模划分标准的通知》为依据标准，将地级市划分为超特大城市、Ⅰ型大城市、Ⅱ型大城市和中小城市进行回归分析，不同城市规模的土地配置行为回归结果如表6－10所示。

第（1）～（6）列大型城市的土地供给政策的回归结果并不显著，而第（7）～（8）列中小城市的回归结果在1%的水平上显著为正。这说明城市规模越大，土地配置行为对经济高质量发展的作用越不明显。对于规模较大的城市来讲，往往由于城市建设面积受到限制，地方政府不会依赖单一的土地财政收入并对其产生高度依赖性，因此地方政府的土地配置行为对经济高质量发展的作用并不明显。对于中小城市来讲，城市规模小导致经济增长路径较少，地方政府为了加快发展并积累资金转向依靠“以地引资”与“以地生财”的土地配置行为，通过大规模低价出让工业用地和高价供给商住用地的方式积累资金，推动地区经济高质量发展。

表6－10　城市规模异质性检验结果

变量	超特大城市		Ⅰ型大城市		Ⅱ型大城市		中小城市	
	（1）	（2）	（3）	（4）	（5）	（6）	（7）	（8）
landp	0.013 (0.011)	0.003 (0.010)						
landp			−0.010 (0.009)	−0.011 (0.009)				
landp					0.007 (0.006)	0.008 (0.006)		
landp							0.017*** (0.004)	0.014*** (0.004)
控制变量	NO	YES	NO	YES	NO	YES	NO	YES
常数项	2.762*** (0.027)	3.378*** (0.128)	2.027*** (0.034)	1.819*** (0.169)	1.833*** (0.018)	1.952*** (0.075)	0.985*** (0.013)	1.156*** (0.061)
观测值	100	100	100	100	580	580	1950	1950
R^2	0.824	0.880	0.798	0.812	0.745	0.758	0.638	0.659

（3）资源型城市与非资源型城市异质性检验

资源型城市作为基础能源和重要原材料的主要供应地，为我国经济高质量发展做出了巨大的贡献。资源型城市区域具有丰富的自然资源，并且大多数为矿产资源，以此为基础形成的资源型产业在城市工业中占有较高的份额，对城市工业发展的贡献巨大。本部分依据《全国资源型城市可持续发展规划（2013—2020年）》的划分标准，将全国273个城市划分为资源型城市与非资源型城市，分别探讨在两类城市划分下土地配置行为对经济高质量发展的影响作用。回归结果如表6－11所示。

第（1）~（2）列为资源型城市回归结果，土地配置行为的回归结果在1%的水平上显著为正。大部分资源型城市的土地资源较为丰富，但其土地交易机制并不完善，存在土地资源恶性竞争的问题，而处于监管地位的地方政府积极进行土地配置，不仅可以积累财政收入，还可以通过加大对用地分配的干预和管控力度，营造土地资源良性竞争的氛围，优化土地资源配置，推动经济高质量发展。

第（3）~（4）列为非资源型城市回归结果，土地配置行为的回归结果并不显著。地方政府土地配置行为对经济高质量发展的作用并不明显，这是由于非资源型城市大多实现了产业结构和能源结构的升级调整，本身具有较高的经济发展水平；同时，其土地交易机制更加完善且具备良性竞争机制，土地市场活力被大大激发，提高了市场配置土地资源的效率，可以发挥土地市场调节作用，实现对经济高质量发展的推动。

表6－11　资源型城市与非资源型城市异质性检验结果

变量	资源型城市		非资源型城市	
	(1)	(2)	(3)	(4)
landp	0.026*** (0.006)	0.022*** (0.006)		
landp			0.002 (0.004)	－0.001 (0.004)
控制变量	NO	YES	NO	YES
常数项	0.926*** (0.017)	1.217*** (0.081)	1.500*** (0.012)	1.599*** (0.051)
观测值	1110	1110	1620	1620
R^2	0.581	0.611	0.697	0.712

（4）工业化发展水平异质性检验

工业化发展水平是城市经济发展阶段重要的禀赋特征，采用第二产业产值占 GDP 的比例衡量，将 2011—2020 年所有城市工业化发展水平按大小排序后确定中位数值，认为大于中位数值的城市是高工业化水平城市，小于中位数值的城市是低工业化水平城市，并分别进行回归检验，回归结果如表 6 – 12 所示。

第（1）~（2）列为高工业化水平城市回归结果，土地配置行为在 1% 的水平上显著为正。我国工业化比重较高的城市大多位于中西部地区、东北部内陆地区，区域内形成了以单一传统重工业为主的发展格局，地方政府为扶持传统产业发展，在进行土地配置时对工业企业进行资源倾斜和政策补贴。在“以地引资”配置行为下，工业企业会以较低的价格获得土地资源，以节省其投资成本，用于自身技术研发投资与结构转型升级，实现工业现代化，从而推动经济高质量发展。

第（3）~（4）列为低工业化水平城市回归结果，在未加入控制变量前，土地配置行为在 5% 的水平上显著为正，加入控制变量后结果不显著。说明在低工业化水平城市，地方政府土地配置行为对经济高质量发展的正向促进作用变弱。工业化水平较低的城市大部分已经实现了经济结构转型和产业结构升级，发展模式转化为以第三产业即服务业为主，地方政府的财政收入对土地财政的依赖程度降低，导致土地配置行为对经济高质量发展的促进作用降低。

表 6 – 12　工业化发展水平异质性检验结果

变量	高工业化水平城市		低工业化水平城市	
	(1)	(2)	(3)	(4)
landp	0.013*** (0.004)	0.013*** (0.004)		
landp			0.011** (0.005)	0.008 (0.005)
控制变量	NO	YES	NO	YES

续表

变量	高工业化水平城市		低工业化水平城市	
	(1)	(2)	(3)	(4)
常数项	1.465*** (0.012)	1.627*** (0.056)	1.080*** (0.016)	1.207*** (0.064)
观测值	1340	1340	1390	1390
R^2	0.757	0.766	0.575	0.606

6.6.2 土地配置行为对经济高质量发展的门槛效应

（1）面板门槛模型设定

为了充分利用土地资源，增加土地财政收入，地方政府大力干预土地供给市场，推动地方经济快速发展。但在不断深化要素配置市场化的背景下，地方政府对土地市场的干预也引起了一系列问题，导致土地资源开发带来的红利逐渐减少，目前经济高质量发展以激发土地市场主体活力为主。各地政府都在积极调整土地配置行为，结合各地资源禀赋，力求充分推动经济高质量发展。因此，结合不同的发展阶段和各地不同的资源禀赋，地方政府土地配置行为对经济高质量发展的影响并不单一化，很可能存在一些非线性的影响。

基于此，为了进一步检验土地配置行为对经济高质量发展的非线性影响，本部分通过构建门槛效应模型来进行检验。以单门槛效应回归模型为例，设置模型如下：

$$Eco_{i,t} = \varphi_0 + \varphi_1 landp_{i,t} \times I(m_{i,t} \leqslant \eta) + \varphi_2 landp_{i,t} \times I(\eta < m_{i,t}) + \lambda_5 control_{i,t} + u_i + b_t + \varepsilon_{i,t} \quad (6-5)$$

式（6－5）中，I（·）为指示函数，当式中括号内的条件被满足时，$I=1$，否则 $I=0$；$m_{i,t}$表示门槛变量，使用核心解释变量土地配置行为自身作为门槛变量；η 为门槛值；其余变量符号含义与式（6－1）相同。

（2）面板门槛模型回归结果分析

将土地配置行为作为门槛变量纳入回归模型中进行实证分析，表6－13报告了面板门槛模型效应检验结果。结果表明，地方政府土地配置行为对经济高质量发展存在双门槛效应，其第一个门槛值为 -2.091，第二个门槛值为 -0.991，证明了地方政府土地配置行为与经济高质量发展之间存在非线性关系。

表6-13　面板门槛模型效应检验

门槛	*RSS*	*MSE*	*Fstat*	*Prob*	*Crit*10	*Crit*5	*Crit*1	是否存在
单门槛	183.761	0.068	7.300	0.057	6.289	7.487	9.371	存在
双门槛	182.923	0.067	12.460	0.007	7.926	9.283	11.650	存在
三门槛	182.759	0.067	2.450	0.830	11.065	14.302	25.058	不存在

表6-14为面板门槛模型回归结果，当地方政府土地配置行为的作用低于第一个门槛值时，土地配置行为的回归系数在5%的水平上显著为正；当其在第一个门槛值与第二个门槛值之间时，回归系数仍为正并且系数变大；当其大于第二个门槛值时，土地配置行为回归系数不显著。由此可见，土地配置行为对经济高质量发展的促进作用在初期和中期阶段显著，但在发展的后期阶段正向促进作用减弱。其原因在于初期及中期阶段土地交易市场建立不够完善，存在土地资源浪费、土地利用效率低下和恶性竞争土地资源的现象，地方政府可以凭借其制度优势和特殊的垄断地位，对土地资源进行分配管控，监督土地市场，营造公平竞争氛围，形成良好土地市场交易秩序以促进经济高质量发展；而到了后期阶段，在建立良好土地交易秩序后，土地市场发挥主要调节作用，并形成公平合理的竞争秩序，土地市场化进一步推动经济高质量发展，从而减弱了地方政府土地配置行为的积极作用。

为验证门槛效应的稳健性，本部分还通过调整控制变量的方式对门槛效应的回归结果进行检验，结果如表6-14第（3）~（4）列所示。回归结果显示，无论控制变量如何变化调整，土地配置行为对经济高质量发展的影响都具有双门槛效应。

表 6-14 面板门槛模型回归结果

变量	(1)	(2)	(3)	(4)
$landp0 \leq -2.091$	0.020 ** (0.008)	0.020 *** (0.007)	0.017 ** (0.008)	0.018 ** (0.008)
$-2.091 < landp1 \leq -0.991$	0.060 *** (0.010)	0.045 *** (0.010)	0.053 *** (0.010)	0.056 *** (0.010)
$-0.991 < landp2$	0.014 (0.015)	-0.013 (0.017)	0.007 (0.015)	0.008 (0.015)
控制变量	NO	YES	YES	YES
常数项	1.528 *** (0.004)	2.124 *** (0.082)	1.146 *** (0.067)	1.053 *** (0.074)
观测值	2730	2730	2730	2730
R^2	0.015	0.317	0.113	0.071

6.6.3 城市土地供给面积结构对经济高质量发展的影响

城市土地供给面积的合理规划会推动城市整体发展，但不同类型的土地供给面积占比会对经济高质量发展产生不同的影响。本部分从城市土地供给面积结构的角度出发，使用不同供地类型的出让宗数与土地出让总宗数的比值衡量城市土地供给面积结构，进一步分析其对经济高质量发展的影响机制。表 6-15 为城市土地供给面积结构的实证回归结果，*lz*1 为工业用地出让宗数与土地出让总宗数的比值，*lz*2 为商服用地出让宗数与土地出让总宗数的比值，*lz*3 为住宅用地出让宗数与土地出让总宗数的比值。

第（1）~（2）列为工业用地出让宗数与土地出让总宗数比值回归结果，回归结果为负且不显著。第（3）~（4）列为商服用地出让宗数与土地出让总宗数比值回归结果，无论是否加入控制变量，回归结果均在 10% 的水平上显著为负。在高价限制出让商服用地的供地策略背景下，商服用地成本增加，大部分企业或商户投入成本也随之增加，造成多数小商铺面临亏损倒闭的局面，同时商服用地硬性配套比例政策的存在，造成商服用地资源浪费严重，影响服务产业发展，从而抑制城市经济高质量发展。第（5）~（6）列为住宅用地出让宗数与土地出让总宗数比值回归结果，无论是否加入控制变量，回归结果均显著为正。住宅用地与人民生活息息相关，且具有一次性出让的特征，增加住宅用地出让宗数占比，合理开发住宅用地，保障住宅质量，对稳固房地产行业支柱产业的地位，以及为经济高质量发展保驾护航都具有重要作用。

表6－15　城市土地供给面积结构的实证回归结果

变量	(1)	(2)	(3)	(4)	(5)	(6)
*lz*1	−0.002 (0.007)	−0.006 (0.007)				
*lz*2			−0.008* (0.005)	−0.008* (0.005)		
*lz*3					0.013** (0.006)	0.011* (0.006)
控制变量	NO	YES	NO	YES	NO	YES
常数项	1.258*** (0.016)	1.418*** (0.045)	1.242*** (0.015)	1.408*** (0.045)	1.280*** (0.014)	1.441*** (0.045)
地区/时间固定效应	YES	YES	YES	YES	YES	YES
观测值	2730	2730	2730	2730	2730	2730
R^2	0.638	0.660	0.639	0.660	0.639	0.660

6.6.4　城市土地不同出让方式对经济高质量发展的影响

按照城市土地的不同出让方式，将城市土地出让平均价格按照招标、拍卖、挂牌、协议和划拨方式进行分类，进一步细化研究。回归结果如表6－16所示，*zhaop*、*paip*、*guap*、*xiep*、*huap*分别代表招标、拍卖、挂牌、协议和划拨五种方式下城市土地出让的平均价格。招标和划拨方式出让土地的结果并不显著；拍卖出让土地均价回归结果在5%的水平上显著为正，表明拍卖出让土地均价上升会促进经济高质量发展，原因在于拍卖出让土地的方式更加公开透明，多次报价模式相较于其他方式来讲更加具有公平性，可以充分实现土地的经济价值，带动经济高质量发展；挂牌出让土地均价回归结果在1%的水平上显著为负，表明挂牌出让土地均价过高会抑制经济高质量发展，原因在于该种土地出让方式容易受到挂牌本身限定条件与信息透明度的影响，易出现不规范竞争的情况，从而扰乱土地市场秩序，无法真正体现土地经济价值，抑制经济高质量发展；协议出让土地均价在5%的水平上显著为负，表明协议出让土地价格过高会抑制经济高质量发展，原因在于协议出让土地的方式没有引入充分的市场竞争机制，易出现暗箱操作，土地出让价格过高容易引发钱权交易等腐败现象，抑制经济高质量发展。

表6-16　城市土地不同出让方式的实证回归结果

变量	(1)	(2)	(3)	(4)	(5)
zhaop	-0.001 (0.006)				
paip		0.006** (0.003)			
guap			-0.020*** (0.006)		
xiep				-0.008** (0.004)	
huap					0.0003 (0.003)
cons	1.515*** (0.091)	1.280*** (0.0523)	1.430*** (0.044)	1.443*** (0.045)	1.310*** (0.048)
控制变量	YES	YES	YES	YES	YES
地区/时间固定效应	YES	YES	YES	YES	YES
观测值	789	2109	2726	2659	2320
R^2	0.467	0.693	0.661	0.658	0.703

6.7　研究结论与政策建议

6.7.1　研究结论

在经济高质量发展不断扎实推进的背景下，合理供给土地资源，规范地方政府的土地配置行为，可以更好地达到推进资源市场化和实现经济高质量发展的战略目标。本章基于2011—2020年273个城市的面板数据，分析了地方政府土地配置行为对经济高质量发展的影响，并得出以下结论。

第一，地方政府通过“以地引资”和“以地生财”的土地配置行为，即降低工业用地出让价格及限制商住用地高价出让供应，促进经济高质量发展，该结论通过了一系列稳健性检验。

第二，地方政府土地配置行为对经济高质量的影响路径。地方政府土地配置行为抑制产业结构升级阻碍经济高质量发展，通过提升城市创新能力促进经济高质量发展；环境质量与城乡居民收入差距会对经济高质量发展产生负向调节作用，弱化地方政府土地配置行为对经济高质量发展的作用；地方政府土地配置行为对经济高质量发展的影响存在双门槛效应，当地方政府土地配置行为超过第二个门槛值后，地方政府土地配置行为对经济高质量发展的促进作用消失，地方政府土地配置行为对经济高质量发展的促进作用在初期和中期阶段显著，但在发展的后期阶段正向促进作用减弱。

第三，土地配置行为对经济高质量发展的影响存在异质性。对于东部地区、中部地区、西部地区及东北地区来说，东部地区、西部地区与东北地区土地配置行为回归结果不显著，中部地区土地配置行为促进经济高质量发展。中部地区具有特殊枢纽作用，地方政府合理运用土地配置行为承接东部发达地区产业，发挥人口集聚优势推动第三产业发展，提升区域经济高质量发展水平。对于城市规模水平来说，大型城市土地配置行为回归结果不显著，中小城市回归结果显著为正。城市规模大小限制城市经济增长路径，小规模城市通过土地配置行为积累资金，推动经济高质量发展。对于资源型城市与非资源型城市来说，非资源型城市土地配置行为的回归结果不显著，资源型城市回归结果显著为正。资源型城市土地交易机制不完善，存在土地资源恶性竞争问题，地方政府进行土地配置行为，监管土地市场营造良好市场秩序，有助于推动经济高质量发展。对于工业化发展水平来说，高工业化水平城市土地配置行为对经济高质量发展的促进作用大于低工业化水平城市。工业化水平较高的城市多以单一传统重工业为主，地方政府可以通过土地配置行为对工业企业进行扶持，帮助其转型升级，从而推动经济高质量发展。

第四，进一步研究发现：①城市土地供给面积的合理规划会推动城市整体发展，不同类型的土地供给宗数占比会对经济高质量发展产生不同的影响。增加住宅用地的出让宗数，增加地方政府一次性收益，提升住宅质量，有助于经济高质量发展；限制商服用地出让宗数，避免商场数量增多加剧竞争，商户经营不善亏损倒闭，导致商服用地资源浪费，抑制经济高质量发展。②城市土地不同供给方式对经济高质量发展的影响不同。以拍卖方式出让土地，其均价上升会促进经济高质量发展，以挂牌和协议方式出让土地，其均价过高会抑制经济高质量发展。拍卖出让土地的方式更加公开透明，可以充分实现土地的经济价值，有利于土地市场公平发展，推动经济高质量发展；挂牌与协议方式出让土地容易造成市场秩序紊乱，土地出让价格过高还会引发腐败现象，抑制经济高质量发展。

6.7.2 政策建议

为了进一步优化地方政府的土地配置行为，形成土地资源的有效配置，推动经济高质量发展，本章提出以下政策建议。

第一，优化土地供给结构，助力经济高质量发展。在制度优势和垄断地位的基础上，地方政府凭借“以地谋发展”的土地配置行为积累了大量资金，实现了经济高速增长目标。而在经济转型的背景下，面对经济高质量发展新阶段，地方政府应继续优化土地供给结构，实现其对经济高质量发展的长期促进作用。对“以地引资”配置行为下的工业用地出让，应保持稳定低价，降低工业企业投资成本，助力其实现生产结构转型，同时降低工业用地出让数量，避免工业企业严重污染环境，保证工业用地的高效利用；对“以地生财”配置行为下的商住用地出让，应重点抓住其一次性收益的特点，在价格合理范围内形成资金积累，增加住宅用地出让宗数占比，同时通过取消商服用地硬性配套比例政策降低商服用地出让宗数，避免土地资源浪费，营造居民美好生活环境。

第二，因地制宜制定土地配置行为，解决经济高质量发展过程中的深层结构性问题。结合地区内部发展定位、特有条件和资源禀赋进行合理的土地资源配置，抓住优势推动经济高质量发展。对于中部地区、中小城市、资源型城市和高工业化水平城市来讲，地方政府应细化其土地配置政策，及时调整工业用地和商住用地的配置方式，结合地区资源禀赋优势，合理规划土地资源用途，同时推动土地市场建设，形成良好市场秩序，实现经济高质量发展；对于东部地区、规模较大城市、非资源型城市和低工业化水平城市来讲，在保持现有良好土地市场秩序的基础上，充分发挥土地市场自身的调节作用，发挥市场在土地资源配置中的决定性作用，进行主动有为的土地制度改革，降低地方政府对土地财政的依赖程度，探索财政收入增长的新路径，进一步推动经济高质量发展。

第三，完善土地市场监管体系，提高土地利用效率。在土地资源利用规划过程中，针对不同土地资源类型和城市真实发展需求确定合理的土地出让宗数，避免重复建设大量低水平、高耗能企业，造成资源浪费的同时降低了环境质量；积极引进高质量企业，实现土地资源的高效利用，最大化土地的资本价值。同时，在土地资源出让过程中加强对土地供给方式的监管，规范土地配置行为，减少因土地市场机制不完善造成的秩序紊乱与腐败现象，减少地方政府为追求财政收入而扭曲土地资源配置的行为，重视土地市场中的公平、公开和透明的出让原则，营造良好秩序氛围，进一步推动经济高质量发展。

第四，建立统一的土地市场体系，优化土地权利体系。统一的土地市场体系是城乡生产要素自由流动的基础，城乡二元结构下的土地权利体系不仅造成城乡收入差距过大还抑制了土地配置行为对经济高质量发展的正向作用，从而阻碍了新时代背景下城乡融合的发展进程。建立统一的土地市场体系，优化土地权利体系，实现土地市场在用地空间上的全面平等，明晰不同权属土地的权利，可以进一步实现土地要素市场的优化，从而促进经济高质量发展。此外，土地资源的合理分配和运用，可以推动乡村振兴进程，缩小城乡发展差距。

第五，探索政府财政融资模式，减少对土地财政的依赖。对于地方经济发展情况较好的地区来说，地方政府可以在此基础上，进一步探索政府财政融资新模式。比如，不断优化地方专项债，推动其规范健康发展，将专项债在城市基础设施建设过程中发挥的作用最大化，实现对经济高质量发展的助力。对于地方经济发展情况较为落后的地区来说，地方政府应从地方实际出发，除开发和整合土地资源之外，还可以对地区内的其他资源进行整合，充分利用地区的资源禀赋发展经济。比如，内蒙古自治区可以进一步推动牧区经济的发展，从而助力整个自治区的经济高质量发展。将资金引入医疗和教育等领域，缓解地方财政压力。

第 7 章　城市土地配置行为对企业全要素生产率的影响

7.1　引　言

《中华人民共和国国民经济和社会发展第十四个五年规划和 2035 年远景目标纲要》提出，“推进土地、劳动力、资本、技术、数据等要素市场化改革”“推动高质量发展”。随着“十四五”时期实现经济高质量发展目标的统筹推进，以全要素生产率为核心的高质量发展成为新时期经济转型的关键，如何提高企业全要素生产率已成为当前学术界和政府部门共同关注的重要问题。在中国工业化进程中，由于市场机制不完善等多方因素制约，企业的创新能力不强，生产性要素的配置效率并不高，导致我国企业全要素生产率偏低。土地作为生产要素之首，其优化配置无疑会对企业的生产效率起到十分重要的作用。在中国快速工业化、城市化进程的背后，土地要素作为企业生产经营的必要空间载体，是生产活动的承载主体，土地本身及其附属经济特征将会成为企业投资选址的重要考虑因素。随着我国城市化的进一步发展，土地资源以其固有的有限性、稀缺性、不可移动性、区域差异性等影响着城市的发展。城市土地是城市社会经济活动的空间载体，而城市的土地利用效率是衡量城市土地产出能力和区域经济发展水平的重要指标，直接影响城市社会、经济的发展及生态环境的改善，进而影响城市内企业的生存与发展。土地资源的合理配置关系到各个企业主体的发展诉求，进一步影响我国经济高质量发展目标的实现，而人多地少的国情要求我国必须更加科学地配置土地资源。

我国地方政府面临的财政压力由来已久，在财政分权体系下，招商引资、吸引企业入驻是地方政府之间资源竞争的主要手段，为了吸引企业投资，地方政府纷纷采取税收减免、项目扶持、投资奖励等措施来降低企业成本压力，而土地作为企业投资必备的投入要素和空间载体，其高昂的用地价格时常约束着企业投资决策（田文佳等，2020），与此同时，土地出让也成为地方政府招商引资的重要财政工具（雷潇雨、龚六堂，2014），逐渐衍生出极具中国特色的“以地谋发展”模式（谢贞发等，2019；刘守英等，2020）。在中国“横向锦标赛”体制下，一方面，地方政府有较强的动机以低价出让工业用地来吸引企业落地投资；另一方面，高价出让商住用地，包括居住用地（出让年限 70 年）及商业、旅游、娱乐用地（出让年限 40 年）两类，以获取高额的土地出让收入。作为经济增长新动力，全要素生产率不仅能衡量企业技术进步，还能反映物质生产的知识水平、管理效率、制度环境、资源配置效率等难以观测的重要信息（鲁晓东、连玉君，2012）。现有文献表明，影响企业全要素生产率的因素有内外两个方面，外部因素主要来自政府的干预和市场环境的变化，包括产业集聚（安礼伟、蒋元明，2020）、营商环境（申烁等，2021）及要素市场配置（黄先海等，2017）等；内部因素主要来自企业自身能力和管理体制，包括技术创新能力（程惠芳、陆嘉俊，2014）、金融水平（肖文、薛天航，2019）等。基于上述背景，本章根据地方政府土地配置行为，从影响企业全要素生产率的外部因素角度出发，探究地方政府土地配置行为对企业全要素生产率的影响，深刻理解土地要素资源配置与企业全要素生产率两者之间存在的内在逻辑与优化方向，为优化国土资源配置、实现我国经济高质量发展目标提供理论支持和政策依据。

目前，中国经济更加强调增长的质量和可持续性，企业作为构成市场经济的重要微观主体，提升其全要素生产率是实现高质量发展的关键。土地资源是企业不可或缺的生产要素，土地用地成本相应成为企业经营成本的重要构成。地方政府作为土地资源的唯一供给者，完全垄断了土地开发权和供给权，对土地资源配置的方式、结构及数量起着决定性作用。地方政府土地配置行为对企业全要素生产率能产生多大的影响？为解决这一问题，本章通过对上市公司数据与中国土地市场网数据进行整理，将上市公司注册地与发生土地配置行为地级市进行匹配，得到了较为全面且精确的研究数据集，为地方政府土地配置和企业全要素生产率提升提供了更为可信的微观证据，并尝试从地方政府对企业全要素生产率影响的角度阐释地方政府土地配置行为对企业全要素生产率的异质性、影响机制等，加深对地方政府土地配置行为的认识，为规范地方政府土地资源配置行为和促进经济高质量发展提供借鉴。

7.2　文献综述与研究假说

7.2.1　文献综述

（1）地方政府土地配置行为的研究进展

① 地方政府土地配置行为决策的动机。关于影响土地配置原因的研究内容。我国特殊的土地产权体系加上财税体制使得政府拥有积极参与土地资源配置的动机。财政压力是造成地方政府土地配置的重要原因（赵文哲、杨继东，2015）。我国地方政府面临的财政压力由来已久，分税制改革后，“财权上移，事权留置”，地方政府的财政缺口日益扩大（亓寿伟等，2020）。在快速城镇化进程中，理性的地方政府会在土地经营决策中考虑财政压力的约束，权衡不同类型土地出让的成本与收益，将土地这一地方政府重要的经济资源效益发挥至最大，因此衍生出两种主要的地方政府土地配置行为：“以地引资”和“以地生财”。

地方政府干预土地配置表现：一方面是“以地引资”，即地方政府低价出让工业用地进行招商引资来推动地区经济快速增长，以期在以经济绩效为核心的官员晋升博弈中胜出（张莉等，2011）。已有研究表明，工业用地低价出让已经成为地方政府最主要的投资补贴措施（席强敏、梅林，2019），地方政府大量低价供地，甚至零地价出让，以园区建设吸引企业入驻，加快地方工业化进程（杨其静等，2014），尤其是经济欠发达的西部地区，土地低价引资竞争最为激烈（黄金升等，2017）。另一方面是“以地生财”，即以高价限制性出让商住用地来获得高额的土地出让收入，用以弥补低价出让工业用地带来的财政缺口，并为地方政府进一步压低工业用地出让价格进行“以地引资”提供资本保障（韩峰等，2022）。地方工业发展带动了商住用地的增值，地方政府从商住用地出让中获得大量收入用于城市建设（雷潇雨、龚六堂，2014）。

② 地方政府土地配置行为的影响结果研究。地方政府土地配置行为会对城市经济效率产生影响。大规模出让工业用地、限制性供给商住用地的土地资源配置方式对城市经济效率存在持续抑制作用（刘新智、周韩梅，2022）。地方政府低价出让工业用地进而达到招商引资的目的，这种行为往往会降低引资质量和企业的生产效率，最终影响整个城市的经济效率（李力行等，2016），并且地方政府土地出让价格对企业生产效率的影响存在选择效应（席强敏、梅林，2019）。大规模出让工业用地、不饱和供给商住用地的土地资源配置方式存在区域异质性和城市规模异质性，具体表现为对中部地区的抑制作用大于东部、西部地区，对规模越小的城市抑制作用越明显（刘新智、周韩梅，2022）。以协议方式出让的工业用地形成的土地资源配置程度越高，工业企业的资源配置效率就越低，并且行业对土地的依赖程度越高，影响就越显著（李力行等，2016）。

地方政府土地配置行为对绿色发展造成的影响，集中于地方政府低价出让工业用地对环境造成的影响。地方政府以低价偏向性配置方式将土地出让给工业企业，尤其是资本密集型或重工业企业，甚至在土地出让中出现“引资质量底线竞争”，导致大量高污染、高耗能企业集中进入（杨其静等，2014）。这不仅不利于落后产能的淘汰，还增加了工业污染物的排放，加剧了环境污染（杨友才、牛晓童，2022）。工业用地价格扭曲导致大量低端企业被引进，加剧工业污染排放，阻碍产业结构升级和绿色发展（李佳等，2021）。工业用地低价出让一方面会促使政府引入高耗能、高污染企业，另一方面可能会造成公共绿地面积供应不足，进而影响区域绿色发展（卢建新等，2017）。工业用地价格扭曲会抑制技术创新、增加交通出行成本和引资质量低下，进而加剧雾霾污染（陈恭军，2022）。

地方政府土地配置行为对创新发展的影响。土地资源在各个领域的配置情况会影响区域的创新要素集聚和创业潜力，研究认为，土地财政对区域创新存在先促进后抑制的作用，土地财政的正外部性存在边际递减规律（阎波等，2018）。"以地生财"和"以地引资"模式在我国发展初期支撑起了城市工业化发展和城市规模扩张，但是在当前发展阶段该模式不足以支撑中国"创新驱动转型发展"策略需要（谢呈阳、胡汉辉，2020）。地方政府过度供给工业用地和限制供给商业用地的土地出让政策导致了目前的城市土地资源错配，并通过地方制度环境与产业空心化等路径抑制了城市的创新能力（谢冬水，2020）。研究发现，土地资源出让的倾向性配置在空间上通过挤出企业研发投入抑制创新活力与城市创新能力，并且对成熟地区、中心城市和东部城市的抑制作用较大（安勇、赵丽霞，2021）。

中国制造业发展极具区域差异性，这种土地配置方式对制造业结构升级产生倒"U"形影响，对服务业升级存在抑制作用，并且对西部地区制造业结构升级的抑制作用最大（白雪洁、耿仁强，2022）。商住用地供应不充足，导致第三产业发展相对滞后，并且生产性服务业多是从制造业中剥离出来的，限制商住用地规模和价格，将导致这类生产性服务业难以生存，减缓城市产业结构向服务业的转变（闫昊生等，2020）。地方政府配置土地策略强化了中低端制造业的产业结构刚性，对产业结构的多元化和高级化产生了负面影响（李勇刚、罗海燕，2017）。

（2）企业全要素生产率的相关研究进展

① 企业全要素生产率的测度方法。在关于企业全要素生产率的计算方法上，由于全要素生产率并不是有形状态，所以通常是难以观测的，在估算过程中容易引起内生性、联立性等诸多问题（张志强，2015），因此没有一种衡量方法能够保证其测算的绝对正确性，只是在其不断发展的过程中，提出不同的修正意见。常见的主要有 OLS、FE、GMM、OP、LP、ACF 等方法（杨汝岱，2015），其中最为经典的是 OLS 最小二乘法，全要素生产率由企业实际观察值和 OLS 计算所得估计值之间的差额构成，不可避免

地会产生联立性偏误、样本选择偏误、遗漏价格偏误及多产品内生性问题；FE 固定效应估计法在引入个体虚拟变量之后，在一定程度上解决了 OLS 的内生性问题和减弱了 OLS 的样本选择偏差问题，但也因为其使用条件较为苛刻，会低估资本产出弹性（刘方、赵彦云，2020）；GMM 法假定工具变量与内生解释变量（如代理变量）之间相关而与误差不相关，保证模型结果不受内生性问题和同时性偏差问题的干扰，但需要保持样本长时间跨度这一条件，并且要对样本进行滞后处理和多步骤差分，这就使得对该方法的应用受到了很大的限制；OP 法用企业的当期投资作为不可观测生产率冲击的代理变量，可以较好地处理变量相互决定偏差所引起的内生性问题和样本选择偏差所引起的问题，但是 OP 法测算企业全要素生产率要求将投资为零的样本全部剔除，会造成很大损失（鲁晓东、连玉君，2012）；作为 OP 法扩展和改进的 LP 法引入中间产品作为生产率冲击的代理变量，使不可观测的生产率冲击对当期企业投入—产出效率的实际影响获得了良好的近似，解决了联立性和样本选择偏差以及投资作为变量的偏差问题（李唐等，2016），LP 法被大多学者加以沿用；Ackerberg 等（2015）认为，企业生产率将影响中间投入，从而造成 OP、LP 的计算方法产生内生性的问题，因此他们提出了一种改良后的企业全要素生产率测算方法——ACF 法，即在中间投入函数中考虑劳动投入的作用，旨在通过这一变量的加入提高全要素生产率估算的准确性。任曙明和吕镯（2014）用 ACF 法估测了装备制造业的全要素生产率，以便探究企业内部融资约束及政府补贴是否会影响全要素生产率及其作用机制。任宇新等（2022）使用 ACF 法测算制造业上市企业的全要素生产率，发现企业研发投入确实可以有效促进全要素生产率。申烁等（2022）在探讨融资成本与企业全要素生产率之间的关系时，采用了 ACF 法估测企业的全要素生产率并对其回归结果进行了稳健性检验。王道平和刘琳琳（2021）在探索分析数字金融技术与企业全要素生产率的关系时，也采用了 ACF 法测量企业的全要素生产率并进行了更为深入的研究。目前学术界对于如何计算企业全要素生产率持有各自合理的意见，但是综合国内已有文献来看，对 FE 方法、LP 方法和

ACF方法的沿用较多。

② 企业全要素生产率的影响因素研究。从企业自身因素来看，技术创新是提升全要素生产率的关键因素。根据创新理论，技术创新是促进经济增长的根本动力，企业通过持续创新，可以获取专利等知识资本，这将促进企业生产率的提升。现有文献也围绕企业技术创新对生产率的影响展开研究。相关学者利用多个国家、多个维度的数据证明企业研发投入、知识资本投入及技术创新有利于全要素生产率的提升（程惠芳、陆嘉俊，2014）。企业的研发投入对全要素生产率的提高程度存在一定阈值，虽然企业研发投入的增加能够显著提升全要素生产率，但投入强度需要适度（毛德凤等，2013）。当强度过低或过高时，都不利于发挥研发投入对生产效率的促进效应。除技术创新因素外，企业规模也是影响全要素生产率的重要因素，规模较大的企业在资金规模、融资渠道等方面的优势往往使其具备更加稳定的研发投入，进而有利于生产率的提升。但企业生产规模的过度扩张将抑制生产率的持续提升，二者之间可能存在倒“U”形关系，并且影响效应将随着行业类型的不同而改变（孙晓华、王昀，2014）。此外，一些其他的因素，如企业管理能力、企业所有制类型、企业融资约束、人力资本等，均是影响生产效率的潜在因素（李唐等，2018）。

从企业所处的外部环境来看，产业集聚、制度因素等也会对全要素生产率产生影响。首先，就产业集聚而言，传统理论认为，集聚区的形成将有利于企业之间合作关系的建立，进而能够通过发挥规模经济效应促使企业生产率提升。而产业集聚一旦过度，则有可能产生拥挤效应，反而不利于企业全要素生产率的增长（范剑勇等，2014）。其次，根据新制度经济学的相关理论，企业所处区域的制度变迁及政策因素也将进一步影响企业的生产经营行为及生产效率。在不断深化改革背景下，关于政策因素影响中国企业全要素生产率的研究也越来越多，包括环境政策、产业政策等，其中与本章最为相关的文献则是要素市场化对生产效率的影响。研究发现，一方面，企业所属地区市场化程度的上升将规范企业的生产行为，降低生产性资源的错配程度，进而提升企业的资源配置效率（马光荣，

2014）。通过测算市场化程度指数，探究市场化进程的推进对全要素生产率的影响，发现区域市场化进程对全要素生产率的增长贡献高达39.2%。另一方面，市场化机制还将通过要素流动机制和激励机制，改善企业间的资源配置情况，进而促进企业全要素生产率的提升（黄先海等，2017）。但就研究主体而言，这类研究主要针对金融、知识等资本及劳动要素展开分析，关于土地要素，特别是工业用地和商住用地方面的研究并不充分。

（3）地方政府土地配置行为对全要素生产率的影响研究进展

资源有效配置，即全社会有限资源达到最大产出效率的状态，也可称为资源效率配置（周海波等，2017）。随着要素市场化改革的深化，如何实现生产要素资源的高效配置逐渐成为研究的热点。一些学者研究资源配置的经济效应，但从微观角度研究资源配置对企业全要素生产率影响的文献较少。Hsieh 和 Klenow（2009）搭建了测度资源配置效率的经典理论框架，将企业级的微观数据在宏观维度进行加总，发现中国、印度的资源配置效率提高，全要素生产率也可以相应提高。冯英杰等（2020）研究发现，提高资源配置效率有助于全要素生产率高的企业扩展规模。蔡昉（2021）认为，我国经济中的资源依然存在较大的再配置空间，生产率潜力的有效开发有利于促进我国制造业高质量发展。将资源配置进一步细化，一些学者研究土地资源配置效率，但对企业全要素生产率涉及不多。张少辉和余泳泽（2019）认为，应进一步优化土地配置模式，提高行业和城市的资源配置效率，从而提高整个城市全要素生产率。谢呈阳和胡汉辉（2020）利用我国城市和行业数据，研究土地资源配置对城市创新的影响，发现工业用地的大规模出让以及商住用地的供给不足对城市创新能力产生了显著的抑制效应，提出应充分考虑不同地区所处的经济发展阶段，从而调整土地资源配置方式。韩峰等（2021）研究土地资源配置对制造业出口价值的影响，发现土地资源的配置优化能够提高企业生产要素的配置效率、促进企业开展创新活动及发挥集聚效应，从而提高企业出口附加值。

（4）文献进展评述

既有文献就资源配置相关问题进行了大量的有益探讨，将资源配置细化到土地层面，尤其是地方政府土地配置行为对生产率的影响分析，也主要聚焦于城市及以上的宏观层面，鲜有从微观企业视角的考察。事实上，作为生产经营与经济发展的微观主体，企业生产率的高低不仅反映其生产经营、创新活动、核心竞争力等发展状况，更是表征一个国家或地区高质量发展的重要微观基础。在中国当前高质量发展的转轨背景下，深入剖析地方政府土地出让干预对微观企业生产率的现实影响，对完善理论研究和服务于政策实践都具有重要价值。因此，本章试图进行以下三个方面的拓展。

第一，在研究对象上，将资源配置的研究对象瞄准为土地，研究地方政府土地配置行为对企业全要素生产率的影响；将研究视角放到微观层面，利用 A 股上市公司的微观数据识别土地资源配置的生产率效应，从理论和实证两个方面分析内在的传导机制，以期丰富相关研究。

第二，在研究视角上，不仅关注工业用地对企业全要素生产率的影响，还将商服用地和住宅用地放入统一研究体系下探讨，对比地方政府“以地引资”和“以地生财”这两种不同用地出让方式对企业全要素生产率的影响，丰富土地配置和企业全要素生产率的相关文献。

第三，在研究过程中，不仅关注地方政府土地配置行为对企业全要素生产率的影响，还将从多个维度考量这一影响机制的异质性，并思考两者的影响是否存在一定的门槛效应，通过不同的门槛值在不同区间内产生不同程度的影响。

7.2.2　研究假说

（1）地方政府土地配置行为对企业全要素生产率的影响

土地资源是企业不可或缺的生产要素，土地支付相应成为企业经营成本的重要构成。地方政府作为土地资源的唯一供给者，是企业营商环境的主要责任主体，其合理配置土地要素行为，有利于构建良好的营商环境，有利于企业开展创新活动和转型升级，促进企业全要素生产率的提升。在我国经济转型过程中，地方政府面临较大的财政压力，为了补齐财政缺口，地方政府一方面以低价协议的方式大面积出让工业用地，用于建设开发区和产业园区，以低价或者零地价吸引重点产业和企业入驻园区（阎世平等，2022），地方政府低廉的工业用地出让金降低了企业粗放式生产的成本，弱化了企业提高生产效率的意愿（邵朝对等，2016），不利于企业全要素生产率的提升；另一方面以高价的方式出让商住用地，并为地方政府进一步压低工业用地出让价格进行“以地引资”提供资本保障（韩峰等，2022）。低廉的工业用地出让金和高额的商住用地出让金虽然补足了地方政府短期的财政缺口，但抑制了企业全要素生产率的提升。相反，当地方政府调整现有的土地配置行为方式，提高工业用地出让金，低生产率的中低端工业企业因难以承担高额的用地成本被淘汰，留下高生产率的高端企业，而且地方政府提高工业用地和商住用地出让金，会使地方政府在补齐财政缺口的同时，利用更加充裕的财政收入加大对创新活动的支持力度，促进企业全要素生产率提升。对于企业而言，提升出让金能够改变企业现有的成本扭曲发展模式，激发企业参与市场竞争的内生动力，鼓励企业将更多的资金投入研发部门，推动流程创新、管理创新和产品创新，创新驱动企业全要素生产率提升。为验证这一逻辑链条，本章提出以下假说。

假说1：地方政府土地配置行为对企业全要素生产率存在显著正向影响。

（2）地方政府土地配置行为对企业全要素生产率的作用机制

在政绩考核、政治晋升和财政压力存在的情况下，为保证本地财政收入和工业企业招商引资规模最大化，一方面，地方政府实施低价出让工业用地的策略，导致辖区内的引资行业整体上呈现生产工艺水平不高、技术创新水平不足的特征（杨其静等，2014），并且使企业在同等条件下的生产成本大幅降低，因而，企业在能够获取低成本要素谋求利益的情况下，很难有动力将有限的资金用于投资风险大、回报周期长的研发活动，从而导致企业依托技术创新来获取竞争优势的动力受到抑制（孙献贞，2023）。

与此同时，低价出让工业用地使企业进入城市的成本门槛降低（张莉等，2019），大量企业因地价优惠和财政补贴而非市场力量进入城市，进而导致低效率企业“扎堆”集聚（师博、沈坤荣，2013），由于并未遵循市场规律，地方政府通过土地政策优惠诱导形成的企业集聚虽然能够在短期内推进经济快速增长，但难以产生技术创新，不利于企业研发能力的整体提升和生产率水平的不断提高。另一方面，地方政府不饱和供给商住用地，可以带来高额土地出让收入，以此作为企业创新补贴的重要来源，使企业更加积极地开展创新研发活动（Doblinger et al.，2019）；通过出售价格高昂的商住用地来吸引企业，利用由此获得的收入为企业提供大量的补贴，以激励这类企业集中在城市区域。这一策略预期将增强企业间的技术影响，并促进企业在创新方面的互动（胡彬、万道侠，2017）。地方政府提高商住用地出让金，会使其获取更多的财政收入，在补贴财政缺口后会有更充裕的资金为当地企业提供研发补贴，企业有更多的资金用于技术研发，提高自身技术创新水平，实现全要素生产率的提升。当盈利潜力有所上升时，企业的固定资产，如土地和房屋，会随之增值，有助于增加企业的总体财富，而且为企业提供了通过土地抵押等手段获取更多贷款资金的可能性，企业凭借额外的信贷支持在研发方面的融资限制可以在一定程度上得到缓解，有更多资金投入技术研发和创新，实现自身全要素生产率的提升。所以，无论地方政府是提高工业用地出让金还是商住用地出让金，都会促进企业创新能力的提升，激发企业增长的动力。综上，本章提出以下假说。

假说2a：地方政府土地配置行为通过促进技术创新来提升企业全要素生产率。

产业结构升级意味着政府部门通过基础设施建设、重大科学创新攻关、财政补贴和信贷扶持等手段，能在较大程度上承担技术研发和应用等过程中的市场不确定性风险，引导各方力量集中开展新技术研发，发挥技术研发的规模经济效应和集聚效应，推动产业技术创新，发展前瞻性的主导优势产业、新兴技术产业（韩永辉等，2017），这一过程有利于将生产要素从低生产率的企业引至高生产率的企业，改善资源配置效率，有效提升整个社会的生产率水平，从而提升企业全要素生产率。

为吸引企业投资建设，地方政府大规模出让工业用地，通过低价出让土地和基础设施建设补贴的方式吸引了更多低端企业进入，短期来看，在企业发展前期阶段促进了经济快速发展，但从区域竞争的长期性来看，这种土地配置方式使得产业结构“过度工业化”（李勇刚、王猛，2015），低生产率的中低端工业企业难以被淘汰。地方政府降低工业用地出让价格和产业准入门槛以招商引资（张莉等，2019），导致低端制造业大规模集聚，挤占了高端制造业和现代服务业的发展空间，地方政府这种强烈偏好于发展制造业的行为，使得对经济增长拉动作用更强的服务业被低估（李勇刚、罗海艳，2017），不利于我国产业结构转型升级。此外，土地供给过度还带来土地粗放式利用，工业用地大量过剩闲置造成严重资源浪费和资金占用，因而无法推动新兴产业发展（程开明、于静涵，2022），进而抑制城市产业结构升级。当地方政府提高工业用地出让金，在降低低端企业进入的可能性的同时，低生产率的中低端工业企业被淘汰，给高端制造业和现代服务业的发展提供充足的发展空间，有利于改善地方政府曾经强烈偏好于发展制造业的行为，对经济增长拉动作用更强的服务业有机会获得更多的土地要素，有利于优化整个社会的产业结构，促进我国产业结构转型升级，改善资源配置效率，有效提升企业全要素生产率。综上，本章提出以下假说。

假说2b：地方政府土地配置行为通过促进产业结构升级，进而影响企业全要素生产率的提升。

7.3 研究设计

7.3.1 模型建立

（1）基准回归模型

为验证地方政府土地配置行为对企业全要素生产率的影响，基于理论分析和研究假说，构造以下实证模型进行检验：

$$TFP\_ACF_{i,t} = \alpha_0 + \alpha_1 lp_{i,t} + \gamma Controls_{i,t} + \lambda_t + \mu_i + \varepsilon_{i,t} \quad (7-1)$$

式（7-1）中，i 为企业；t 为年份；*TFP_ ACF* 为使用 ACF 法计算的企业全要素生产率；*lp* 为地方政府土地配置行为，用工业用地出让金（*lpg*）和商住用地出让金（*lpsz*）来表征；*Controls* 为控制变量；在处理不同公司的全要素生产率时，考虑它们之间可能会存在显著差异，并且其全要素生产率会随时间发生变化，故在模型中加入年份固定效应和公司个体固定效应；λ_t、μ_i表示不随时间和企业变化的因素；$\varepsilon_{i,t}$为随机误差项。

（2）中介机制模型

参考温忠麟和叶宝娟（2014）经典的中介检验三步法：第一步，检验地方政府土地配置行为是否能够对上市公司企业全要素生产率产生显著影响，此步计算公式已在式（7-1）中进行论述；第二步，检验地方政府土地配置行为是否能够显著提升技术创新与优化产业结构；第三步，检验地方政府土地配置行为和技术创新、产业结构分别对上市公司企业全要素生产率的作用，具体模型见式（7-2）、式（7-3）。

$$Media_{i,t} = \alpha_0 + \alpha_2 lp_{i,t} + \eta Controls_{i,t} + \lambda_t + \mu_i + \varepsilon_{i,t} \quad (7-2)$$

$$TFP\_ACF_{i,t} = \alpha_0 + \alpha_3 lp_{i,t-1} + \alpha_4 Media_{i,t} + \xi Controls_{i,t} + \lambda_t + \mu_i + \varepsilon_{i,t} \quad (7-3)$$

式（7-2）、式（7-3）中，$Media_{i,t}$为中介变量，即技术创新（*inn*）和产业结构升级（*idu*），其他变量含义同式（7-1）。

对于中介效应模型的有效性，如果式（7-2）与式（7-3）的回归系数 α_2和 α_4显著，则称完全中介效应，如果 α_2和 α_4至少有一个不显著，无法判断中介效应是否显著，需要进行后续的检验，检验的方法包括 Sobel 检验、乘积分布法、Bootstrap 法和贝叶斯法等，若检验后结果显著则称部分中介效应。

7.3.2　变量选取

（1）被解释变量

企业全要素生产率：在企业全要素生产率的测算中，传统方法利用线性回归方程的残差项进行估计，但这一估计结果并不可靠，存在较强的样本选择性偏差及同时性偏差（王健、胡美玲，2019）。目前，绝大多数研究采用OP和LP两种半参数估计方法解决上述问题（鲁晓东、连玉君，2012）。但Ackerber等（2015）指出，企业中间投入依赖于资本、劳动和生产率，这将导致OP法和LP法在估计上的不可识别以及内生性问题。因此，借鉴Ackerber等（2015）的方法（ACF法）估计生产函数，并测算生产率，更好地处理了同时性偏误问题，再以固定效应的OLS法测算的全要素生产率（*TFP_ FE*）和LP法计算的结果（*TFP_ LP*）进行稳健性讨论。计算公式见式（7－4）、式（7－5）。

$$\ln Y_{i,t} = \beta_0 + \beta_1 \ln K_{i,t} + \beta_2 \ln L_{i,t} + \beta_3 \ln M_{i,t} + \varepsilon_{i,t} \quad (7-4)$$

$$TFP\_ACF_{i,t} = \ln Y_{i,t} - \beta_1 \ln K_{i,t} - \beta_2 \ln L_{i,t} \quad (7-5)$$

式（7－4）、式（7－5）中，i为企业，t为年份，$Y_{i,t}$为产出变量，$K_{i,t}$为资本投入变量，$L_{i,t}$为劳动投入变量，$M_{i,t}$为中间投入变量，*TFP_ ACF*为企业全要素生产率，$\varepsilon_{i,t}$为随机误差项。

为了尽可能保存较多的研究样本，参考任曙明和吕镯（2014）、钱雪松等（2018）的做法，将上市企业营业收入设为产出变量（*Y*），固定资产投资价格指数进行平减得到固定资产净值设为资本投入变量（*K*），企业员工总数为劳动投入变量（*L*），中间投入变量（*M*）＝主营业务成本＋销售费用＋管理费用＋财务费用－折旧摊销－支付给职工的现金。

（2）核心解释变量

地方政府土地配置行为（$lpg_{i,t}$与$lpsz_{i,t}$）：已有研究中有学者使用土地出让面积作为地方政府土地配置行为的代理变量（王家庭、姜铭烽，2023）；也有学者用土地出让金数额作为地方政府土地配置行为的代理变量（郑骏川，2020）。本章用地方政府获取土地出让金来考察地方政府土地配置行为，其中，工业用地出让金是地方政府“以地引资”的主要手段，商住用地出让金是地方政府“以地生财”的主要手段，即核心解释变量是对数形式的工业用地出让金与对数形式的商住用地出让金。

（3）中介变量

技术创新：创新可以从创新投入和创新产出两个角度进行度量。创新投入的指标主要是R&D支出，但从数据获取角度来看，只有地级市政府的R&D支出数据较为完整，企业R&D支出的统计数据缺失严重。参考李春涛等（2020）的研究，采用创新产出端的企业发明专利申请数（*inn*）来度量企业创新能力水平。用专利度量创新有两大好处：一是专利数据公开、客观，被人为操纵的可能性也比较低；二是专利信息更新及时，能够比较准确地反映企业创新的变化趋势。

产业结构升级：借鉴干春晖（2011）提出的产业结构合理化计算方法，将产业结构合理化作为产业结构升级（*idu*）的代理变量，公式为：

$$idu = \sum_{i=1}^{n}\left(\frac{Y_i}{Y}\right)\ln\left(\frac{Y_i}{L_i}\Big/\frac{Y}{L}\right) = \sum_{i=1}^{n}\left(\frac{Y_i}{Y}\right)\ln\left(\frac{Y_i}{Y_i}\Big/\frac{L_i}{L}\right) \quad (7-6)$$

式（7-6）中，$i=1, 2, \cdots, n$，代表各城市；Y和L分别代表产值和就业人口数。

（4）控制变量

为了避免其他因素可能对企业全要素生产率产生影响，选取企业层面控制变量如下。

资产负债率（*Lev*）：利用上市公司年末总负债与年末总资产的比值计算得出。该指标是用以衡量企业利用债权人提供的资金进行经营活动的能力指标。该指标越大，说明企业的融资约束越小，更有能力获得外部资金援助，拥有充裕的资金支持企业生产经营规模的扩大，进而通过影响研发投入等方式对企业全要素生产率产生一定影响。

总资产净利率（*ROA*）：利用上市公司企业净利润与企业总资产平均余额的比值计算得出。通常来说，该指标反映的是公司运用全部资产所获得利润的水平，该指标越大，企业可以投入研发活动中的资金资源就越多，技术效率的提升越大，对企业全要素生产率会造成一定影响。

营业利润率（*NetProfit*）：利用上市公司的营业收入减营业成本的差值与营业收入的比值计算得出。它是衡量企业通过生产经营获得利润能力的重要指标。该值体现企业内部活动实施的完善性和有效性，指标数值越高，代表企业经营效果越好，经营效果越好企业越可能快速成长，成长期的企业发展迅速，更有利于企业高质量发展。一方面，成长能力较强的企业具备更强的研发能力，也拥有更多改良生产设备及技术的资本；另一方面，成长能力较强的企业可能更加注重企业的可持续性发展，对研发创新的意愿更强，可能对企业全要素生产率产生积极影响。

上市公司成立年限（*FirmAge*）：利用“实际会计年度 - 公司实际成立年份 +1”的对数值来表征。该变量越大，相对应投入生产经营的年限就越长，生产技术与管理制度方面更加熟练与健全，对企业全要素生产率的提升有一定影响。

股权集中度（*Top*1）：利用财务报表中披露的第一大股东持股数与上市公司总股本数的比值计算得出。该指标是衡量公司股权分布状态、公司稳定性、公司结构的重要指标，当公司的股权过于集中时，会导致大股东权力无法被牵制，中小股东无法发表意见，容易发生决策失误，甚至会出现大股东侵害公司利益的行为，从而损害公司整体利益，影响企业效率。

管理层持股比例（*Mshare*）：利用财务报表中披露的董监高持股数量与企业总股本数的比值计算得出。董事会作为公司的重要组成部分，对公司经营决策、盈利水平、长期发展均有重要影响，从而影响企业全要素生产率。

固定资产占比（*fix*）：利用财务报表中披露的历年固定资产净额与企业总资产的比值计算得出。固定资产占比大不仅影响企业其他方向的投入，也会影响企业的数字化转型活动，对企业全要素生产率产生一定影响。

7.3.3 数据来源与描述性统计

针对中国上市公司全要素生产率的估算，数据来源于2011—2020年国泰安数据库，该数据库包括中国A股上市公司基本信息、财务报表数据及财务指标数据，部分企业缺失数据由上市公司年报数据补齐。在样本筛选过程中，本章剔除了以下样本：①去除遗漏变量的样本，如删除了营业收入、固定资产净额、从业人员等数值为0的样本；②考虑上市公司股票风险和经营异常，删除 ST、＊ST 和 PT 的公司，删除 AB 股交叉上市的公司；③剔除房地产类与金融类上市公司。为避免极端值对估计结果的干扰，对主要连续变量进行上下 1% 的缩尾处理。经过上述处理，最终得到包含 3112 个企业 22012 个观测值的非平衡面板数据。

采用网络爬虫技术从中国土地市场网收集了 2011—2020 年全国 285 个地级城市工业用地、商服用地和住宅用地的实际交易数据，这些数据详细报告了每项土地交易的供地对象、地块位置、供地面积、成交价款、供地方式、土地用途等信息。本章按照地方政府不同土地配置用途进行整理，分为工业用地和商住用地，部分缺失值采用其前后两年均值处理。参考游家兴等（2022）的研究，使用微观上市公司注册地与发生土地配置行为的城市进行匹配，构建 2011—2020 年的面板数据集。

其余城市数据，如坡度数据，采用 ArcGIS 软件计算获得；市委书记任职年数和市委书记年龄由各城市人民政府官网官员简介手工整理计算得出；产业结构计算数据主要来自《中国城市统计年鉴》（2012—2021 年）；控制变量及技术创新数据来源于 2011—2020 年国泰安数据库，部分企业缺失数据由上市公司年报数据补齐。

变量说明及描述性统计如表 7－1 所示。

表 7－1　变量说明及描述性统计

变量	变量含义	单位	观测值	平均值	标准差	最小值	最大值
TFP_ ACF	企业全要素生产率		22012	1.439	0.178	0.160	2.250
lpg	工业用地出让金	万元	22012	12.263	0.996	4.109	14.276
lpsz	商住用地出让金	万元	22012	15.024	1.392	7.300	17.093
Lev	资产负债率	%	22012	0.418	0.205	0.007	1.957
ROA	总资产净利率	%	22012	0.039	0.077	－1.324	0.880
NetProfit	营业利润率	%	22012	0.055	0.348	－15.166	7.109
FirmAge	上市公司成立年限	年	22012	2.855	0.344	0.000	4.143
Top1	股权集中度	%	22012	34.073	14.875	0.286	89.986
Mshare	管理层持股比例	%	22012	13.769	19.703	0.000	89.990
fix	固定资产占比	%	22012	0.217	0.156	0.002	0.725

续表

变量	变量含义	单位	观测值	平均值	标准差	最小值	最大值
inn	技术创新	个	22012	1.934	1.577	0.000	8.841
idu	产业结构升级		22012	0.132	0.143	-0.029	1.237

7.4 实证结果分析

7.4.1 基准回归结果分析

在基准回归检验中，本节实证检验了地方政府土地配置行为对企业全要素生产率的影响，主要采用企业固定和时间固定的双固定效应模型，结果如表7-2所示。第（1）列与第（3）列是不加入控制变量、消除潜在遗漏变量问题的双固定效应实证结果，第（2）列与第（4）列在第（1）列与第（3）列的基础上加入资产负债率等7个企业层面的控制变量、消除企业异质性特征对实证结果的影响。第（1）~（3）列中，估计系数均通过1%水平的显著性检验，第（4）列估计系数通过10%水平的显著性检验，且系数都为正，表明地方政府土地配置行为对企业全要素生产率有正向影响，其工业用地出让金和商住用地出让金提升可以显著提高企业全要素生产率，验证了本章的假说1。从第（2）列可以看出，工业用地出让金的估计系数为0.003，表明工业用地出让金每增加一个单位，将使企业*TFP*提升0.3个百分点，从第（4）列可以看出，商住用地出让金的估计系数为0.002，表明商住用地出让金每增加一个单位，将使企业*TFP*提升0.2个百分点，工业用地出让金提升对企业全要素生产率的影响要高于商住用地出让金的提升。

从工业用地出让角度来看，工业作为城市发展、吸引人口和解决就业的重要力量，具有巨大的社会经济效益，地方政府希望通过工业增长提升地方经济，凭借其垄断供给地位，在土地方面表现为以大量工业用地优惠吸引制造业投资，并以推高商住用地价格获取土地出让收入来弥补财政缺口，呈现出地方政府在土地出让价格上的“逐底竞争”，尽管这种非市场化的干预促进了招商引资，为短期内的经济发展提供了动力，但也因此使得土地要素的出让价格显著低于其真实价值，造成大量的土地资源低效利用甚至闲置浪费，当地方政府干预土地出让引致土地要素价格扭曲时，意味着企业也是以同样扭曲的要素价格购置土地的，扭曲的土地要素价格会通过成本外部化、投资补贴效应和风险外部化等异化企业的投资行为，导致企业过度投资（企业要素投入错配），进而降低企业生产效率，当地方政府工业用地出让价格得到提升时，虽然在短期内会导致企业用地成本大幅增加，但会促使企业调整要素配置结构，提高资源利用效率，实现其他生产要素对工业用地的替代，同时，地方政府工业用地出让价格提升使低生产率的中低端工业企业难以承担过高的用地成本而被淘汰，留下高生产率的高端企业，促进企业全要素生产率的提升。从商住用地出让角度来看，当地方政府进一步提高商住用地出让收入时，会提高地方政府土地财政整体收入，这会使地方政府拥有更充裕的资金，用来加大地方政府对创新活动的支持力度，提高企业全要素生产率。

从表7－2控制变量的估计结果中发现，股权集中度（*Top*1）、管理层持股比例（*Mshare*）、固定资产占比（*fix*）三个控制变量的估计系数为负，表明当公司的股权越分散，管理层持股比例越低，固定资产占比越小，越有利于企业全要素生产率的提高，究其原因，公司的股权越分散，董监高持股数量低，大股东权力受到牵制，中小股东也可以发表意见，不容易发生决策失误，有利于提升企业的整体效率；固定资产在企业总资产中的占比低，更有利于企业将资金投入数字化转型等其他方向，从而提高企业全要素生产率。其余控制变量的系数显著为正。企业的资产负债率（*Lev*）越大，说明企业的融资约束越小，就更有能力获得外部资金援助，拥有充裕的资金支持企业进行研发等活动，从而有利于企业生产效率的提升；总资产净利率（*ROA*）越大，企业可以投入研发活动中的资金就越多，技术效率的提升幅度也越大，对企业全要素生产率会产生积极影响；营业利润率（*NetProfit*）越高，说明企业经营效果越好，经营效果越好企业越可能快速成长，快速成长期的企业发展迅速，有利于企业高质量发展，即有利于提高企业全要素生产率。上市公司成立年限（*FirmAge*）越长，生产技术与管理制度方面越熟练与健全，对企业全要素生产率的提升越有促进作用。

表7-2 基准回归结果

变量	(1)	(2)	(3)	(4)
	TFP_ ACF	*TFP_ ACF*	*TFP_ ACF*	*TFP_ ACF*
lpg	0.005*** (3.681)	0.003*** (2.604)		
lpsz			0.004*** (2.824)	0.002* (1.789)
Lev		0.118*** (20.236)		0.118*** (20.213)
ROA		0.266*** (23.733)		0.266*** (23.705)
NetProfit		0.012*** (5.559)		0.012*** (5.583)
FirmAge		0.041*** (5.212)		0.042*** (5.248)
*Top*1		-0.000*** (-3.386)		-0.000*** (-3.423)
Mshare		-0.000*** (-4.114)		-0.000*** (-4.157)
fix		-0.385*** (-47.592)		-0.385*** (-47.615)
常数项	1.344*** (77.720)	1.301*** (50.596)	1.347*** (62.760)	1.306*** (46.493)
企业/时间固定效应	YES	YES	YES	YES
观测值	22012	22012	22012	22012
R^2	0.142	0.285	0.141	0.285

注：括号内为基于稳健标准误计算的 *t* 值；*、** 和 *** 分别表示在10%、5%和1%的水平上显著。本章下同。

7.4.2　稳健性检验结果分析

（1）替换被解释变量

为保证研究结果的稳健性，本节进一步采用固定效应法（鲁晓东、连玉君，2012）和 LP 法（李唐等，2016）来测度企业全要素生产率。在使用固定效应法估计企业全要素生产率中，使用的基本模型为：

$$\ln Y_{i,t} = \alpha_0 + \alpha_1 \ln K_{i,t} + \alpha_2 \ln L_{i,t} + \sum_m \delta_m year_m + \sum_n \lambda_n reg_n + \sum_k \zeta_k ind_k + \varepsilon_{i,t} \tag{7-7}$$

式（7－7）中，i 表示企业，t 表示年份，$Y_{i,t}$表示企业 i 在 t 年的营业收入，$K_{i,t}$和 $L_{i,t}$分别为企业固定资产净值和企业员工总数，*year* 代表企业年份，*reg* 代表企业所处地区，*ind* 则用来区分企业所处的不同行业，$\varepsilon_{i,t}$表示在生产函数中无法体现的随机干扰以及测量误差等因素。

$$TFP\_FE_{i,t} = \ln Y_{i,t} - \alpha_1 \ln K_{i,t} - \alpha_2 \ln L_{i,t} \tag{7-8}$$

式（7－8）中，*TFP_ FE* 表示固定效应法计算的企业全要素生产率，其他变量同式（7－7）。

LP 法是在上述模型中加入中间投入品，中间投入品用购买商品、接受劳务所支付的现金来衡量，计算得出全要素生产率表示为 *TFP_ LP*。

表 7－3 报告了用固定效应法和 LP 法度量全要素生产率的回归结果。第（1）列和第（2）列为固定效应法计算的企业全要素生产率与地方政府土地配置行为回归，第（3）列和第（4）列为 LP 法计算的企业全要素生产率与地方政府土地配置行为回归，结果显示，地方政府土地配置行为对企业全要素生产率的影响仍然显著，其工业用地出让金、商住用地出让金与企业全要素生产率仍然呈现显著正相关，说明之前的研究结果是稳健的。

表 7－3　替换被解释变量

变量	（1）	（2）	（3）	（4）
	TFP_ FE		*TFP_ LP*	
lpg	0.001 ** （2.482）		0.001 ** （2.091）	

续表

变量	(1)	(2)	(3)	(4)
	TFP_ FE		TFP_ LP	
lpsz		0.002*** (3.317)		0.002*** (2.783)
控制变量	YES	YES	YES	YES
常数项	2.227*** (188.902)	2.215*** (172.000)	2.005*** (149.776)	1.994*** (136.333)
企业/时间固定效应	YES	YES	YES	YES
观测值	22012	22012	22012	22012
R^2	0.408	0.408	0.391	0.391

（2）替换解释变量

核心解释变量是工业用地出让金和商住用地出让金表征的地方政府土地配置行为，用土地出让金与GDP的比值替换现有的核心解释变量，来反映地方政府获取土地出让收入的行为特征，即工业用地出让金占GDP的比重（*glpg*）、商住用地出让金占GDP的比重（*glpsz*）。表7-4报告了该方法的回归结果，第（1）列为工业用地出让金占GDP的比重对企业全要素生产率的影响回归，第（2）列为商住用地出让金占GDP的比重对企业全要素生产率的影响回归，两列结果仍然呈现显著正相关，即地方政府土地配置行为对企业全要素生产率的影响仍然显著，说明之前的研究结果是稳健的。

表7-4 替换解释变量

变量	(1)	(2)
	TFP_ ACF	TFP_ ACF
glpg	0.000** (2.376)	
glpsz		0.002* (1.752)
控制变量	YES	YES

续表

变量	(1)	(2)
	TFP_ ACF	*TFP_ ACF*
常数项	1.335 ***	1.324 ***
	(63.984)	(59.170)
企业/时间固定效应	YES	YES
观测值	21957	21957
R^2	0.286	0.286

(3) 解释变量缩尾处理

在实施回归分析的过程中，异常值的存在会对分析结果造成显著干扰，有时甚至会造成对实际情况的误解。为了消除异常值对实证结果的影响，本节对地方政府土地配置行为指标进行了上下各 1% 的缩尾处理，同样采用基于企业固定和时间固定的双固定效应模型对去除异常值后的数据进行空间计量估计，回归结果如表 7 - 5 所示，缩尾处理后指标系数依旧显著，前文所得结论稳健。

表 7 - 5　缩尾处理结果

变量	(1)	(2)
	TFP_ ACF	*TFP_ ACF*
lpg	0.003 **	
	(2.570)	
lpsz		0.002 *
		(1.195)
控制变量	YES	YES
常数项	1.304 ***	1.319 ***
	(50.158)	(45.792)
企业/时间固定效应	YES	YES
观测值	21769	21693
R^2	0.286	0.284

(4) 工具变量法

测量误差、遗漏变量与双向因果关系等均有可能导致内生性问题，借鉴韩峰等（2021）的做法，本部分采用城市平均坡度外生地理变量（*pd*）、市委书记任职年数（*gy*）和市委书记年龄（*yr*）作为地方政府土地配置行为的工具变量进行两阶段最小二乘法估计。中国城市土地出让会随着坡度低于15度的土地比例的提高而增加，且平均坡度作为自然地理条件的地形因素，对企业全要素生产率没有系统性影响，符合外生性条件，满足排他性约束。

分别检验工具变量与内生变量的相关性和工具变量是否弱识别，结果在显著水平上拒绝了“工具变量识别不足”的零假设以及“工具变量是弱识别”的零假设。因此选取的工具变量是合理的。表7－6第（1）列和第（3）列报告了第一阶段的估计结果，系数在1%的水平上显著，表明该工具变量与核心解释变量高度相关，即工具变量与核心解释变量具有很强的相关性。第（2）列和第（4）列报告了第二阶段的估计结果，地方政府土地配置行为对企业全要素生产率有正向影响，其工业用地出让金和商住用地出让金估计系数符号均为正，并且在1%的水平上显著，这与本章基本结论吻合，说明本章的研究结果稳健。

表7－6　工具变量法（城市平均坡度）

变量	（1）	（2）	（3）	（4）
	一阶段	二阶段	一阶段	二阶段
	lpg	*TFP_ ACF*	*lpsz*	*TFP_ ACF*
pd	－0.051*** （－40.784）		－0.034*** （－19.281）	
lpg		0.047*** （11.558）		
lpsz				0.071*** （10.681）
常数项	12.793*** （201.771）	0.667*** （13.042）	14.884*** （166.202）	0.218** （2.243）
企业/时间固定效应	YES	YES	YES	YES
观测值	22012	22012	22012	22012
R^2	0.098	0.210	0.078	0.075

在地方政府层面，重大政策是在书记办公会上形成决策，再以政府名义发布并被执行，故市委书记特征对地方政府土地配置行为的影响更大（杨继东、杨其静，2016）。对于市委书记任职年数这一工具变量的选择，诸多与市委书记行为相关的文献已经指出，其任职时间会影响城市土地资源的配置方式（谢呈阳、胡汉辉，2020）。由于地区生产总值是官员考核的重要指标，而在土地资源出让方面，地方政府享有充分的“自由裁量权”。在这样的背景下，常用策略是通过以较低价格出让工业用地同时以较高价格出让商住用地来推动 GDP 的迅速增长，以此向上级展现其政绩。相对于其他职务，长期担任市委书记的人员更加注重通过提升业绩来证实自身的实力，更偏爱以低价出让工业用地和高价出让商住用地的方式来配置土地资源。另外，此岗位的任免通常由高层部门决策，是政府部门的工作事项，与企业自身的生产效率并无多大关联。因此，市委书记任职年数是一个外生变量。

表 7 – 7 第（1）列和第（3）列报告了第一阶段的估计结果，系数在 1% 的水平上显著，表明该工具变量与核心解释变量高度相关，即工具变量与核心解释变量具有很强的相关性。第（2）列和第（4）列报告了第二阶段的估计结果，地方政府土地配置行为对企业全要素生产率有正向影响，其工业用地出让金和商住用地出让金估计系数符号均为正，并且在 1% 的水平上显著，这与本章基本结论吻合，说明本章的研究结果稳健。

表 7 – 7　工具变量法（市委书记任职年数）

变量	(1)	(2)	(3)	(4)
	一阶段	二阶段	一阶段	二阶段
	lpg	*TFP_ ACF*	*lpsz*	*TFP_ ACF*
gy	−0.033*** (−7.544)		−0.033*** (−5.453)	
lpg		0.077*** (13.405)		
lpsz				0.023*** (14.238)

续表

变量	(1)	(2)	(3)	(4)
	一阶段	二阶段	一阶段	二阶段
	lpg	*TFP_ ACF*	*lpsz*	*TFP_ ACF*
常数项	12.410 ***	0.300 ***	14.326 ***	0.911 ***
	(181.251)	(4.196)	(152.263)	(35.499)
企业/时间固定效应	YES	YES	YES	YES
观测值	22012	22012	22012	22012
R^2	0.032	0.115	0.064	0.256

前文已经论述选择市委书记任职年数作为工具变量的原因，除市委书记任职年数这一工具变量外，市委书记的个人特征，如性别、年龄和任期等要素对地方政府土地配置行为也会产生较大影响。其中，年龄是影响市委书记晋升的非常重要的因素之一，地方政府出让土地可以获得高额收入，这部分收入能够使市委书记在晋升中脱颖而出。对于临近退休的市委书记来说，无论努力与否其未来的去向已定，因此市委书记的策略选择是不努力和不冒险，以求平安过渡；而年纪轻的市委书记，有很大的晋升空间，其为晋升所付出的努力程度也会不断提高，土地出让行为也会越严重（刘佳等，2012），进而影响土地资源的配置方式。同时，市委书记年龄是个人特征之一，与当前的社会经济、企业的全要素生产率并无多大关联，可以保证其外生性。

表7-8第（1）列和第（3）列报告了第一阶段的估计结果，系数在1%的水平上显著，表明该工具变量与核心解释变量高度相关，即工具变量与核心解释变量具有很强的相关性。第（2）列和第（4）列报告了第二阶段的估计结果，地方政府土地配置行为对企业全要素生产率有正向影响，其工业用地出让金和商住用地出让金估计系数符号均为正，并且在1%的水平上显著，这与本章基本结论吻合，说明本章的研究结果稳健。

表 7-8　工具变量法（市委书记年龄）

变量	(1)	(2)	(3)	(4)
	一阶段	二阶段	一阶段	二阶段
	lpg	*TFP_ ACF*	*lpsz*	*TFP_ ACF*
yr	0.043*** (29.156)		0.146*** (79.067)	
lpg		0.079*** (13.230)		
lpsz				0.024*** (14.482)
常数项	9.879*** (96.613)	0.278*** (3.751)	6.639*** (52.565)	0.903*** (35.104)
企业/时间固定效应	YES	YES	YES	YES
观测值	22012	22012	22012	22012
R^2	0.066	0.108	0.270	0.255

7.4.3　中介机制检验结果分析

(1) 技术创新的机制检验

表 7-9 第（1）列与第（3）列的回归结果表明，技术创新在地方政府土地配置行为对企业全要素生产率的影响中具有显著的中介效应，表现为正向变动关系，即提高其配置行为中工业用地出让金和商住用地出让金会导致企业创新能力提升，并进而促进企业全要素生产率提高，并且商住用地出让金的提高对技术创新的促进作用更加明显。究其缘由，在“晋升锦标赛”背景下，地方政府为提高经济绩效，作为土地经营的垄断者，土地要素便成为其实现经济效益的首要工具。现存工业用地被低价出让给企业，企业行为主要表现为低成本的技术选择而非高成本的创新，当地方政府提高工业土地出让金时，会压缩企业现有利润水平，促使企业提高技术创新能力，市场选择效应会留下高生产率企业，低生产率企业退出，提高上市公司整体的全要素生产率；现存商住用地的不饱和供给抬高了房价和商铺租金，使企业获得高比例商业投资回报率，实现短期投资带来的超额

利润，当提高商住用地出让金时，会缩小上市公司的短期利润，促使其改变现有的商业模式——投入高回报、长周期的创新活动中，提高上市公司整体的全要素生产率。验证了本章的假说 2a。

由于表 7-9 中第（2）列和第（4）列中，中介变量（*inn*）和被解释变量（*TFP_ ACF*）的回归系数不显著，不是完全中介效应，需要进一步做 Sobel 检验（何瑛等，2019），*SobelZ* 均在 1% 的水平上显著为正，证明中介的结果成立，即地方政府土地配置行为中通过提升土地出让金能够促进企业技术创新提升企业全要素生产率，其中介效应占比分别为 13.0% 和 41.5%。

表 7-9　技术创新的机制检验

变量	(1)	(2)	(3)	(4)
	inn	*TFP_ ACF*	*inn*	*TFP_ ACF*
lpg	0.039***	0.003***		
	(3.058)	(2.622)		
lpsz			0.062***	0.002*
			(4.592)	(1.817)
inn		-0.001		-0.001
		(-0.858)		(-0.860)
控制变量	YES	YES	YES	YES
常数项	0.505*	1.301***	0.097*	1.306***
	(1.949)	(50.603)	(0.345)	(46.494)
Sobel Z		6.955***		12.510***
Sobel Z - P		(0.000)		(0.000)
企业/时间固定效应	YES	YES	YES	YES
观测值	22012	22012	22012	22012
R^2	0.181	0.285	0.181	0.285
中介效应占比		0.130		0.415

（2）产业结构升级的机制检验

表 7-10 第（1）列显示，地方政府土地配置行为中，工业用地出让金对产业结构升级的系数显著为 0.003，表明工业用地出让金的提升促进

了产业结构合理化水平。第（2）列中工业用地出让金的系数显著为正，而产业结构合理化的系数不显著，根据 Sobel 检验法对该中介效应的显著性进行了检验，检验结果显示 *Sobel Z* 为 6.095，并通过了统计学检验，这表明产业结构转型升级在两者之间的中介效应是显著的。第（3）列显示，地方政府土地配置行为中，商住用地出让金与产业结构合理化的回归系数不显著，表示产业结构转型升级在商住用地出让金和企业全要素生产率之间无明显的中介效应，证明本章的假说 2b 部分成立，即在某种程度上，地方政府土地配置行为中，其工业用地出让金提高对全要素生产率的促进作用大约有 25.2% 是通过产业结构效应的中介作用来实现的，其商住用地出让金并不存在这种中介机制。究其缘由，地方政府提高工业用地出让金使低生产率的中低端工业企业被淘汰，为高端制造业和现代服务业的发展留出充裕的发展空间，土地要素从低生产率的企业引致高生产率的企业，推动工业结构的优化升级，有效提升整个社会的生产率水平，从而提升企业全要素生产率。

表 7－10　产业结构的机制检验

变量	(1)	(2)	(3)	(4)
	idu	*TFP_ ACF*	*idu*	*TFP_ ACF*
lpg	0.003*** (3.187)	0.003** (2.570)		
idu		0.016 (1.437)		0.018 (1.588)
lpsz			0.006 (6.805)	0.002* (1.866)
控制变量	YES	YES	YES	YES
常数项	0.094*** (5.769)	1.299*** (50.493)	0.207*** (11.551)	1.302*** (46.198)
Sobel Z		6.095***		
Sobel Z－P		(0.000)		
企业/时间固定效应	YES	YES	YES	YES
观测值	22012	22012	22012	22012

续表

变量	(1)	(2)	(3)	(4)
	idu	*TFP_ ACF*	*idu*	*TFP_ ACF*
R^2	0.036	0.286	0.038	0.285
固定效应占比		0.252		

7.4.4 异质性检验结果分析

（1）城市特征

①地理区位。由前文回归结果可知，地方政府土地配置行为对企业全要素生产率有正向影响，其工业用地出让金和商住用地出让金提高均可以促进企业全要素生产率的提升，但是在不同地理区位、不同经济发展水平的城市可能存在显著的差异。利用基准回归模型，本节区分东部地区、中部地区、西部地区和东北地区，更加细致地探讨地方政府土地配置行为对企业资源配置影响的异质性特征。

由表7-11第（1）列可知，工业用地出让金每提高一个百分点，东部地区城市的企业全要素生产率就提高0.005个百分点。由第（2）列可知，商住用地出让金每提高一个百分点，东部地区城市的企业全要素生产率就提高0.004个百分点，且工业用地出让金提高对企业全要素生产率的影响效率高于商住用地出让。由第（3）列、第（5）列和第（7）列可知，工业用地出让金提高对于中部地区、西部地区、东北地区的企业全要素生产率的影响都不显著。由第（4）列可知，商住用地出让金每提高一个百分点，中部地区城市的企业全要素生产率就提高0.008个百分点，商住用地出让金提高对中部地区的作用要高于东部地区。由第（6）列可知，商住用地出让金提高西部地区城市的企业全要素生产率，未观察到显著的影响。由第（8）列可知，商住用地出让金提高对东北地区城市全要素生产率产生负向影响，即东北地区商住用地出让金每提高一个百分点，东北地区城市的企业全要素生产率就下降0.014个百分点。

相较于中部地区、西部地区、东北地区的企业，东部地区的企业处于经济更加发达、市场化程度更高的环境中，企业发展资源的供给更加充足，高生产率企业也大多集中于东部地区，当地方政府优化土地配置方式，提高工业用地出让金和商住用地出让金时，将会抬高企业进入门槛，原本在东部地区表现为低生产率的企业退出，优化原有的高生产率企业，从而有助于提升整个东部地区企业的全要素生产率；而东北地区近年来发展相对受限，面临大量科创型人才流失，当地方政府提高商住用地出让金时，会带来房价和商铺租金的上升，加剧人才流失，不利于企业全要素生产率的提升。

表7-11 地理区位异质性

变量	东部地区		中部地区		西部地区		东北地区	
	(1)	(2)	(3)	(4)	(5)	(6)	(7)	(8)
lpg	0.005*** (3.045)		0.004 (1.077)		0.001 (0.281)		0.007 (0.954)	
lpsz		0.004** (2.303)		0.008** (2.175)		-0.002 (-0.555)		-0.014** (-2.029)
控制变量	YES	YES	YES	YES	YES	YES	YES	YES
常数项	1.274*** (43.736)	1.272*** (37.005)	1.291*** (14.901)	1.219*** (13.177)	1.304*** (12.086)	1.341*** (12.002)	1.579*** (10.438)	1.856*** (11.887)
企业/时间固定效应	YES	YES	YES	YES	YES	YES	YES	YES
观测值	14723	14723	3189	3189	2998	2998	1102	1102
R^2	0.288	0.288	0.321	0.322	0.294	0.294	0.302	0.304

②地区资源依赖程度。中国当前产业分布的格局不仅与区域分布密切相关，与地方资源禀赋的关联也尤为重要。中国各区域间的产业结构及其分布长期以来形成了较为稳定的格局，这与地区的资源分布情况联系紧密，在很大程度上会给土地配置及企业生产效率带来影响。因此，本部分在探究地方政府土地资源配置对企业全要素生产率的影响时，将研究区域依不同资源依赖程度划分为资源型城市和非资源型城市，分别对其影响进行分析。

资源型城市是以本地区矿产、森林等自然资源开采和加工为主导产业的城市，根据国务院2013年12月3日公布的《全国资源型城市可持续发展规划（2013—2020年）》，现将城市特征分为资源型城市与非资源型城市，其中共有资源型城市 116 个。表 7－12 中第（3）列数据显示，工业用地出让金的提高主要是对非资源型城市的企业全要素生产率产生促进作用，第（1）列数据显示对资源型城市并不能产生显著影响，第（2）列和第（4）列是商住用地出让金对资源型或非资源型城市的作用，未观察到有显著影响。

资源型城市地方政府通过自然资源开采、加工获取高额收益，与之相反，非资源型城市地方政府在配置土地时，会更多地依赖降低工业用地出让金来提高地方政府的经济效益，造成当地企业生产效率提升缓慢，当地方政府提高工业用地出让金时，会对企业效率提升缓慢的现象起到纠偏作用，从而促进企业全要素生产率的提升。

表 7－12　地区资源依赖程度异质性

变量	资源型城市		非资源型城市	
	（1）	（2）	（3）	（4）
lpg	0.002 （0.443）		0.003 ** （2.175）	
lpsz		0.004 （1.105）		0.001 （0.487）
控制变量	YES	YES	YES	YES
常数项	1.463 *** （14.568）	1.433 *** （14.035）	1.303 *** （48.655）	1.328 *** （43.869）
企业/时间固定效应	YES	YES	YES	YES
观测值	2465	2465	19547	19547
R^2	0.325	0.326	0.284	0.284

（2）企业特征

①企业所有制。从企业所有制类型的角度来看，国有企业和非国有企业长期以来存在不同的企业生产决策机制和要素投入预算机制，二者在土地要素方面的约束不尽相同，这可能会使地方政府土地配置行为中工业用地出让金和商住用地出让金提高对促进企业全要素生产率的提升的效果存在差异。将样本划分为国有企业和非国有企业，同时加入控制变量参与

回归。

表7-13第（1）列结果显示，工业用地出让金对国有企业全要素生产率的回归系数并不显著，表明国有企业并未表现出显著的异质性差异。第（3）列结果显示，工业用地出让金对非国有企业全要素生产率的回归系数在5%的水平上显著，表明工业用地出让金每提高一个百分点，非国有企业全要素生产率就提高0.004个百分点。在企业所有制类型划分中，商住用地出让金对企业全要素生产率的影响并未表现出明显的异质性特征。

不同产权性质的企业有其自身天然的优势，国有企业能获得政府更多政策、资源和关键技术支持，市场竞争压力较小，经营的稳定性较高，所以其受到外部冲击的反应往往并不明显，非国有企业与之相反，其更容易受到外部环境的影响，所以当提高工业用地出让金时，非国有企业更容易受到地方政府土地配置行为的影响，从而展现出全要素生产率提高的现象。

表7-13　企业所有制异质性

变量	(1)	(2)	(3)	(4)
	国有企业		非国有企业	
lpg	0.001 (0.491)		0.004 ** (2.416)	
lpsz		0.002 (1.057)		0.002 (1.125)
控制变量	YES	YES	YES	YES
常数项	1.404 *** (37.787)	1.385 *** (34.324)	1.272 *** (35.839)	1.289 *** (33.459)
企业/时间固定效应	YES	YES	YES	YES
观测值	7836	7836	14176	14176
R^2	0.265	0.265	0.324	0.324

②企业规模。规模不同的企业发展速度、创新能力差异较大，企业全要素生产率差异也较为明显。本部分根据国家统计局制定的《统计上大中小微型企业划分办法》，通过从业人数、营业收入和资产总额等关键指标，

将企业按不同规模进行划分，对企业全要素生产率受到土地配置行为的影响进行多维度分析。

从表7-14第（1）列回归结果来看，地方政府土地配置行为，不论是工业用地出让金提高还是商住用地出让金提高，都对大型企业的全要素生产率产生促进作用，且工业用地出让金提高的促进作用优于商住用地出让金的提高；从第（2）列与第（3）列回归结果来看，地方政府土地配置行为对中型和小微型企业的全要素生产率不存在显著影响。

可能原因在于，大型企业通常需要大量的资金、技术和人力等资源来维持其生产和运营，而这些资源的获取和使用往往会受到地方政府政策走向的影响。同时，大型企业在就业创造、税收缴纳等方面贡献较大，更容易成为地方政府重点关注的市场经济主体。由此，相比中型、小微型企业，地方政府的土地配置行为可能更容易对大型企业的生产经营行为造成影响，从而影响其全要素生产率的提升。

表7-14　企业规模异质性

变量	(1)		(2)		(3)	
	大型企业		中型企业		小微型企业	
lpg	0.004*** (2.871)		-0.000 (-0.086)		-0.007 (-0.509)	
lpsz		0.003** (2.155)		-0.003 (-0.784)		0.013 (0.711)
控制变量	YES	YES	YES	YES	YES	YES
常数项	1.306*** (52.900)	1.309*** (48.541)	1.454*** (16.870)	1.493*** (16.337)	1.433*** (2.792)	1.153** (2.180)
企业/时间固定效应	YES	YES	YES	YES	YES	YES
观测值	17047	17047	4427	4427	538	538
R^2	0.310	0.310	0.291	0.291	0.257	0.258

③企业科技属性。以《战略性新兴产业分类》及OECD等规定的高科技新兴行业为准，对照证监会《上市公司行业分类指引（2012年修订）》，将企业分类代码属于C25～C29、C31～C32、C34～C41、I63～I65和M73

的 19 个行业的企业定义为高科技企业，其余企业为非高科技企业，最后得到如表 7 - 15 所示的结果。

表 7 - 15 中第（1）列与第（3）列对比显示，在地方政府土地配置行为中，工业用地出让金提高会对高科技企业的全要素生产率产生促进作用，对非高科技企业作用不显著，商住用地出让金在企业是否属于高科技行业方面并未表现出区别。可能原因在于，与非高科技企业相比，高科技企业具备更好的资源配置素养和能力，能够更加灵活地将土地资源应用于自身发展需要，提高企业经济效率。当地方政府提高工业用地出让金时，高科技企业会增强自身改造与升级意识，具备更强的创新动能，使其转化为企业全要素生产率，从而降低企业经营成本。

表 7 - 15　企业科技属性异质性

变量	(1)	(2)	(3)	(4)
	非高科技企业		高科技企业	
lpg	0.004 (1.658)		0.003 ** (2.355)	
lpsz		0.004 (1.613)		0.002 (1.191)
控制变量	YES	YES	YES	YES
常数项	1.370 *** (34.102)	1.362 *** (30.692)	1.210 *** (35.173)	1.224 *** (33.207)
企业/时间固定效应	YES	YES	YES	YES
观测值	8391	8391	13621	13621
R^2	0.222	0.222	0.316	0.316

（3）产业集中度

市场竞争程度是影响企业生产率的重要因素之一。竞争程度的高低能够通过影响企业的资源分布、信息效率、风险以及行为选择来影响企业的经营决策（陈志斌、王诗雨，2015）。一般而言，市场竞争程度越低的行业（垄断行业）越容易产生要素扭曲效应，将明显降低全要素生产率；市场竞争程度越高的行业，其要素扭曲程度越低，将有助于提升全要素生产率。事实上，前文分析已验证了地方政府土地配置行为会对企业全要素生产率产生显著影响，即工业用地出让金与商住用地出让金提高可以提升企业全要素生产率。那么，提高土地出让金在要素扭曲相对严重的垄断行业中的矫正效果更加明显，故对企业全要素生产率的提升效果更加明显。为此，从市场竞争程度视角考察地方政府土地配置行为对企业全要素生产率的影响是否存在差异。具体而言，先将企业按照行业二位码进行分组，再根据赫芬达尔指数（HHI）计算各行业的市场竞争程度。在此使用基于企业总资产计算行业的赫芬达尔指数来测度行业竞争程度，并根据年度中位数划分为行业竞争程度较高组和行业竞争程度较低组。

表7－16为根据行业竞争程度分组的回归结果。当行业竞争程度较低时，无论是工业用地出让金，还是商住用地出让金，都与企业全要素生产率之间呈正相关关系；而当行业竞争程度较高时，两大类用地出让金与企业全要素生产率之间不存在显著相关性，说明土地出让金对于企业全要素生产率的提升作用在资源错配更为严重的垄断性行业中更显著。

处于行业竞争程度较低的垄断性行业的企业，由于在规模经济、风险分担和融资渠道等方面拥有相对优势，因而更有动力和可能进行创新，有更强的创新能力来提升其全要素生产率，当地方政府在配置土地过程中提高土地出让金时，行业竞争程度较低的垄断企业的研发活动有持续的利润支持，有利于企业提升其经济生产效率。

表7－16　产业集中度异质性

变量	(1)	(2)	(3)	(4)
	行业竞争程度较低		行业竞争程度较高	
lpg	0.004** (2.177)		0.002 (1.251)	
lpsz		0.003* (1.737)		0.001 (0.677)
控制变量	YES	YES	YES	YES

续表

变量	(1)	(2)	(3)	(4)
	行业竞争程度较低		行业竞争程度较高	
常数项	1.199 *** (29.586)	1.196 *** (27.366)	1.373 *** (39.080)	1.383 *** (36.499)
企业/时间固定效应	YES	YES	YES	YES
观测值	10643	10643	11369	11369
R^2	0.311	0.311	0.269	0.268

7.5　进一步研究分析

7.5.1　工业用地市场化对企业全要素生产率的影响

（1）回归模型构建

各地政府积极推进工业用地市场化变革，旨在提升土地资源配置效率。从已有研究成果来看，工业用地市场化通过显著提高工业用地价格，从而对工业用地利用效率具有提升作用（赵爱栋等，2016）。市场化过程中工业用地的价格上涨会对企业产生直接影响，尤其是在短期内直接导致企业的土地使用成本显著上升。这一变化将激励企业重新评估和调整其资源配置，寻找替代工业用地的其他生产要素，以降低成本并保持竞争力（韩峰等，2021）。从长远视角来看，市场化的工业用地策略将迫使企业进行技术创新，从而激发行业的转型升级；还可能促使企业外迁，导致地区间的产业转移和产业结构调整（张琳等，2018）。市场化手段在工业土地的配置中起着至关重要的作用。通过精细化的价格机制和竞争机制的构建，可在微观层面上指引资源的优化流向，实现要素的高效配置，并活化现有资源。这一过程对于吸引高质量企业、提高创新能力、淘汰或升级低效企业具有促进作用（邹旭等，2023）。工业用地市场化能否对企业的全要素生产率起到提升作用，还需要进一步探究与检验。因此在这部分研究中，将原先解释变量更换为工业用地市场化配置程度，构建的模型为：

$$TFP\_ACF_{i,t} = \alpha_0 + \alpha_1 lmi_{i,t} + \gamma Controls_{i,t} + \lambda_t + \mu_i + \varepsilon_{i,t} \quad (7-9)$$

式（7－9）中，i 表示企业；t 表示年份；$TFP\_ ACF$ 为用 ACF 法计算的企业全要素生产率；lmi 为工业用地市场化水平；$Controls$ 为控制变量；考虑到不同公司全要素生产率可能会存在显著差异，并且全要素生产率会随时间发生变化，为准确分析这一现象，在模型中加入年份固定效应和公司个体固定效应，λ_t、μ_i 表示不随时间和企业变化的因素；$\varepsilon_{i,t}$ 为随机误差项。

借鉴崔新蕾和何爽（2022）对工业用地市场化的计算方法，得到城市工业用地市场化水平。城市 i 第 N 等工业用地市场化水平公式为：

$$lmi_{i,N} = \frac{P_{i,N}}{A_{i,N}} / P_{i,N}^{C} \tag{7-10}$$

城市 i 工业用地市场化水平公式为：

$$lmi_i = \sum_{N=1}^{15} \frac{A_{i,N}}{A_i} \times lmi_{i,N} \tag{7-11}$$

式（7－10）与式（7－11）中，i 表示城市，N 表示不同等级土地，$P_{i,N}/A_{i,N}$ 为工业用地实际出让价格，$P_{i,N}^{C}$ 为工业用地最低出让价格，$A_{i,N}$ 为不同等级土地出让面积。

（2）回归结果分析

在回归检验中，实证检验了工业用地市场化对企业全要素生产率的影响，主要采用企业固定和时间固定的双固定效应模型，结果如表 7－17 所示。表 7－17 中估计系数通过 1% 水平的显著性检验，且系数为正，表明工业用地市场化水平对企业全要素生产率有正向影响，工业用地市场化水平的估计系数为 0.009，表明工业用地市场化水平每增加一个单位，将使企业全要素生产率提升 0.9 个百分点。

随着土地要素市场化程度的提升，在竞争程度较高的市场环境下，无法承受高成本和高竞争强度的低效率企业会逐步退出市场，最终有限的土地资源将被配置给效率更高的企业，企业间土地资源配置效率得到改善，这有利于进一步发挥高效率企业的技术溢出效应，提升企业整体的全要素生产率。

表 7－17　工业用地市场化对企业全要素生产率的影响回归结果

变量	*TFP_ ACF*
lmi	0.009 *** (2.690)
Lev	0.523 *** (20.936)
ROA	1.133 *** (23.624)
Ne tProfit	0.033 *** (3.684)
Firm Age	0.166 *** (4.893)
*Top*1	－0.002 *** (－3.693)
Mshare	－0.001 *** (－3.970)
fix	－1.631 *** (－47.171)
常数项	3.883 *** (43.539)
企业/时间固定效应	YES
观测值	22012
R^2	0.280

（3）异质性检验结果

① 企业所有制。由于国有企业的实际控制人为各级地方政府，其管理者由地方政府任免，地方政府可以直接干预国有企业经营决策，国有企业在获取土地资源等方面也具备天然优势；而非国有企业，地方政府一般通过货币政策和财税机制来间接调控其经营行为，不受地方政府直接引导，在土地资源的获取上存在信息壁垒。由于各级地方政府对不同所有制企业的干预能力存在差异，故各级地方政府工业用地市场化分配对于不同性质的企业全要素生产率所造成的影响呈现多样化的特性。

从企业所有制类型角度，将企业分为国有企业和非国有企业，回归结果如表7-18所示。非国有企业的系数显著为正，表明非国有企业的全要素生产率更容易受到工业用地市场化的影响从而表现出显著的促进作用。可能原因在于，与国有企业相比，非国有企业在政企关联方面不具备天然优势，工业用地市场化改革打破了这一局面，使得非国有企业面对的是一个更加公开透明的工业用地市场，非国有企业在购地上的劣势有所缓解，企业全要素生产率得以提升。

表7-18 企业所有制异质性

变量	(1)	(2)
	国有企业	非国有企业
lmi	0.000	0.003***
	(0.190)	(3.619)
控制变量	YES	YES
常数项	1.416***	1.315***
	(50.311)	(42.978)
企业/时间固定效应	YES	YES
观测值	7836	14176
R^2	0.265	0.324

注：*P* 值和临界值均为采用自抽样法重复抽样300次得到的结果。

② 企业规模。大型企业在维持生产和运营过程中，往往需要依赖大量的资金、技术和人力资源，而这些关键资源的获取及利用，不可避免地会受到地方政策动向的显著影响。同时，鉴于大型企业在就业和税收方面所做出的重大贡献，其自然而然地成为地方政府关注的焦点，并在市场经济中占据突出地位。因此，地方工业用地市场化改革对大型企业的影响可能要大于对中型和小微型企业的影响。

从企业规模类型角度，将企业分为大型企业、中型企业和小微型企业，回归结果如表7-19所示。大型企业的系数显著为正，表明大型企业的全要素生产率更容易受到工业用地市场化的影响从而表现出显著的促进作用。可能的原因是，工业用地市场化极大地规范了地方政府的土地出让行为，减少寻租活动和土地违法行为的发生，为企业提供公平的购地环境，同时也增加了企业的购地成本，成本上升使企业间的竞争压力越来越大。相较于规模较小的企业，规模较大的企业资金充裕，大型企业将通过不断提升生产技术等方式，提高生产效率以免被淘汰。因此，工业用地市场化改革对规模较大企业的全要素生产率提升效果显著。

表7-19　企业规模异质性

变量	(1)	(2)	(3)
	大型企业	中型企业	小微型企业
cpi	0.002**	0.002	-0.004
	(2.425)	(1.115)	(-0.424)
控制变量	YES	YES	YES
常数项	1.347***	1.448***	1.315***
	(67.441)	(19.712)	(2.799)
企业/时间固定效应	YES	YES	YES
观测值	17047	4427	538
R^2	0.310	0.292	0.257

注：*P*值和临界值均为采用自抽样法重复抽样300次得到的结果。

7.5.2　城市土地配置行为对企业全要素生产率的门槛效应

(1) 面板门槛模型构建

地方政府土地配置行为会对企业全要素生产率产生显著影响，且地方政府提高工业用地和商住用地出让金，可以促进企业全要素生产率的提升。然而地方政府土地出让金的持续上涨，亦对企业全要素生产率存在不利影响。其一，出让金过度上涨使企业成本压力变大，部分企业畸形发展，阻碍其内部升级。且工业用地出让金持续快速上涨会使“去工业化”效应愈加显著。企业急剧外迁致使失业率上升、大量劳动力外流，不利于企业全要素生产率的提升。其二，由于商住用地的高容积率，建筑业和房地产业在高地价对高房价的推动下会愈加兴盛，进而造成较高的空置率，房地产泡沫严重。同时，非地产行业融资压力增大，创新型产业的培育和发展受到抑制，高技术产业的进步受到阻碍，致使创新人才外流，影响企业全要素生产率的提升。因此，地方政府土地配置行为对企业全要素生产率的影响可能存在一定的门槛效应，不同的门槛值在不同区间内产生不同程度的影响。

门槛效应是指当一个经济参数达到特定的数值后，引起另外一个经济参数发生突然转向其他发展形式的现象，作为原因现象的临界值称为门槛值，并且该原因现象的门槛值由系统回归后内生得出，比起主观选择的结果而言更具有客观性，且门槛效应能依靠门槛值划分出多个区间，更为确切地探清不同区间内门槛依赖变量对被解释变量的作用。

Hansen 于 1999 年首次介绍了门槛模型，通过统计推断方法对门槛值进行参数统计与假设检验，克服了主观设定结构突变点的偏误。以单门槛模型为例：

$$\begin{cases} Y_{i,t} = \alpha_0 + \beta_1 X_{i,t} I + \theta Controls_{i,t} + \varepsilon_{i,t}，\ 若\ q_{i,t} \leq \gamma \\ Y_{i,t} = \alpha_0 + \beta_2 X_{i,t} I + \theta Controls_{i,t} + \varepsilon_{i,t}，\ 若\ q_{i,t} > \gamma \end{cases} \tag{7-12}$$

式（7－12）中，$Y_{i,t}$为被解释变量，$X_{i,t}$为解释变量（门槛依赖变量），β_1和β_2表示门槛变量对解释变量的影响系数，I（·）为示性函数，*Controls* 为控制变量，θ 是每个控制变量的影响系数，$q_{i,t}$为门槛变量，γ 为门槛估计值，α_0为不可观测的个体效应，$\varepsilon_{i,t}$为随机误差项。

本节借鉴 Hansen（1999）的门槛回归模型思路与刘守英等（2020）关于土地出让对地方经济的研究方法，将上面门槛回归模型进行转化，设计工业用地出让金和商住用地出让金与企业全要素生产率的门槛模型，检验地方政府土地配置行为对企业全要素生产率的门槛效应，具体模型如下：

$$TFP\_ACF_{i,t} = \alpha_0 + \beta_1 lp_{i,t} I(q_{i,t} \leq \gamma) + \beta_2 lp_{i,t} I(q_{i,t} > \gamma) + \theta Controls_{i,t} + \varepsilon_{i,t} \tag{7-13}$$

式（7－13）中，i 表示企业，t 表示年份；*TFP_ ACF* 表示 ACF 法计算的企业全要素生产率；*lp* 表示地方政府土地配置行为的代理变量，即工业用地出让金和商住用地出让金。γ 将门槛变量分为两个区间：当门槛变量 $q_{i,t} \leq \gamma$ 时，解释变量 $X_{i,t}$的系数为β_1；当门槛变量 $q_{i,t} > \gamma$ 时，解释变量 $X_{i,t}$的系数为β_2。在确定门槛个数后，可将模型推广成双门槛模型、三门槛模型以及多门槛模型。

（2）实证结果分析

将衡量地方政府土地配置行为的工业用地出让金（对数形式）作为门槛变量。估计门槛模型的第一步是确定门槛的个数。依次在单门槛效应、双门槛效应和三门槛效应的设定下对模型（7－13）进行估计，得出的 F 统计量和采用自抽样法得出的 P 值如表 7－20 所示。单门槛效应显著，而双门槛效应和三门槛效应不显著，因此，应基于单门槛模型进行分析。

单门槛的估计值及相应的 95% 置信区间如图 7－1 所示，借助图 7－1 的似然比函数图，可以更为清晰地理解门槛值的估计和置信区间的构造。门槛估计值为似然比检验统计量 LR 等于 0 时所对应的 γ 值（图 7－1 中为 12.966），而此门槛估计值的 95% 置信区间是由 LR 值小于 10% 的水平上临界值（图 7－1 中虚线）时所对应 γ 值构成的区间。面板门槛模型估计结果如表 7－21 所示，注意到门槛变量为工业用地出让金的对数，门槛值所对应的工业用地出让金为 12.966 万元，工业用地出让金对企业全要素生产率的影响在不同发展阶段有所差异，体现出显著的非线性特征。当工业用地出让金小于等于 12.966 万元时，工业用地出让金对企业全要素生产率的影响具有显著的正向影响，影响系数为 0.002；当工业用地出让金大于 12.966 万元时，工业用地出让金对企业全要素生产率的影响仍然显著为正，但此时影响系数有所提升，为 0.003，表明地方政府对工业用地出让金的提高更加有助于促进企业全要素生产率的提升。

可能原因在于，目前中国的财政体制使得地方政府的财力捉襟见肘，土地撬动融资的发展模式过度使用不仅导致地方政府债台高筑，也过度透支了国民经济未来的流动性（刘守英等，2020）。在现有基数上提高工业用地出让金虽然会增加地方财政收入，但提高幅度较小依然难以彻底改变财政紧缺的现状，由此造成地方政府对企业创新补贴的额度受限，企业全要素生产率提升缓慢，且提高较小工业用地出让金数造成企业成本的上升，不足以对低生产率企业构成威胁，无法淘汰低生产率企业并给高生产率的高端企业预留进入空间，但当提高工业用地出让金达到一定水平时，可以实现这一效果，且财政收入可以补贴支撑企业技术创新，更快提升企业生产效率。

表 7-20　门槛效应检验结果（*lpg* 为门槛变量）

门槛检验	*F* 值	*P* 值	1%	5%	10%
单门槛检验	42.43**	0.0300	48.9696	40.2987	36.6170
双门槛检验	18.55	0.4500	42.4016	35.6419	31.2716
三门槛检验	14.71	0.7867	46.7179	37.5170	33.3995

注：*P* 值和临界值均为采用自抽样法重复抽样 300 次得到的结果。

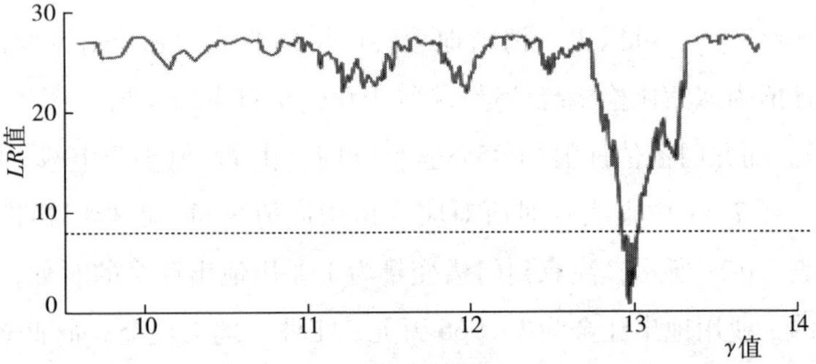

图 7-1　单门槛的估计值和置信区间（*lpg* 为门槛变量）

表 7-21　面板门槛模型估计结果（*lpg* 为门槛变量）

TFP_ ACF	回归系数	标准误	*t* 值	*P* 值	95% 置信区间	
Lev	0.144	0.008	18.380***	0.000	0.128	0.159
ROA	0.439	0.020	22.240***	0.000	0.401	0.478
NetProfit	-0.034	0.006	-5.830***	0.000	-0.046	-0.023
FirmAge	0.133	0.004	33.570***	0.000	0.125	0.140
*Top*1	0.000	0.000	-2.540**	0.011	-0.001	0.000
Mshare	0.000	0.000	0.340	0.733	0.000	0.000
fix	-0.399	0.010	-38.360***	0.000	-0.419	-0.379
lpqI（*lpg*≤12.966）	0.002	0.002	0.980	0.327	-0.002	0.005
lpqI（*lpg*>12.966）	0.003	0.002	1.650	0.098	0.000	0.006
观测值	12060					
F 统计量	485.95					

注：*P* 值和临界值均为采用自抽样法重复抽样 300 次得到的结果。

进一步将门槛变量更换为衡量地方政府土地配置行为的商住用地出让金（对数形式），检验和估计商住用地出让金是否与工业用地出让金相似，存在类似的门槛效应。依次在单门槛效应、双门槛效应和三门槛效应的设定下对模型（7－13）进行估计，结果如表7－22所示，无论是单门槛模型，还是双门槛模型、三门槛模型，结果都不显著。因此，商住用地出让金对企业全要素生产率的影响在不同发展阶段并无明显差异，不存在门槛效应。

表7－22　门槛效应检验结果（*lpsz* 为门槛变量）

门槛检验	*F* 值	*P* 值	1%	5%	10%
单门槛检验	14.71	0.24	28.6490	23.6857	18.8789
双门槛检验	6.32	0.71	20.5179	16.6880	13.2393
三门槛检验	17.47	0.02	18.9319	15.5865	13.4481

注：*P* 值和临界值均为采用自抽样法重复抽样300次得到的结果。

7.6　研究结论与政策建议

7.6.1　研究结论

在促进企业高质量发展并提升其全要素生产率背景下，国内学者越来越关注我国各行业的全要素生产率测算及其影响因素分析，但是具体到上市公司的全要素生产率计算和影响因素分析的研究目前还很少见。通过选取A股上市公司2011—2020年企业的相关数据，对我国A股上市公司全要素生产率进行了测度，并通过建立双固定效应回归模型和面板门槛模型，从企业层面及城市层面探究影响企业全要素生产率的因素，得出了以下结论。

第一，地方政府土地配置行为对企业全要素生产率存在显著影响，从不同类型土地出让金视角来看，不论是提高工业用地出让金，还是提高商住用地出让金，都对企业全要素生产率呈现出显著的正向促进作用。

第二，地方政府土地配置行为主要通过技术创新机制和产业结构升级来实现企业全要素生产率的提升。本章运用中介效应模型，从企业技术创新和产业结构升级两个方面对地方政府土地配置行为的影响机制进行检验。研究发现，一方面，地方政府土地配置行为能够通过提升企业技术创新水平，促进企业全要素生产率的提升。另一方面，工业用地出让配置方式能够通过提升产业结构合理化水平，促进土地资源的优化配置，最终实现企业全要素生产率的提升。

第三，地方政府土地配置行为与企业全要素生产率呈现出明显的空间分异和企业分异特征。按照企业所处的地理区域划分，东部地区土地出让金提升确实对当地企业全要素生产率产生促进作用，但中部地区、西部地区、东北地区并未表现出这一特征；按照企业所处的城市是否属于资源型城市划分，企业在非资源型城市中其全要素生产率更易受到土地出让金的影响；从企业所有制类型的角度来看，提高工业用地出让金可以显著提高非国有企业的全要素生产率，但对国有企业没有显著影响；从企业规模角度来看，土地出让金提高对大型企业全要素生产率产生显著正向影响；从产业集中度角度来看，土地出让金对于企业全要素生产率的提升在资源错配更为严重的垄断性行业中更显著。

第四，工业用地市场化能对企业全要素生产率提升起到显著促进作用，且对非国有企业和大型企业的全要素生产率促进作用更突出。地方政府土地配置行为中，工业用地出让金对企业的全要素生产率的促进作用存在一个单门槛值，当工业用地出让金的对数值小于等于 12.966 时，作用系数为 0.002，工业用地出让金大于 12.966 这一门槛值之后，促进作用更强，作用系数为 0.003，但商住用地出让金对企业全要素生产率的提升并未发现存在门槛值。

7.6.2 政策建议

第一，为促进经济的高质量发展，必须优化土地资源的分配，提升土地的利用效率。曾经推动我国经济迅猛增长的国土开发模式现在已不再适应我国经济转型与升级的新要求。因此，创新土地资源管理、提升土地使用效率势在必行。政府部门需要对当前“以地引资”和“以地生财”等配置土地资源的相关政策加以优化，提高已有工业用地的集约、节约利用效率，避免工业用地过度扩张。在保持商业和住宅用地供给平衡的基础上，逐步减少地区生产总值土地收益的过度依赖，实现经济的多元化发展。地方政府须积极行动起来，深入发掘每个地区的独特潜力，通过提高土地使用效率并确保土地价值持续增长，推进地区向更高级的经济增长方式发展，为提升企业生产效率提供不竭动力。

第二，政府加大对创新资本的投入，助力企业增强创新能力。拓展研发资金的扶持范围，增强对科研工作的资金支持，全力塑造创新型人才。要鼓励企业自主创新，激发区域双创活力，提升企业生产效率。此外，地方政府可采取并行策略来促进产业升级和技术进步：一是对于计划新进入该地区的企业，提高技术标准的门槛，确保新增企业也能带来较高的生产技术；二是对于已经设立的企业加强引导，推动其在技术创新上不断进步。此外，鼓励企业采取集中式布局和集群化发展模式，提升整体的研发实力和市场竞争力。

第三，注重产业结构转型升级。在调整土地资源配置行为时，政府应仔细分析不同地区的需求及其主要产业发展特征，以便能更合理有效地运用土地资源。考虑到增加工业用地出让金对激发高科技企业的创新有显著效果，在以创新为主导产业的城市，地方政府应优先考虑调整其土地配置行为。基于国家创新发展战略和对整个产业链的全面规划，对不同地区，针对工业用地出让金和商住用地出让金，根据其产业发展的实际情况和在全产业链中期望扮演的角色，提出差异化指导方案。

第四，建立深入而广泛的地区土地资源配置评估体系。过去，招商引资金额往往是地方政府评价其官员工作表现的关键标准，官员更注重自身业绩而非引进企业的质量。今后，在地方政府干部考核中，不应再只关注经济增长的总量，而是开始重视引进企业的质量，创建包含技术创新、产业结构升级等多个方面的政府绩效评价体系，改变政府内在激励机制，建立可长期提高经济效率的机制，进一步指导地方政府高效利用土地资源，促进当地企业高质量发展。

第五，制定科学合理的土地利用规划，统筹土地资源的利用。加大对土地使用的监管力度，严格遵循土地使用规划，杜绝非法用地和滥用土地资源。对土地使用情况进行持续监控与评价，以便及时识别并修正土地资源配置中的问题。同时，要定期审视企业的生产效益，积极协助企业破解发展中的难题，优化企业退出机制和考核标准，从而促进城市企业的更新换代和土地的更高效利用，提高整体经济效率。

参考文献

[1]ACKERBER D A, CAVE K, FRAZE G. Identification properties of recent production function estimators [J]. Econometrica, 2015, 83 (6): 2411 -2451.

[2]ALONSO W. A theory of the urban market[J]. Papers in Regional Science, 1960, 6(1): 149 -157.

[3]ANDERSON W P, KANAROGLOU P S, MILLER E J. Urban form, energy and the environment: a review of issues, evidence and policy[J]. Urban Studies,1996,33(1):7 -35.

[4]ARELLANO M, BOVER O. Another look at the instrumental variable estimation of error - components models [J]. CEP Discussion Papers, 1990, 68 (1):29 -51.

[5]BAGHERI B, TOUSI S N. An explanation of urban sprawl phenomenon in Shiraz Metropolitan Area (SMA)[J]. Cities, 2018, 73: 71 -90.

[6]BARON R M, KENNY D A. The moderator - mediator variable distinction in social psychological research: conceptual, strategic, and statistical considerations [J]. Journal of Personality & Social Psychology, 1986, 51(6): 1173 -1182.

[7]BRADLEY B, KEITH D. Urban form, air pollution, and CO_2 emissions in Large U. S. Metropolitan Areas[J]. The Professional Geographer, 2013, 65 (4):612 -635.

[8]Carbon emissions, consumption structure upgrading, and high - quality

economic development: empirical evidence from China[J]. Journal of the Asia Pacific Economy. 2024,1(29): 237 -259.

[9]CASEY J D. Urban sprawl and the transition to first - time homeownership[J]. Cityscape, 2009, 11(2): 83 -100.

[10]COUCH C, KARECHA J. Controlling urban sprawl: some experiences from liver pool[J]. Cities, 2006, 23(5): 353 -363.

[11]DEININGER K. Land policies for growth and poverty reduction: key issues and challenges ahead[M]. Washington: World Bank Publications World Bank Publications,2004.

[12]DING C, XING S Z. Land market, land development and urban spatial structure in Beijing[J]. Land Use Policy, 2014, 40: 83 -90.

[13]DOBLINGER C, SURANA K, ANADON L D. Governments as partners: the role of alliances in U. S. cleantech startup innovation[J]. Research Policy, 2019, 48(6): 1458 -1475.

[14]DOWNS A. Some realities about sprawl and urban decline[J]. Housing Policy Debate, 1999, 10(4): 955 -974.

[15]DU X, YU Y, AHENKORA B F, et al. Decoupling economic growth from building embodied carbon emissions in China: a nighttime light data - based innovation approach[J]. Sustainable Production and Consumption, 2023, 43: 34 -45.

[16]DUTTON J A. New American urbanism: reforming the suburban metropolis[M]. New York: Skira - Berenice, 2000.

[17]EWING R, PENDALL R, CHEN D T. Measuring sprawl and its impact[M]. Washington D C: Smart Growth America, 2004.

[18]Fallah B N, Partridge M D, Olfert M R. Urban sprawl and productivity: evidence from US metropolitan areas [J]. Papers in Regional Science, 2011, 90(3): 451 -472.

[19]FU Y, ZHUANG H, ZHANG X. Do environmental target constraints

of local government affect high - quality economic development? Evidence from China[J]. Environmental Science and Pollution Research, 2023, 30(19): 56620 - 56640.

[20] Gao J, Wu D , Xiao Q ,et al. Green finance, environmental pollution and high - quality economic development—a study based on China's provincial panel data[J]. Environmental Science and Pollution Research, 2022, 30(11):31954 - 31976.

[21]GEORGE G, ROYCE H, MICHAEL R, et al. Wrestling sprawl to the ground: defining and measuring an elusive concept[J]. Housing Policy Debate, 2001,12(4):681 - 717.

[22]GONG M, ZHANG N. Drivers of China's high - quality development: the role of intangible factors[J]. Economic Modelling, 2023, 124: 106294.

[23]GUO J, SUN Z. How does manufacturing agglomeration affect high - quality economic development in China[J]. Economic Analysis and Policy, 2023, 78: 673 - 691.

[24]GUO S, LIU L Z, ZHAO Y. The business cycle implications of land financing in China[J]. Economic Modelling, 2015, 46(1): 225 - 237.

[25]GUO X, DENG M, WANG X, et al. Population agglomeration in Chinese cities: is it benefit or damage for the quality of economic development[J]. Environmental Science and Pollution Research, 2023,1(31):10106 - 10118.

[26]HANSEN B E. Threshold effects in non - dynamic panels: estimation, testing, and inference[J]. Journal of Econometrics, 1999, 93(2): 345 - 368.

[27]HUANG, Z H , DU X J. Government intervention and land misallocation: evidence from China[J]. Cities, 2017, 2(60): 323 - 332.

[28]HSIEH C, Klenow P J. Misallocation and manufacturing TFP in China and India[J]. Quarterly Journal of Economics, 2009, 124(4): 1403 - 1448.

[29]LESAGE J P, PACE R K. Introduction to spatial econometrics[M]. Boca Raton: Taylor & Francis Group, 2009.

[30]LI G, LI F. Urban sprawl in China: differences and socioeconomic

drivers[J]. Science of the Total Environment, 2019, 673: 367 -377.

[31]LI H, JAMES K S, KUNG. Fiscal incentives and policy choices of local governments: evidence from China[J]. Journal of Development Economics, 2015, 116: 89 -104

[32]LI H, ZHOU L A. Political turnover and economic performance: the incentive role of personnel control in China[J]. Journal of Public Economics, 2005, 89(9): 1743 -1762.

[33]LI T, MA W J. Government intervention in city development of China: a tool of land supply[J]. Land Use Policy, 2008, 26(3): 599 -609.

[34]LIU P, LUO Z. A measurement and analysis of the growth of urban green total factor productivity - based on the perspective of energy and land elements[J]. Frontiers in Environmental Science, 2022, 10: 331.

[35]LIU Y Z, MAO J. How do tax incentives affect investment and productivity? Firm - level evidence from China[J]. American Economic Journal: Economic Policy, 2019, 11(3):261 -291.

[36]LUO H, QU X. Export trade, absorptive capacity, and high - quality economic development in China[J]. Systems, 2023, 11(2): 54.

[37]MA T, CAO X, ZHAO H. Development zone policy and high - quality economic growth: quasi - natural experimental evidence from China[J]. Regional Studies, 2023, 57(3): 590 -605.

[38]MAXIMILIAN V, EHRLICH, CHRISTIAN A L , et al. Institutional settings and urban sprawl: evidence from Europe[J]. Journal of Housing Economics, 2017, 42: 4 -18.

[39]PENG S G, SUN H, GUO Z N, et al. Impact mechanism of land resources spatial mismatch on urban industrial transformation and upgrading[J]. Resources Science, 2022, 44(5): 871 -885.

[40]PISCHKE J S. Continuous training in Germany[J]. Journal of Population Economics, 2001, 14(3): 523 -548.

[41]SHEN Y, SILVA J A, MARTÍNEZ L M. Assessing high - speed rail's impacts on land cover change in large urban areas based on spatial mixed logit methods: a case study of Madrid Atocha railway station from 1990 to 2006[J]. Journal of Transport Geography, 2014, 41: 184 - 196.

[42]SUN Q, TANG Y, ZHAO X, et al. Relationship among urban housing price, land finance and economic growth: analysis based on panel data of 277 cities at prefecture level and above in China[J]. Journal of Systems Science and Mathematical Sciences, 2023, 43(6): 1486 - 1503.

[43]TING W Z. Land market forces and government's role in sprawl[J]. Cities,2000,17(2):123 - 135.

[44]TORRENS P M. Simulating sprawl[J]. Annals of the Association of American Geographers, 2006, 96(2): 248 - 275.

[45]WANG J, PENG S, YAN S, et al. Impact of Chinese local government - led construction land supply strategies on urban innovation and its spatiotemporal differences[J]. China & World Economy, 2023, 31(5): 161 - 189.

[46]WEALE M. This blessed plot: when should capital gains on land be regarded as income [J]. Oxford Review of Economic Policy, 2019, 35 (1): 37 - 53.

[47]WU Y, ZHANG X, SKITMORE M. Industrial land price and its impact on urban growth: a Chinese case study[J]. Land Use Policy, 2014, 36 (36): 199 - 209.

[48]Qu Y B, Wang S L, Tian Y Y, et al. Territorial spatial planning for regional high - quality development - An analytical framework for the identification, mediation and transmission of potential land utilization conflicts in the Yellow River Delta[J]. Land Use Policy, 2023, 125: 106462.

[49]YIN K, HAN R, HUANG C. Effect on high - quality economic development of foreign direct investment in China from the triple perspectives of financial development[J]. Journal of Cleaner Production, 2023, 427: 139251.

[50] YIN X, QI L, ZHOU J. The impact of heterogeneous environmental regulation on high - quality economic development in China: based on the moderating effect of digital finance[J]. Environmental Science and Pollution Research, 2023, 30(9): 24013 - 24026.

[51] ZHANG Q, LI J, LI Y, et al. Coupling analysis and driving factors between carbon emission intensity and high - quality economic development: evidence from the Yellow River Basin, China[J]. Journal of Cleaner Production, 2023, 423: 138831.

[52] ZHANG T W. Land market forces and government's role in sprawl [J]. Cities, 2000, 17(2): 123 - 135.

[53] ZHANG W J, XU H Z. Effects of land urbanization and land finance on carbon emissions: a panel data analysis for Chinese provinces[J]. Land Use Policy, 2017, 63: 493 - 500.

[54] ZHAO A D, HUANG J S, Ploegmakers H, et al. The impact of land price regulation on land - use intensity: evidence from Chinese minimum land price regulation policy[J]. Applied Economics, 2022,54(32):3668 - 3677

[55] ZHONG S, LI X, MA J. Impacts of land finance on green land use efficiency in the Yangtze River Economic Belt: a spatial econometrics analysis[J]. Environmental Science and Pollution Research, 2022, 29(37):56004 - 56022.

[56]安礼伟,蒋元明. 长三角区域规划与先进制造业企业全要素生产率:基于 PSM - DID 模型的经验研究[J]. 产业经济研究,2020(4):45 - 60.

[57]安梦天,何爱平. 欲速则不达:地方政府经济预期目标与绿色发展效率[J]. 中国人口·资源与环境,2022,32(10):50 - 64.

[58]安勇,赵丽霞. 土地资源错配、空间策略互动与城市创新能力[J]. 中国土地科学,2021,35(4):17 - 25.

[59]安勇. 地方政府土地资源配置的策略互动行为[J]. 中国土地科学,2022,36(3):13 - 21.

[60]白雪洁,耿仁强. 土地财政是产业结构升级的制度阻力吗?——基

于土地资源错配的视角[J]. 经济问题探索,2022(7):107 –123.

[61]蔡昉. 生产率、新动能与制造业:中国经济如何提高资源重新配置效率[J]. 中国工业经济,2021(5):5 –18.

[62]蔡潇,刘卫东,吕添贵. 投资视角下土地财政与经济增长的互动关系[J]. 经济问题探索,2017(4):10 –17.

[63]曾晨. 城市蔓延的多层次多维度测度和多尺度多策略空间回归建模[M]. 北京:科学出版社,2016.

[64]陈恭军. 地区土地资源错配、技术创新与雾霾污染[J]. 经济经纬,2022,39(4):13 –21.

[65]陈恭军. 土地资源错配、产业结构与雾霾污染:基于空间计量和动态面板门槛模型的实证分析[J]. 中国软科学,2022(12):143 –152.

[66]陈浩,汪敏. 中国地方政府土地出让行为的竞争效应研究[J]. 中央财经大学学报,2016(10):19 –30.

[67]陈嘉平,李静,温耀鸿. "土地租金剩余"视角下旧厂房改造为创新空间的路径研究:基于广州、深圳对比分析[J]. 热带地理,2020,40(5):795 –807.

[68]陈前利,马贤磊,石晓平,等. 工业用地供应行为影响工业能源碳排放吗?——基于供应规模、方式与价格三维度分析[J]. 中国人口·资源与环境,2019,29(12):57 –67.

[69]陈诗一,陈登科. 雾霾污染、政府治理与经济高质量发展[J]. 经济研究,2018,53(2):20 –34.

[70]陈淑云,曾龙,李伟华. 地方政府竞争、土地出让与城市生产率:来自中国281个地级市的经验证据[J]. 财经科学,2017(7):102 –115.

[71]陈晓红,张文忠,张海峰. 中国城市空间拓展与经济增长关系研究:以261个地级市为例[J]. 地理科学,2016,36(8):1141 –1147.

[72]陈欣远,赵璇,李影. 新基建、产业结构与城市蔓延:基于中介效应和空间面板模型的实证分析[J]. 调研世界,2021(12):51 –60.

[73]陈妤凡,王开泳. 撤县(市)设区对城市空间扩展的影响机理——

以杭州市为例[J]. 地理研究,2019,38(2):221 - 234.

[74]陈志斌,王诗雨. 产品市场竞争对企业现金流风险影响研究:基于行业竞争程度和企业竞争地位的双重考量[J]. 中国工业经济,2015(3):96 - 108.

[75]陈卓,许彩彩,张耀宇,等. 土地价格上涨如何改善城市土地利用效率?[J]. 中国人口·资源与环境,2022,32(10):112 - 124.

[76]程惠芳,陆嘉俊. 知识资本对工业企业全要素生产率影响的实证分析[J]. 经济研究,2014,49(5):174 - 187.

[77]程开明,高东东,庄燕杰. 中国地级以上城市蔓延影响全要素生产率的机制及效应:基于 DMSP/OLS 与 NPP/VIIRS 夜间灯光整合数据[J]. 中国土地科学,2021,35(11):90 - 100.

[78]程开明,于静涵. 中国城市土地供给错配:特征事实及对全要素生产率的影响效应[J]. 中国土地科学,2022,36(8):43 - 54.

[79]储德银,费冒盛,黄暄. 地方政府竞争、税收努力与经济高质量发展[J]. 财政研究,2020(8):55 - 69.

[80]楚建群,许超诣,刘云中. 论城市工业用地"低价"出让的动机和收益[J]. 经济纵横,2014(5):59 - 63.

[81]崔新蕾,何爽. 经济增长目标与工业用地要素市场化配置[J]. 中国土地科学,2022,36(11):1 - 13.

[82]崔新蕾,孟祥文. 国家级承接产业转移示范区设立与工业用地要素市场化配置[J]. 产业经济研究,2021(4):1 - 12.

[83]邓慧慧,虞义华. 税收竞争、地方政府策略互动行为与招商引资[J]. 浙江社会科学,2017(1):28 - 35,155 - 156.

[84]邓涛涛,王丹丹. 中国高速铁路建设加剧了"城市蔓延"吗?——来自地级城市的经验证据[J]. 财经研究,2018,44(10):125 - 137.

[85]杜雪君,黄忠华,吴次芳. 中国土地财政与经济增长:基于省际面板数据的分析[J]. 财贸经济,2009(1):60 - 64.

[86]范剑勇,冯猛,李方文. 产业集聚与企业全要素生产率[J]. 世界经

济,2014,37(5):51－73.

[87]范贤贤,郭平.低碳城市试点政策对城市经济高质量发展的影响[J].经济经纬,2023,40(4):3－14.

[88]范子英.土地财政的根源:财政压力还是投资冲动[J].中国工业经济,2015(6):18－31.

[89]方福前,朱庆虎.地方政府竞争、增长目标管理与居民幸福感[J].学习与探索,2021(11):80－88.

[90]冯锐,陈泽锋,叶园园.普惠金融支持实体经济高质量发展:区域异质性及机制检验[J].金融经济学研究,2021,36(3):45－61.

[91]冯英杰,钟水映,赵家羚,等.市场化程度、资源错配与企业全要素生产率[J].西南民族大学学报(人文社科版),2020,41(5):100－112.

[92]付扬军,曲卫东.竞争激励下城市供地策略互动与压力响应[J].北京理工大学学报(社会科学版),2023,25(3):148－159.

[93]傅强,朱浩.中央政府主导下的地方政府竞争机制:解释中国经济增长的制度视角[J].公共管理学报,2013,10(1):12－30.

[94]干春晖,郑若谷,余典范.中国产业结构变迁对经济增长和波动的影响[J].经济研究,2011,46(5):4－16,31.

[95]高菠阳,罗会琳,黄志基,等.中国工业用地出让价格空间格局及影响因素[J].地球信息科学学报,2020,22(6):1189－1201.

[96]高燕语,钟太洋.土地市场对城市建设用地扩张的影响:基于285个城市面板数据的分析[J].资源科学,2016,38(11):2024－2036.

[97]郭文伟,李嘉琪.房价泡沫抑制了经济高质量增长吗?——基于13个经济圈的经验分析[J].中国软科学,2019(8):77－91.

[98]郭志勇,顾乃华.制度变迁、土地财政与外延式城市扩张:一个解释我国城市化和产业结构虚高现象的新视角[J].社会科学研究,2013(1):8－14.

[99]韩峰,余泳泽,谢锐.土地资源错配如何影响雾霾污染?——基于土地市场交易价格和 $PM_{2.5}$ 数据的空间计量分析[J].经济科学,2021

(4):68 - 83.

[100]韩峰,袁香钰,尹靖华.地方政府“两手”供地与企业创新:基于土地市场交易数据和企业微观数据的实证分析[J].经济理论与经济管理,2022,42(11):74 - 96.

[101]韩永辉,黄亮雄,王贤彬.产业政策推动地方产业结构升级了吗?——基于发展型地方政府的理论解释与实证检验[J].经济研究,2017,52(8):33 - 48.

[102]何明洋,陈曦.中国经济潜在增长率的要素贡献、潜力空间与提升路径[J].当代经济管理,2022,44(11):15 - 23.

[103]何瑛,于文蕾,杨棉之.CEO复合型职业经历、企业风险承担与企业价值[J].中国工业经济,2019(9):155 - 173.

[104]贺宝成,熊永超.地方政府竞争对治理效率的影响:基于Tobit空间杜宾模型的计量分析[J].南京审计大学学报,2022,19(1):100 - 111.

[105]贺雪峰.区域差异与中国城市化的未来[J].北京工业大学学报(社会科学版),2022,22(5):67 - 74.

[106]洪世键,张京祥.城市蔓延的界定及其测度问题探讨:以长江三角洲为例[J].城市规划,2013,37(7):42 - 45,80.

[107]胡彬,万道侠.产业集聚如何影响制造业企业的技术创新模式:兼论企业“创新惰性”的形成原因[J].财经研究,2017,43(11):30 - 43.

[108]胡深,吕冰洋.经济增长目标与土地出让[J].财政研究,2019(7):46 - 59.

[109]胡思佳,徐翔.招商引资竞争与土地供给行为:基于城市经济发展的视角[J].改革,2021(7):91 - 106.

[110]胡莹,郑礼肖.改革开放以来我国劳动报酬的变动分析:基于以人民为中心发展思想的视角[J].经济学家,2019(7):5 - 14.

[111]黄金升,陈利根,张耀宇,等.产业结构差异下地方政府经济行为与工业地价研究[J].产业经济研究,2017(3):81 - 90.

[112]黄先海,金泽成,余林徽.要素流动与全要素生产率增长:来自国

有部门改革的经验证据[J]. 经济研究,2017,52(12):62-75.

[113]黄晓虹,席鹏辉. 财政压力、土地出让与产业结构:基于教育事权改革的视角[J]. 财贸研究,2022,33(8):63-78.

[114]黄忠华,杜雪君. 土地资源错配研究综述[J]. 中国土地科学,2014,28(8):80-87.

[115]贾点点. 中国“土地财政”性质及历史作用的政治经济学研究[J]. 政治经济学评论,2018,9(5):170-188.

[116]贾俊雪,罗理恒,顾嘉. 地方政府环境规制与经济高质量发展[J]. 中国工业经济,2023(5):99-117.

[117]江艇. 因果推断经验研究中的中介效应与调节效应[J]. 中国工业经济,2022(5):100-120.

[118]姜旭,卢新海,龚梦琪. 土地出让市场化、产业结构优化与城市绿色全要素生产率:基于湖北省的实证研究[J]. 中国土地科学,2019,33(5):50-59.

[119]蒋芳,刘盛和,袁弘. 北京城市蔓延的测度与分析[J]. 地理学报,2007(6):649-658.

[120]兰肖雄,刘盛和,胡章. 我国城市蔓延概念的界定与思考[J]. 地域研究与开发,2012,31(3):53-57,63.

[121]雷潇雨,龚六堂. 基于土地出让的工业化与城镇化[J]. 管理世界,2014(9):29-41.

[122]李宝礼,邵帅,范美婷. 欲益反损:土地供给偏向与城市绿色全要素生产率增长[J]. 贵州财经大学学报,2022(2):100-111.

[123]李春涛,闫续文,宋敏,等. 金融科技与企业创新:新三板上市公司的证据[J]. 中国工业经济,2020(1):81-98.

[124]李慧. 城市化质量提升视角下的土地财政与城市产业发展[J]. 经济问题,2023(8):121-129.

[125]李佳,卢新海,匡兵,等. 工业用地错配如何影响区域绿色发展[J]. 中国土地科学,2021,35(7):43-50.

[126]李力行,黄佩媛,马光荣. 土地资源错配与中国工业企业生产率差异[J]. 管理世界,2016(8):86－96.

[127]李强. 西方城市蔓延的界定与测度[J]. 北京工业大学学报,2006(9):817－820.

[128]李唐,董一鸣,王泽宇. 管理效率、质量能力与企业全要素生产率:基于“中国企业——劳动力匹配调查”的实证研究[J]. 管理世界,2018,34(7):86－99,184.

[129]李唐,韩笑,余凡. 企业异质性、人力资本质量与全要素生产率——来自2015年广东制造业企业—员工匹配调查的经验证据[J]. 武汉大学学报(哲学社会科学版),2016,69(1):73－83.

[130]李涛,薛领,李国平. 产业集聚空间格局演变及其对经济高质量发展的影响:基于中国278个城市数据的实证分析[J]. 地理研究,2022,41(4):1092－1106.

[131]李腾,张钟元,郑飞. 土地财政依赖影响区域创新能力的效果机制分析[J]. 云南财经大学学报,2024,40(2):1－14.

[132]李效顺,曲福田,陈友偲,等. 经济发展与城市蔓延的Logistic曲线假说及其验证:基于华东地区典型城市的考察[J]. 自然资源学报,2012,27(5):713－722.

[133]李雪,赵晓霞,杨新房. 土地财政推动中国劳动力成本上升了吗?[J]. 中国土地科学,2020,34(9):38－47.

[134]李永乐,刘玉山. “三维”政府竞争分析:土地依赖视角[J]. 中国行政管理,2015(11):82－87.

[135]李永乐,吴群. 中国式分权与城市扩张:基于公地悲剧的解释[J]. 南京农业大学学报(社会科学版),2013,13(1):73－79.

[136]李永友. 转移支付与地方政府间财政竞争[J]. 中国社会科学,2015(10):114－133,206.

[137]李勇刚,罗海艳. 地方政府供地策略与产业结构服务化:来自中国35个大中城市的经验证据[J]. 华中科技大学学报(社会科学版),2017,31

(6):115 - 125.

[138]李勇刚,罗海艳.土地资源错配阻碍了产业结构升级吗?——来自中国35个大中城市的经验证据[J].财经研究,2017,43(9):110 - 121.

[139]李勇刚,王猛.土地财政与产业结构服务化:一个解释产业结构服务化"中国悖论"的新视角[J].财经研究,2015,41(9):29 - 41.

[140]梁若冰,蓝天.行政区扩张、土地出让依赖与城市发展质量:基于卫星灯光数据的准实验研究[J].经济学(季刊),2023,23(3):1019 - 1034.

[141]梁喜,李思遥.交通基础设施对绿色全要素生产率增长的空间溢出效应研究[J].西部论坛,2018,28(3):33 - 41.

[142]刘秉镰,秦文晋.中国经济高质量发展水平的空间格局与动态演进[J].中国软科学,2022(1):62 - 75.

[143]刘方,赵彦云.微观企业全要素生产率及其增长率测算方法综述[J].工业技术经济,2020,39(7):39 - 47.

[144]刘佳,吴建南,马亮.地方政府官员晋升与土地财政:基于中国地市级面板数据的实证分析[J].公共管理学报,2012,9(2):11 - 23,122 - 123.

[145]刘凯.中国特色的土地制度如何影响中国经济增长:基于多部门动态一般均衡框架的分析[J].中国工业经济,2018(10):80 - 98.

[146]刘瑞,郭涛.高质量发展指数的构建及应用:兼评东北经济高质量发展[J].东北大学学报(社会科学版),2020,22(1):31 - 39.

[147]刘瑞翔,范金,戴枫.沿海地区与内陆省份经济增长的比较测度[J].数量经济技术经济研究,2020,37(6):148 - 168.

[148]刘若鸿,邓晓兰,鄢伟波,等.经济增长目标与地方政府财务支持策略:来自地方融资平台的证据[J].经济科学,2021(6):21 - 37.

[149]刘守英,王志锋,张维凡,等."以地谋发展"模式的衰竭:基于门槛回归模型的实证研究[J].管理世界,2020,36(6):80 - 92,119,246.

[150]刘守英,熊雪锋,章永辉,等.土地制度与中国发展模式[J].中国工业经济,2022(1):34 - 53.

[151]刘文革,何斐然.中国经济高质量发展的指标体系构建及国际比

较研究[J]. 经济问题探索,2023(9):15－33.

[152]刘新智,周韩梅. 土地资源配置如何影响城市经济效率:基于中国 286 个地级以上城市工业数据的实证检验[J]. 中国土地科学,2022,36(9):49－58.

[153]刘修岩,艾刚. FDI 是否促进了中国城市的郊区化? ——基于卫星夜间灯光数据的实证检验[J]. 财经研究,2016,42(6):52－62.

[154]刘章生,赵汉成. 土地财政、空间策略互动与绿色技术进步:基于长江经济带 105 个地级市的实证分析[J]. 中南民族大学学报(人文社会科学版),2023,43(2):138－147,187.

[155]龙帼琼,徐天祥,李冲. 土地财政、城市扩张与城市房价:基于 257 个地级市的经验证据[J]. 华东经济管理,2022,36(6):78－88.

[156]卢洪友,袁光平,陈思霞,等. 土地财政根源:"竞争冲动"还是"无奈之举"? ——来自中国地市的经验证据[J]. 经济社会体制比较,2011(1):88－98.

[157]卢建新,于路路,陈少衔. 工业用地出让、引资质量底线竞争与环境污染:基于 252 个地级市面板数据的经验分析[J]. 中国人口·资源与环境,2017,27(3):90－98.

[158]鲁晓东,连玉君. 中国工业企业全要素生产率估计:1999—2007[J]. 经济学(季刊),2012,11(2):541－558.

[159]陆铭. 城市、区域和国家发展:空间政治经济学的现在与未来[J]. 经济学(季刊),2017,16(4):1499－1532.

[160]田文佳,余靖雯,龚六堂. 晋升激励与工业用地出让价格——基于断点回归方法的研究[J]. 经济研究,2019,54(10):89－105.

[161]陆铭. 中国经济的症结是空间错配[J]. 深圳大学学报(人文社会科学版),2019,36(1):77－85.

[162]马光荣. 制度、企业生产率与资源配置效率:基于中国市场化转型的研究[J]. 财贸经济,2014(8):104－114.

[163]毛德凤,李静,彭飞,等. 研发投入与企业全要素生产率:基于 PSM

和 GPS 的检验[J]. 财经研究,2013,39(4):134 - 144.

[164]毛文峰,陆军. 土地要素错配如何影响中国的城市创新创业质量:来自地级市城市层面的经验证据[J]. 产业经济研究,2020(3):17 - 29,126.

[165]梅冬州,崔小勇,吴娱. 房价变动、土地财政与中国经济波动[J]. 经济研究,2018,53(1):35 - 49.

[166]梅冬州,王志刚. 土地财政、基建投资扩张与生产率下降[J]. 经济学(季刊),2023,23(4):1531 - 1548.

[167]莫长炜,林月萍,王燕武. 产业集聚视角下土地财政对城市空间扩张质量的影响研究[J]. 财贸经济,2023,44(4):21 - 40.

[168]缪小林,王婷,高跃光. 转移支付对城乡公共服务差距的影响:不同经济赶超省份的分组比较[J]. 经济研究,2017,52(2):52 - 66.

[169]欧进锋,许抄军,刘雨骐. 基于"五大发展理念"的经济高质量发展水平测度:广东省 21 个地级市的实证分析[J]. 经济地理,2020,40(6):77 - 86.

[170]彭山桂,李敏,王健,等. 土地资源错配的全要素生产率损失效应与形成机制[J]. 中国土地科学,2022,36(8):55 - 65.

[171]彭山桂,王健,张苗,等. 土地资源空间错配的绿色全要素生产率损失效应与作用机制[J]. 中国土地科学,2023,37(8):93 - 103.

[172]亓寿伟,毛晖,张吉东. 财政压力、经济刺激与以地引资:基于工业用地微观数据的经验证据[J]. 财贸经济,2020,41(4):20 - 34.

[173]钱雪松,康瑾,唐英伦,等. 产业政策、资本配置效率与企业全要素生产率:基于中国 2009 年十大产业振兴规划自然实验的经验研究[J]. 中国工业经济,2018(8):42 - 59.

[174]秦蒙,刘修岩,李松林. 中国的"城市蔓延之谜":来自政府行为视角的空间面板数据分析[J]. 经济学动态,2016(7):21 - 33.

[175]秦永,方迎风,刘凯敏. 夜间灯光数据替代 GDP 指标时需关注的问题[J]. 统计与决策, 2023(2):5 - 10.

[176]曲福田,吴郁玲. 土地市场发育与土地利用集约度的理论与实证

研究:以江苏省开发区为例[J]. 自然资源学报,2007(3):445-454.

[177]任曙明,吕镯. 融资约束、政府补贴与全要素生产率:来自中国装备制造企业的实证研究[J]. 管理世界,2014(11):10-23,187.

[178]任宇新,张雪琳,吴敬静,等. 政府补贴、研发投入与全要素生产率:中国制造业企业的实证研究[J]. 科学决策,2022(7):44-62.

[179]任转转,邓峰. 数字技术、要素结构转型与经济高质量发展[J]. 软科学,2023,37(1):9-14,22.

[180]荣晨. "十四五"时期应从四个方面完善住房市场体系[J]. 宏观经济管理,2021(8):36-45,53.

[181]邵朝对,苏丹妮,邓宏图. 房价、土地财政与城市集聚特征:中国式城市发展之路[J]. 管理世界,2016(2):19-31,187.

[182]申烁,李雪松,党琳. 融资成本、资源错配与企业全要素生产率[J]. 经济问题探索,2022(9):26-46.

[183]申烁,李雪松,党琳. 营商环境与企业全要素生产率[J]. 经济与管理研究,2021,42(6):124-144.

[184]师博,沈坤荣. 政府干预、经济集聚与能源效率[J]. 管理世界,2013(10):6-18,187.

[185]施建刚,徐奇升. 中国地方政府土地出让结构策略互动的实证分析[J]. 统计与决策,2017(15):97-101.

[186]宋敏,易路平,张安录. 规划管制下土地发展权受限的多情景测度:数量与价值[J]. 中国人口·资源与环境,2022,32(1):107-115.

[187]孙超英,邹炀,李金泉. 地方政府竞争对土地资源错配的影响研究——基于成渝地区双城经济圈面板数据[J]. 重庆工商大学学报(社会科学版),2024,41(3):54-64.

[188]孙虹玉,刘泽杰. 城市蔓延、生产性服务业集聚与绿色全要素生产率:基于绿色发展理念的底层逻辑研究[J]. 宏观经济研究,2023(2):85-101.

[189]孙倩,封彦,汤勇,等. 中国资源型城市土地财政对经济增长的影

响:基于住房价格的中介作用[J]. 自然资源学报,2023,38(1):126 - 139.

[190]孙三百,万广华. 城市蔓延对居民福利的影响:对城市空间异质性的考察[J]. 经济学动态,2017(11):32 - 45.

[191]孙献贞. 数字化转型、政府补助与企业技术创新:来自中国 A 股上市公司的经验证据[J]. 南方金融,2023(7):3 - 15.

[192]孙晓华,王昀. 企业规模对生产率及其差异的影响:来自工业企业微观数据的实证研究[J]. 中国工业经济,2014(5):57 - 69.

[193]陶然,袁飞,曹广忠. 区域竞争、土地出让与地方财政效应:基于1999—2003 年中国地级城市面板数据的分析[J]. 世界经济,2007(10):15 - 27.

[194]田文佳,余靖雯,龚六堂. 晋升激励与工业用地出让价格——基于断点回归方法的研究[J]. 经济研究,2019,54(10):89 - 105.

[195]屠帆,张诗楠,胡思闻,等. 土地要素交易平台建立对工业出让地价的影响研究:基于双重差分法的评估分析[J]. 价格理论与实践,2023(1):151 - 155.

[196]汪冲. 用地管控、财政收益与土地出让:央地用地治理探究[J]. 经济研究,2019,54(12):54 - 69.

[197]王春杰,黄金升,邹伟. 选择性供地、工业结构调整与城市创新[J]. 中国土地科学,2021,35(9):24 - 32.

[198]王道平,刘琳琳. 数字金融、金融错配与企业全要素生产率:基于融资约束视角的分析[J]. 金融论坛,2021,26(8):28 - 38.

[199]王家庭,姜铭烽. 土地财政对城市新移民定居意愿的影响[J]. 中国人口 · 资源与环境,2023,33(5):149 - 159.

[200]王家庭,臧家新,卢星辰,等. 城市私人交通和公共交通对城市蔓延的不同影响:基于我国 65 个大中城市面板数据的实证检验[J]. 经济地理,2018,38(2):74 - 81.

[201]王家庭,张俊韬. 我国城市蔓延测度:基于 35 个大中城市面板数据的实证研究[J]. 经济学家,2010(10):56 - 63.

[202]王健,胡美玲.微观企业全要素生产率的度量[J].统计与决策,2019,35(4):181-185.

[203]王健,严思齐,吴群.基于"营改增"视角的地方政府商住用地出让行为研究[J].当代财经,2018(11):35-43.

[204]王颂吉,魏后凯.城乡融合发展视角下的乡村振兴战略:提出背景与内在逻辑[J].农村经济,2019(1):1-7.

[205]王星,张乾翔,徐辉.城市蔓延对雾霾污染的影响[J].城市问题,2020(8):81-89.

[206]王媛,杨广亮.为经济增长而干预:地方政府的土地出让策略分析[J].管理世界,2016(5):18-31.

[207]王岳龙,邹秀清.土地出让:以地生财还是招商引资——基于居住—工业用地价格剪刀差的视角[J].经济评论,2016(5):68-82.

[208]王展祥,龚广祥,麦愈强.经济增长目标约束与技术创新:基于资源错配的视角[J].当代财经,2021(9):3-15.

[209]王之,田文佳,张庆华.工业用地出让最低价政策与地方经济增长[J].经济学(季刊),2024,24(1):271-285.

[210]王中华,岳希明.收入增长、收入差距与农村减贫[J].中国工业经济,2021(9):25-42.

[211]魏子博,石晓平,马贤磊,等.土地财政、土地融资与地方政府投向网络基础设施的互动关系[J].中国人口·资源与环境,2023,33(3):137-147.

[212]温忠麟,叶宝娟.中介效应分析:方法和模型发展[J].心理科学进展,2014,22(5):731-745.

[213]吴非,曹铭,任晓怡.地方经济增长目标对企业研发投入的影响与机制:基于"发展方式—政绩考核—政府行为—经济效应"范式的分析[J].西部论坛,2021,31(5):46-68.

[214]吴清扬.土地供给质量促进了产业结构变迁吗:基于微观土地交易数据的实证研究[J].现代经济探讨,2021(12):12-22.

[215]吴淑萍,张莉,杨赞."稳地价"调控、地方政府土地供应与土地成交量价表现[J].清华大学学报(自然科学版),2022,62(3):601-613.

[216]吴郁玲,曲福田,周勇.城市土地市场发育与土地集约利用分析及对策:以江苏省开发区为例[J].资源科学,2009,31(2):303-309.

[217]伍亿真,施开放,余柏蒗,等.利用NPP-VIIRS夜间灯光遥感数据分析城市蔓延对雾霾污染的影响[J].武汉大学学报(信息科学版),2021,46(5):777-789.

[218]席强敏,梅林.工业用地价格、选择效应与工业效率[J].经济研究,2019,54(2):102-118.

[219]肖文,薛天航.劳动力成本上升、融资约束与企业全要素生产率变动[J].世界经济,2019,42(1):76-94.

[220]肖叶,刘小兵.财政支出偏向是否促进了土地出让规模扩张[J].当代经济科学,2021,43(3):107-117.

[221]谢呈阳,胡汉辉.中国土地资源配置与城市创新:机制讨论与经验证据[J].中国工业经济,2020(12):83-101.

[222]谢冬水.土地供给干预与城乡收入差距:基于中国105个城市的面板数据[J].经济科学,2018(3):35-48.

[223]谢冬水.土地资源错配与城市创新能力:基于中国城市面板数据的经验研究[J].经济学报,2020,7(2):86-112.

[224]谢旻琪,闫梦露,刘敏,等.土地财政对城市密度的影响[J].地域研究与开发,2021,40(3):163-168.

[225]谢鹏."以地生财"对城乡收入差距的影响:来自中国地级市的经验证据[J].中南财经政法大学学报,2019(3):76-84.

[226]谢贞发,朱恺容,李培.税收分成、财政激励与城市土地配置[J].经济研究,2019,54(10):57-73.

[227]徐现祥,刘毓芸.经济增长目标管理[J].经济研究,2017,52(7):18-33.

[228]闫昊生,孙久文,苏玺鉴.土地要素:一个中国特色的政策工具

[J]. 经济学家,2019(5):104 - 112.

[229]闫昊生,孙久文,张泽邦. 土地供给与产业结构转变:基于地方政府经营城市的视角[J]. 经济学动态,2020(11):100 - 114.

[230]严兵,贾辉辉. 工业用地成本、地方政府行为与外商撤资[J]. 世界经济研究,2022(3):92 - 108,136.

[231]阎波,武龙,韩东伶,等. 土地财政对区域创新的影响研究:来自中国省际面板数据的证据[J]. 科研管理,2018,39(5):38 - 45.

[232]阎世平,李毅婷,韦庄禹. 土地资源配置与企业全要素生产率关系研究:来自A股制造业上市公司的经验证据[J]. 价格理论与实践,2022(9):192 - 195,208.

[233]杨红梅,刘卫东,刘红光. 土地市场发展对土地集约利用的影响[J]. 中国人口·资源与环境,2011,21(12):129 - 133.

[234]杨继东,崔琳,周方伟,等. 经济增长、财政收入与土地资源配置:基于工业用地出让的经验分析[J]. 经济与管理研究,2020,41(8):29 - 43.

[235]杨继东,杨其静. 保增长压力、刺激计划与工业用地出让[J]. 经济研究,2016,51(1):99 - 113.

[236]杨其静,卓品,杨继东. 工业用地出让与引资质量底线竞争——基于2007—2011年中国地级市面板数据的经验研究[J]. 管理世界,2014,(11):24 - 34.

[237]杨汝岱. 中国制造业企业全要素生产率研究[J]. 经济研究,2015,50(2):61 - 74.

[238]杨文韬,孔晓婷,朱晟君. 土地财政对产业结构升级的影响研究[J]. 金融发展研究,2018(5):44 - 49.

[239]杨喜,卢新海,沈纬辰. 土地要素投入对城市经济增长空间溢出效应[J]. 经济地理,2020,40(10):83 - 90.

[240]杨贤宏,宁致远,向海凌,等. 地方经济增长目标与企业数字化转型:基于上市企业年报文本识别的实证研究[J]. 中国软科学,2021(11):172 - 184.

[241]杨洋,李雅静,黄庆旭,等.中国城市用地与人口规模分布时空动态比较:以环渤海地区为例[J].地理研究,2016,35(9):1672-1686.

[242]杨耀武,张平.中国经济高质量发展的逻辑、测度与治理[J].经济研究,2021,56(1):26-42.

[243]杨永芳,王秦.新时代中国区域经济高质量发展评价指标体系构建研究[J].中国软科学,2024(1):182-190.

[244]杨友才,牛晓童.碳中和背景下我国重污染行业碳排放效率的溢出效应研究[J].山东大学学报(哲学社会科学版),2022(5):165-175.

[245]尹恒,朱虹.县级财政生产性支出偏向研究[J].中国社会科学,2011(1):88-101,222.

[246]游家兴,伍翕婷,张哲远,等.政府创新意识下的企业全要素生产率研究[J].财贸经济,2022,43(9):23-37.

[247]于斌斌,苏宜梅.土地财政如何影响土地利用效率?——基于规模与技术视角的动态空间杜宾模型检验[J].地理研究,2022,41(2):527-545.

[248]余泳泽,刘大勇,龚宇.过犹不及事缓则圆:地方经济增长目标约束与全要素生产率[J].管理世界,2019(7):26-42,202.

[249]余泳泽,潘妍.中国经济高速增长与服务业结构升级滞后并存之谜:基于地方经济增长目标约束视角的解释[J].经济研究,2019,54(3):150-165.

[250]余泳泽,杨晓章.官员任期、官员特征与经济增长目标制定:来自230个地级市的经验证据[J].经济学动态,2017(2):51-65.

[251]余泳泽,张少辉,杜运苏.地方经济增长目标约束与制造业出口技术复杂度[J].世界经济,2019,42(10):120-142.

[252]余泳泽,张少辉.城市房价、限购政策与技术创新[J].中国工业经济,2017(6):98-116.

[253]岳金桂,陆晓晨.地方政府竞争、土地价格与外商直接投资:基于69个地级市面板数据的分析[J].南京审计大学学报,2018,15(2):35-45.

[254]张充,何益欣.地方政府竞争、土地要素市场化配置与区域创新[J].云南财经大学学报,2023,39(12):18-35.

[255]张充.土地财政促进了区域创新吗?——基于地级市面板数据的实证检验[J].云南财经大学学报,2019,35(5):101-112.

[256]张高明,边亚静,石可敬,等.数字金融促进经济高质量发展效应与机制研究:基于双创驱动视角[J].经济问题,2024(3):69-75.

[257]张凯,沈吉,许鸿明,等.溢出效应与城市商业用地开发策略:基于出让方式的研究[J].经济研究,2021,56(10):72-87.

[258]张磊,孙琳,张秀智,等.高质量发展背景下的大城市土地配置行为与治理措施[J].城市发展研究,2023,30(6):53-62.

[259]张立新,毕旭,黄志基.经济转型背景下城市工业用地利用效率:以长江经济带城市为例[J].资源科学,2020,42(9):1728-1738.

[260]张莉,陆铭,刘雅丽.税收激励与城市商住用地结构:来自“营改增”的经验证据[J].经济学(季刊),2022,22(4):1425-1446.

[261]张莉,年永威,皮嘉勇,等.土地政策、供地结构与房价[J].经济学报,2017,4(1):91-118.

[262]张莉,王贤彬,徐现祥.财政激励、晋升激励与地方官员的土地出让行为[J].中国工业经济,2011(4):35-43.

[263]张莉,魏鹤翀,欧德赟.以地融资、地方债务与杠杆:地方融资平台的土地抵押分析[J].金融研究,2019(3):92-110.

[264]张琳,黎小明,刘冰洁,等.土地要素市场化配置能否促进工业结构优化?——基于微观土地交易数据的分析[J].中国土地科学,2018,32(6):23-31.

[265]张鸣.工业用地出让、引资质量底线竞争与工业污染排放:基于城市面板数据的实证研究[J].中共浙江省委党校学报,2017,33(4):107-114.

[266]张少辉,余泳泽.土地出让、资源错配与全要素生产率[J].财经研究,2019,45(2):73-85.

[267]张耀宇,王博,王誉霖.发展竞争、土地供应策略互动与城市用地增长:基于252个城市数据的空间面板模型实证检验[J].中国土地科学,2020,34(10):49-57.

[268]张璋,唐忠,樊步青.要素市场化改革背景下土地要素促进经济增长研究:基于土地与劳动力要素的协同关系[J].中国软科学,2023(3):192-202.

[269]张志强.微观企业全要素生产率测度方法的比较与应用[J].数量经济技术经济研究,2015,32(12):107-123.

[270]赵爱栋,马贤磊,曲福田,等.基于资源价值显化视角的中国工业用地市场发育水平及其影响因素[J].资源科学,2016,38(2):217-227.

[271]赵海益.土地财政对中国城镇劳动力工资水平的影响研究[J].经济经纬,2017,34(4):153-158.

[272]赵文哲,杨继东.地方政府财政缺口与土地出让方式:基于地方政府与国有企业互利行为的解释[J].管理世界,2015(4):11-24.

[273]郑骏川.地方政府财政压力、土地出让收益与房地产价格:来自中国35城市面板数据的证据[J].宏观经济研究,2020(2):63-74,175.

[274]郑丽琳,姚永络.碳市场对地区经济高质量发展影响研究:基于市场机制视角[J].软科学,2024,38(2):74-80,94.

[275]郑思齐,孙伟增,吴璟,等."以地生财,以财养地":中国特色城市建设投融资模式研究[J].经济研究,2014,49(8):14-27.

[276]钟国辉,姚金海.城镇化背景下土地财政对城乡收入差距的影响[J].华东经济管理,2023,37(7):11-21.

[277]钟文,郑明贵,钟昌标.土地出让、资源错配与经济高质量发展[J].经济与管理,2022,36(1):1-9.

[278]钟文,钟昌标,郑明贵.土地政策匹配能否促进经济高质量发展:理论机制与经验证据[J].农村经济,2022(2):45-52.

[279]钟肖英,谢如鹤.产业结构调整与中国经济增长方式转变:基于240个城市数据的空间计量分析[J].技术经济与管理研究,2021(5):

92 – 95.

[280]周飞舟. 分税制十年:制度及其影响[J]. 中国社会科学,2006(6):100 – 115,205.

[281]周海波,胡汉辉,谢呈阳,等. 地区资源错配与交通基础设施:来自中国的经验证据[J]. 产业经济研究,2017(1):100 – 113.

[282]周华东,李鑫,高玲玲. 房价上涨与制造业资源错配[J]. 华东经济管理,2022,36(3):93 – 105.

[283]周磊,龚志民. 数字经济水平对城市绿色高质量发展的提升效应[J]. 经济地理,2022,42(11):133 – 141.

[284]朱俏俏,王昱茜,李征帛. 产业协同集聚、环境规制与经济高质量发展[J]. 生态经济,2023,39(10):63 – 71.

[285]朱彤,刘斌,李磊. 外资进入对城镇居民收入的影响及差异:基于中国城镇家庭住户收入调查数据(CHIP)的经验研究[J]. 南开经济研究,2012(2):33 – 54.

[286]庄红卫,李红. 湖南省不同区域开发区工业用地利用效率评价研究[J]. 经济地理,2011,31(12):2100 – 2104.

[287]邹克,周益赞. 科技金融对实体经济高质量发展的影响研究:基于建设金融强国的理论背景[J]. 金融经济学研究,2024,39(1):75 – 91.

[288]邹旭,马贤磊,石晓平. 工业用地配置中的市场机制和政府规制何以影响工业转型升级?[J]. 经济评论,2023(6):106 – 123.

后　记

中国过去40多年的改革发展举世瞩目，土地要素配置作为一项有力的政策工具，地方政府对城市土地配置调控深刻影响着经济增长。本书旨在探讨城市土地配置行为的经济影响效应，基于地方政府土地配置行为的特征事实和格局演化，研究地方政府经济增长目标、地方政府竞争、地方政府债务和官员任期对城市土地配置的影响，探究引起城市土地配置行为决策变化及其内在机制；基于城市土地配置行为对城市蔓延、区域经济高质量增长和企业经济高质量增长的理论分析与实证检验，探讨城市土地配置行为决策对宏观区域和微观企业的经济高质量增长的支撑作用，以期为实现我国经济高质量发展目标提供理论支持和政策依据。

本书由崔新蕾对全书框架、章节安排进行统一设计，并对全稿进行统一修订完善。撰写章节具体安排为：第1章崔新蕾、魏红艳，第2章崔新蕾、段珂，第3章崔新蕾、白莹莹，第4章崔新蕾、樊如，第5章崔新蕾、高婧，第6章崔新蕾、马艳茹，第7章崔新蕾、王艳融。

本书出版之际，心中满满的感慨、感恩和感谢。展望未来，我国城市土地资源配置将面临更多挑战，我将继续关注这一领域的发展，为我国城市土地资源配置贡献自己的一份力量。当然，因为笔者知识水平有限，疏漏之处在所难免，恳请指正。

崔新蕾

2024年9月